遇见自己

MEET

OURSELVES

大学生心理健康咨询与疏导

谭咏梅 著

人民出版社

目 录
Contents

走进心理篇

和谐人际篇

————— 经营爱情篇 —————

————— 家庭疗愈篇 —————

接纳自我篇

成长规划篇

序 一

大约两个月前，我多年的老朋友、桂林理工大学谭咏梅老师告诉我，她写了一本有关心理咨询案例的书，并邀我写一个推荐序，问我是否可以。

当然可以啦！我非常高兴地回复了她。

长期以来，只要得知心理老师著述的消息，无论是谁，我都由衷地高兴。由于高校心理老师承担任务之繁琐、之繁重，很多老师往往沉湎于应付日常工作和各种事物，久而久之，成了一个不折不扣的事务主义者，长于咨询工作而短于笔耕著述。这既令我敬佩也让我心痛和遗憾！因为在高校的环境中，无论你怎么说，你的实际工作如何，没有一定的学术成果，你的发展将会受到严重影响。事实上，我不少同事和朋友一再重复着如此悲壮的故事。

现在谭老师说要出书了，我当然从心底里感到高兴。

但是，最近这两个月以来实在太忙了，以致连坐下来看点东西的时间也没有。两个月似乎就在转瞬间过去了，而谭老师给我的书稿我竟然没有看上一眼。

于是我从最初的高兴变为不安，变为愧疚。

我以为老朋友看我忙，不催我，体谅我，她的书已经在这段时间里不声不响地出版了。哪里知道我前两天厚着脸皮和她聊起这个事，她很平静的告诉我，她一直在默默地等着我。

原来如此！我遂不仅不安、愧疚，而且被深深地感动了！

无论如何，我不能辜负老朋友的期待和嘱托。

于是抓紧时间浏览了一下书稿。实事求是地说，虽然没有看完，也看得不是那么认真仔细，我还是被震撼到了。

作为高校专职从事心理健康教育和咨询工作10多年的一线咨询师，谭老师无限热爱本职工作，具有丰富的个案咨询经验，其咨询时间超过3000小时。她为学校的心理健康教育工作做出了突出的成绩，工作的成就使她获得了全国大学生心理健康教育工作"优秀青年工作者"、广西高校心理健康教育骨干教师的光荣称号，并成为中国心理学会临床与咨询心理学注册系统注册心理咨询师、广西心理卫生协会注册督导师，这些都是对她专业能力和工作业绩的认可。此外，在心理征文、心理微电影、心理情景剧创作等方面她也辛勤耕耘，多次指导学生活动获得全国和全区重要奖项，并获优秀指导老师。她笔耕不辍，开设的"咏梅专栏"广受欢迎，已经发布原创心理推文100余篇，并在东方明见心理、九州心理等多个微信平台发表原创心理文章30多篇，更有作品获得全国写作大赛的奖项。去年疫情以来，她积极响应党和政府的号召，积极参加心理援助、心理抗疫工作，开展公益活动，开设公益心理课、参加中国心理卫生协会"共渡计划"，在教育部华中师范大学平台接听心理援助热线一整年。

我曾经很长时间担任同济大学心理咨询中心主任，深知谭老师担任心理咨询中心主任期间，在完成这么多工作任务的情况下还能如此辛勤耕耘，需要多么大的毅力和艰辛付出。作为她的注册心理师推荐人，我一路看到她的努力和成长，我也深感钦佩和欣慰。

本书名为《遇见自己——大学生心理健康咨询与疏导》，很直观、形象又准确地诠释了心理咨询师工作的主要目的。书中99篇咨询案例基本上是大学生咨询中常见的，通过这些案例，谭老师向读者展示了咨询中发生的故事和大学生的日常心理困扰。每一篇都有一个浓缩的案例或者故事作为导入，可以说每一个案例都是独特的，每一个案例也存在一定的共性。通过谭老师犀利的视角和精准的表达把每一个鲜活的故事呈现了出来，让来访者遇见了真实的自己。通过打破常规的剖析，揭露人性的本源，引导读者诚实而坦诚地面对自己。唯有面对真实、接纳自我，才活得更加透彻、更加通达、更加明白。

　　本书是作者十多年来的心理健康教育教学与心理咨询的实践成果，凝结着个人的专业体验和人生思考，体现出一个心理咨询师对学生的真诚关爱和积极关注，全书兼具专业性、学术性、文学性和科普性，不仅适合学生看，也适合咨询师读；学生可以拿来自助，咨询师可以拿来参考，也可以作为心理健康教育课程或心理咨询课程自学教材或读物。我相信，每位读者都能从案例中得到启发，从文字中得到疗愈。

　　我衷心地推荐本书，一定可以使你开卷有益。

同济大学　陈增堂

2021 年 7 月 20 日

序 二

认识咏梅已经有很多年了，因为我们都是广西高校心理健康教育界的同行，所以有很多的机会在一起学习交流。

记得第一次关注咏梅，是她指导学生参加全区高校大学生心理微电影大赛获得一等奖，并且代表获奖单位和优秀指导老师做了一次关于心理微电影创作的精彩分享。那个分享非常成功，引起了我们广西高校心理健康圈的关注。后来的交流就越来越多了，2016年我与广西大学的几位同事到桂林几所高校的心理健康教育中心进行交流，特意选择了她担任主任的桂林理工大学心理健康教育中心。当时给我印象深刻的是，咏梅在他们学校里开展的危机干预工作非常有特色，干预流程细致严谨，干预效果卓有成绩。

再后来2017年的时候，咏梅开设了一个微信公众号，开始不定期地发布一些推文，每一篇文章都会在我们的广西高校心理圈进行转发，大家好评如潮。慢慢地，影响力越来越大，在广西乃至全国的一些心理咨询的平台上，也都可以见到咏梅的作品。两年前见到咏梅的时候，我跟她说："你的文章写得这么好，这么有价值和意义，可以考虑把它们集结成一本书。"没想到今年她就主动跟我说起这件事情，并且邀请我作序。对于这件事情我是受宠若惊的，因为平时只写过几本教材的序言，给个人的作品写序还是第一次。感谢咏梅给我这样一个机会，我想从两方面进行分享：咏梅其人和咏梅其书。在谈作品之前，我先谈一谈自己对咏梅的认识。

首先，咏梅是一位大家公认的小才女。在广西高校的心理健康圈里面她是赫赫有名的文学爱好者，经常能够把我们专业的工作通过非常文学化的语言、经过一定的艺术加工处理后呈现出来。经过她雕琢出来的文字常常充满着一种灵动的气息，读起来朗朗上口，颇为有趣和美妙。

其次，咏梅是一位实践能力非常强的心理健康教育工作者。她会将所学的精神动力学流派、格式塔流派的一些知识和理论用在自身的探索和实践过程当中。

在不同的培训班上，她都愿意把自己的所思所想所感与同行们进行深入的交流和探索。每一次深刻的自我剖析，都会让同行对她肃然起敬。在一定的程度上，咏梅似乎在示范着一个真正的心理咨询师是如何进行自我觉察的。咏梅的实践能力还表现在她始终坚持心理咨询的临床工作，到目前为止，她已经有 3000 多小时的咨询时长。她还会积极参加一些社会公益组织的心理援助活动，比如在疫情之下，她积极参加国家"共渡计划"，助力中高考学生顺利通过考试；在教育部华中师范大学心理援助热线平台担当志愿者一年，为全国各地受到疫情影响的同胞们提供心理援助服务。这份社会责任与担当，让人心有戚戚。

再次，咏梅是一位非常勤奋的人。在广西教育厅组织的多次培训活动中，咏梅的培训总结往往是最先提交，而且内容全面、思想深刻。经常有人向咏梅打听写作经验，她简要总结有三点：一是兴趣爱好，二是独特视角，三是笔耕不辍。咏梅谈到，往往在别人聊天、谈笑的时候，她就在构思自己的文章：思想如何传递？专业怎么体现？篇章如何架构？语言怎么雕琢？可以说，咏梅在心理写作这条路上付出了巨大的努力，也走出了属于自己的一条路。

最后，咏梅是一位不忘初心的心理工作者。她深爱着心理临床工作，把自己的鲜活的生命力与心理健康教育融为一体。正所谓"行之力则知愈进，知之深则行愈达"，即使现在到二级学院担任新的职务，依然不忘初心，总会定时策划与组织一些心理宣传教育活动，如心理情景剧、表达性艺术工作坊、生命教育团体等，工作有声有色，事业顺风顺水。

咏梅的文章我都认真品读过，接下来谈谈我的一点粗浅认识。

第一是专业性。专业性主要体现在她的文章都有一定的心理学理论基础，能够将心理咨询理论、技术融入到案例的解读和处理之中。举个例子，在《别人对我越不好，我越要对人家好》这篇中，咏梅总结到这种现象源于一种"反向形成"的心理防御机制，用加倍对他人好的方式来掩盖自己不够友善的一面。再比如，她在咨询中善用自己的"反移情"进行工作，在《我们善良的人……》这篇中，咏梅动用"互补性反移情"去体验来访者在现实中给他人带来的感受，并将这种感受反馈给对方，促进对方思考和领悟。咏梅将理论与实践相结合，为来访者提供精准而真诚的服务，处处体现出一名资深心理咨询师的专业功底。

第二是通俗性。我们知道，一个专业的人把自己的文章写得符合学术的标准是不容易的，如果还能把专业的东西借助通俗的语言表达出来，让读者在读懂的同时觉得有趣味、接地气，那更是一件难能可贵的事情。但读咏梅的作品，你就可以感觉到，她可以将学术性、通俗性有机地融合在一起，这样特别有利于心理健康知识的普及。比如在《总是控制不住莫名流泪》这篇中，她告诉大家"抑郁是被中断的哀伤，莫名且无休止的哭泣提示来访者曾经有被中断的哀伤，抑郁情绪未得到充分宣泄"，"被压抑的情绪不会凭空消失，而是会伺机而动，寻找薄弱口爆发出来，以至于悲伤逆流成河。"通过这样深入浅出的分析和描述，解答了来访者的疑惑，也阐明了情绪的运作机制，引导情绪及时释放，以达到自我疗愈之功。

第三是真实性。咏梅的这些作品都来自于个人的临床实践，具有很强的现实意义，文章中谈到的来访者可能就生活在我们的身边。因为职业伦理的要求，实际上，这里面的人又并不是指某一个具体的人，而是代表某一类存有类似心理困扰的群体。所以整本书的真实性是抽象于具体层面的真实，它具有一定的普适意义。在阅读文章的时候，有时候我们的读者可能会感觉到，某个点写的好像就是我自己的心理状态，这可能也是咏梅在她写作的时候想达到的目标之一吧。

第四是趣味性。这一点，可能跟咏梅的性格或者是她的创造性有关系。咏梅具有源源不断的创造力，她的创新性与创作力不仅体现在心理文章的撰写上，也表现在她对心理情景剧、微电影等很多领域的钻研上。她总会以独特的视角和巧妙的构思创作出生动活泼的作品，常常令我等心生羡慕嫉妒恨之情。我想她也许习得了如何用大家喜闻乐见的形式传播心理健康教育的法门，读者可以从文章的标题窥探一二：《管不住的"手"》《这样的闺蜜，还要继续吗？》《史上最争强好胜之人》……是不是有满满的兴趣了？那就赶紧翻开本书一睹为快吧！

开卷有益，我希望这本书像一股清流，滋养抚慰读者的心田，能够给大家带来启发和参考。我也希望心理咨询圈有更多的同仁发挥各自的专长普及心理健康知识，为社会传递爱与光！

广西大学　杨新国

2021 年 7 月 26 日

前　言

一

我自小就是个文学爱好者，心血来潮总会写些日记、博客、博文。待我走上工作岗位，自然开启了"当心理遇上文学"的美好时代。大概在十年前，我开始尝试发表心理类科普文，用心理学理论解释一些现象，也会向一些公众号投稿，零零散散积累了几十篇。之后，学工处领导找上了我，希望我开辟一个心理关爱专栏，并作为心理特色项目来建设，在新媒体的背景下利用网络开展线上心理健康教育。我带着激动而忐忑之心接下了任务，于是"咏梅专栏"微信公众平台诞生了。四年期间，我克服惰性、坚持更文，凭借一兵一卒，一字一码，完成了一百多篇原创心理推文。在毫无刻意宣传与营销的情况下，仅凭一篇一篇文章拼出来千名粉丝，得到区内外专家的认可和肯定。

感谢专栏赠与我宝贵的机会，让我能将个人的心理专业与写作专长结合在一起。经过十多年的积累和三年的撰写，我的第一本书《遇见自己——大学生心理健康咨询与疏导》终于面世了。本书一开始是源于"咏梅专栏"的一个专题"诊疗椅上的故事"，这个系列以案例导入，对案例背后所隐含的现象和意义做关键的心理分析。大概写到二十多篇的时候，我就有了把它集结成书的念头。然而，20万字并非一蹴而就之事，为了达成这个小目标，我笔耕得更勤快了。经过无数个日日夜夜的奋笔疾书，我生命中第一个重要成果终于完成。书中小部分文章已经在专栏中推出，还有部分文章都是第一次与大家见面。

这本书的书名也考虑了良久，一开始想要延续"诊疗椅上的故事"，但是"诊疗"一词给人心理治疗或精神诊疗之感，而学校做的是心理咨询。当时用此名只是希望借用欧文·亚隆的书《诊疗椅上的谎言》来吸引读者，当然也是想以案例故事为锚，进行延伸和拓展。但考虑到咨询伦理，最终取消了这个名字。此外，"故事"二字会让人有一种非真实和不严谨之感，我的目的并不是通过讲述一些离奇故事以赚人眼球，我的重点还是在基于心理咨询理论的案例分析与问题解决。于我而言，人性与人心充满着无穷的魅力与吸引力，探索心理世界是我一辈子的使命和志趣。其后，我又想将书名取为"释心"，以心观之，以心解之，以心释之，即为释心。但考虑到严谨性和直观性，根据本书的定位与内容，最终与编辑商量把书名的主标题定为"遇见自己"，并把"释心"的含义融入到副标题中——"大学生心理健康咨询与疏导"，既解释心理，亦释放自己。书名表达了我对读者的期待与祝福，希望每个人都能理解自我、释放心灵，活出真实而通透的人生。

二

本书主要呈现了大学生中常见的心理咨询案例，通过99篇案例向读者展示咨询中发生的故事。案例的类别数量与真实来访一致，也是以人际、情感、自我成长为主，反映出真实的大学生困扰。每一个案例或者故事都有一个引子，可能是案例概况，可能是来访者的核心诉求，也可能是一个现象描述，等等。引子尽量小而精，提示本篇将要阐述的主题和内容，希望能够以点及面、以小见大。此书兼具专业性、学术性和科普性，既能作为大众的科普读物，也可以作为新手咨询师的专业参考书籍。书中展示了许多真实的会话场景和技术运用，可以让大众了解到心理咨询是在做什么，咨询室里正在发生什么。当然，本书是专业思考而非咨询实录。我在保证真实的前提下赋予艺术化的加工，一方面增加文学性，通过文字的阅读获得心灵的宁静与美好；另一方面也可以模糊处理个案，保护案例隐私，使得故事更为大众化。每一个案例都是独特的，有些案例看似惊人的相似却又截然不同；每一个案例也存在一定的共性，尤其是问题的根源总是追溯到原生家庭。本书不是为某一与个案有联系的读者看的，而是希望每位读者都能从中找到自我的影子，也能从哲思和分析中找到一些启发，发现类似问题的解决办法和处理方式。

我可能不会按照常理出牌，不会严格遵照案例报告的模式；我不会在每个案例中都呈现评估、共情和技术，而是根据案例的风格而给予不同的表达。某些文章中，我可能显得温暖，传达对来访者深深的关怀与抱持；而另一些文章中我可能显得冷淡和犀利，并不会有特别多的情感共鸣。但没有表达不代表没有，这都是最基本的技术和常识，也是必不可少的环节。我只是希望能用最短的篇幅传达最多的干货，便没有赘述。此外，我主要是精神动力学取向，重心理分析和个案概念化，我希望从心理动力的角度理解来访者，"知道一个人为什么会有问题比知道一个人有什么问题"更是我想要探讨的。对案例的剖析也可能不是那么愉快的，可能会流脓见血，只为把人性的真实呈现揭露出来。不怕你内心有杂念与私心，只希望你能够诚实而坦诚地面对自己。当我们拥抱自我的真实，我们才活得更加的透彻、更加的通达、更加的明白。面对"戴面具"的来访者，我可能会"一不小心"戳穿他们；面对妄自菲薄的来访者，我则会引导他们拨开迷雾看见自己柔软而美丽的心灵。当然，我也系统学习了以人为中心、格式塔等流派，在案例疏导中也能略窥一斑。

咨询是人格的相遇与人性的相通，在十二年的心理健康教育与咨询中，我一刻都不敢掉以轻心，始终对每一位来访者保持高度的重视和关爱。心理咨询技术的最高境界是咨询师在自身的成熟、练达和对人性有些

3

最深刻的认识和把握的基础之上表现出来的对人的无限的包容和关怀，这种人格魅力和无招胜有招的境界是我终身追求的目标。当来访者与我赤诚相见，他们能够在咨询室里或肆意地哭，或羞赧地笑，这便是一位来访者最真诚而美丽的模样；而当来访者与真实的自己相遇，或情绪得到疏解，或人格得到成长，这便是一名心理咨询师最大的价值体现。人内心的能量不可估量，当我进入到另一个人灵魂，想其所想，感其所感，我能感受到他们那种向上的驱力，还有那种冲破一切障碍的生命力。只需要一点点的扰动，激发他们被掩盖的力量，他们就能如春草破土而出，重获新生！经过多年的实践与探索，我可以很负责地告诉大家，心理咨询真的有用！

三

人生的任何努力都不会白费，2020年，我的一首心理诗《我的内心有一块忧伤》从全国10000多份参赛作品中突出重围，历经重重评审，最终获得全国青年自由写作大赛的"优秀奖"！这是对我多年文学创作和心理事业的肯定和奖赏！我用这首诗与读者共享、愿你也能遇到自己，正视自己，珍爱自己。

我的内心有一块忧伤

我的内心有一块忧伤，
你碰不到，摸不着，到不了，
像一条暗河，静静地流淌，
在身体最深处躲藏，连自己也将它遗忘。

只是偶尔在深夜，当天籁轻响，
勾起万千思潮，掀起滔天巨浪，

瞬间倾覆生命之墙。

原来，它极具能量，原来，我都在武装。

它蓄势待发，只求一个泄窗，

只是，我从不敢让它到来。

它来，定将翻江倒海，它走，定是泛滥成灾。

唯有好好封藏，宛若平常。

可是，没有了它，哪来恬静的诗章？

没有了它，哪来欢欣的乐章？

它来，以最强音，叩击胸膛，

一半沉醉，一半清醒。

沉醉于情感之纯粹，清醒于宇宙之全息。

我要我的忧伤，生命树成长的土壤。

没有了它，我将浅薄粗鄙；

没有了它，我成瘠土贫壤。

一个有故事的灵魂，凝成波澜的景象。

它不只重若青山，低至尘埃，大海般的深沉；

它更是轻如红燕，升入云天，朝霞般的明艳。

似重而若轻，似淡而犹浓。

没有忧伤的深重，是死滩；

没有忧伤的轻盈，是戈壁。

我要我的忧伤，

一面孕育诗和远方，

一面托起明媚的脸庞。

　　本书只是众多心理科普类读物的一本，如果它有幸被您读到，给您哪怕一丁点的触动与推动，这会是我最大的满足。这是我多年来的心血，凝结着我的专业经验和人生思考，为您提供一种看待世界和自己的视角。我愿毫无保留，只期与您相遇。

走进心理篇

　　心理咨询中，我们总会遇到各种情形，误解、阻抗、心理疾病、心理危机等等，需要我们本着真诚和积极关注的原则，在力所能及的范围内提供帮助。

每次咨询完我都很难受

┃咨询室里的声音▶

"我以为心理咨询是一来就能豁然开朗的那种，一次就能解决，没想到需要好几次，而且每次谈的那些内容都让我好难受。每次咨询完我都很不舒服，回去又得郁闷一个晚上。每一次都有点不想来，但是下一次我还是来了。"

这大概是很多来访者对于心理咨询的误解，以为心理咨询只需要一次畅聊，问题就能迎刃而解，自我就能眉头舒展。事实上，心理咨询是一个长期的成长和疗愈过程，需要经历破茧成蝶之痛。

首先，心理咨询不会一蹴而就。豁然开朗？当然这也是可能的，虽不至于让你脱胎换骨，但经过咨询师与来访者一番沟通，也可能达到醍醐灌顶的效果，有一种"大梦谁先觉？平生我自知"的大彻大悟感。但这不是咨询的常态，假若总是满怀"速战速决"的期望，终将落寞而归。咨询需要咨访双方足够的耐心，把每一个成长的脚印踏实扎稳。过快的好转也可能存有隐患，可能只是触及皮毛，问题还是会卷土重来。本来来访者只是想解决一个问题，随着探索的推进，却暴露出了越来越多的问题，一发不可收拾，更不可能一次性搞定了！况且，很多领悟不一定是在当下发生的，很可能在咨询后的回顾中才领会到其中真意，更有甚者需要更长时间才能理解咨询师当时的话语，这需要个人在积累了足够多的阅历后才可能领会。

其次，咨询中的觉悟不一定会带来释怀，也可能是沉重。但咨询中出现的痛苦不是咨询带来的，而是本身就存在于来访者身上的，通过咨询把压抑在来者内心深处的创痛牵引了出来。就像这位来访者在咨询中发现的一个又一个真相，竟是"多么痛的领悟"！他经常莫名其妙地害怕当众发言，原来与父亲长期对他的指责和打压有关。在"你话都不会说"这种语言打击下，他时常是战战兢兢，害怕说错话；他那么想要咨询师给自己一个答案，原来与妈妈一直强调"你的想法不靠谱、凡事要多请教高人"相关。这些真相带来的不是自我的轻松与开怀，而是深重的反思。有时候，咨询需要去掉我们用来自我粉饰的"遮羞布"，"直面惨淡的人生"。更有可能，咨询中也会暴露自我的弱点。本来我们理直气壮地控诉他人，到头来发现，我们所谓的别人对自己的厌恶，也许就是自己对他人敌意的投射。问题不出在他人身上，而是自己身上。这样的自我发现缘何不会让自己又惊又痛呢？

再次，咨询不会让人一直开心和愉悦，甚至会让你哭，让你痛，让你伤。如果只是图开心，可以找闺蜜一起控诉、找哥们不醉不归，甚至找一个路人甲互撕一顿。但咨询是在刮骨疗伤，在放毒、在流脓、在散瘀、在换血，这个过程必然是触及痛点甚至痛彻心扉的。唯有经历一番"寒彻骨"，才可能浴火重生。咨询有具体的任务和目标，在建立良好关系的基础上指向自我探索和个人成长。为此，咨询师不会为了让你舒服而刻意取悦你和讨好你，甚至会质疑你和拆穿你。当然前提是咨询师对来访者持着真诚和接纳的态度。所以来访者一方面会忍不住痛，一方面又忍不住来。因为他知道，他是可以在爱的氛围里继续痛着前行。他清楚，虽然痛，但有用；虽然不舒服，但还是得面对。

到咨询室来谈一谈那些平时不敢触碰的问题是极好的，因为在这里会有一个人陪你直面真实的自我。也只有在这个心灵安全岛，才能勇敢探索自我。一边剥洋葱，一边流着泪，每一次都有新的探索，每一次都有新的发现，这样逐步剥到了洋葱心，认识了一个全面的自我。经过我们的深入探讨，来访者也清楚地了解到我们不能以速度快慢和心情好坏来衡量咨询的成败。当我们破除了对咨询的误解，接纳咨询的进程和可能出现的不舒服，也就能以更开放的心态投入到咨询中。

最后，咨询是一个人际联结过程，而非问题解决过程。人与人之间的深层影响都不是通过一次两次就能达成的，而是长期的浸染与互动才可能达到的效果。快速变好，可能是移情性好转——由于来访者对咨询师产生了情感依恋，而暂时掩藏或忽略深层创伤和内心痛苦而出现的。随着咨询的深入，这些掩盖的部分又将呈现出来。

咨询更多的是咨询师使用自身的功能，用无条件的积极关注和接纳治愈来访者，用咨询师相对完整的人格带领来访者走向更远。用生命碰撞生命，用人格影响人格，唯有长期的彼此心灵相遇，才能达到疗愈效果。

老师，您就别费心了

"老师，我没有按照你说的做，我没有完成家庭作业。没什么原因，就是不想做，做了也没用。我这周过得也不咋地，没有任何的变化，还是那个老样子。老师，您别费心了，我也改不了了，就这样吧，该怎样就怎样吧。"

心理咨询经常会给来访者布置家庭作业，这个作业不同于学生的手写功课，而更多的是行为作业，比如去完成一个自我挑战的任务。但也经常有来访者不会按约定完成，一般来说，这是一个典型的阻抗。阻抗是在心理咨询的过程中，来访者有意或无意地抵抗，从而干扰咨询进程的现象。

来访者不仅抗拒作业，还说了一大堆的丧气话，显然已对咨询包括对自己都失去信心了。这是个较为严重的迹象，如果不加以处理，来访者也可能就此脱落。可是我梳理了一遍整个流程也未发现哪个地方有问题。咨询有目标、有结构、有节奏，共情到心、语言到位，有什么问题呢？直到我回听了一遍前一次的录音（已征得来访者的同意），我找到了答案。

当时，面对来访者的退缩，我发出了一连串的炮轰："为什么你觉得自己完成不了呢？你明明可以做到，为什么没有去做呢？你再仔细想想，是什么阻碍了你？你其实是有改变的力量的，只需要一点点的努力，你愿意去尝试一下吗？"看似毫无破绽却步步紧逼的架势把我自己都吓了一跳，更毋论来访者。他直接看了一眼手机询问是否时间到了，这个举动就是很典型的回避与阻抗，可是我却忽视了这个关键信号，甚至还有点自我陶醉"面质"技术用得好，认定来访者肯定受到巨大推动，心动不如行动。于是，我按照计划布置家庭作业，以趁热打铁进一步推动来访者改变。

最后，我被打脸了。我很纳闷，我推得那么卖力，来访者怎么就一动不动呢？而且我越推他，他反倒越停滞不前。正好那段时间，我也遇到了一些麻烦，好友万分关切，给我支了各种招，希望助我脱离苦海，可是我却裹步不前。某一天，我继续诉苦，她继续支招。突然我沉默了，内心无比抗拒："为什么你总让我改进，却没看到我改起来有多难呢？"那一刻，我仿佛体会到来访者那种"越催越不动"的心态。我知道好友足够温暖和大气，于是，我坦诚而勇敢地告诉她："我能感受到你想帮我的，但其实我希望你看到我的难，而不是催促我赶紧的好。你告诉我，我这样那样做就可以脱离苦海了，我就有一种逆反心理'哪有那么容易'，愈加觉得困难重重。催促会让我更痛苦，我会发现你给我支了那么多招，可是我却那么没用，根本无力改变。你给我出主意，我并不是不接受或不知好歹，我会害怕和退缩，害怕会让你失望。你做了那么多，我都还是这个样子，我就特别害怕我会辜负你对我的期待、支持和帮助。"除了愧疚还会有一点点愤怒，内心发出呐喊：别逼我了好不好，我做不到，我也不知道怎么做。生活给了我启发：我的这些感受不就是来访者的心声吗？我稍微用力一点推动，他就懒得动。

"催而不动"是一种本能的防御心态，就好像催孩子写作业，我们的本意是希望通过催促让孩子尽快完成作业，可是你越催他，他越慢。催促的行为让人反感与抗拒，情绪一烦乱，手忙又脚乱，别想他能做出什么建设性的事情来。

来访者的一句话"老师你别费心了"，潜台词就是"老师你别催我了"。我们不能急于促成来访者的改变，相反要让他慢下来。所有人都在催促他快快快、改改改，可是从来没有人告诉过他：他可以慢慢慢、等等等甚至停停停。在被推动的过程中，他明白：当前的状态是不被接受的，他只有更快变好才能被接纳。这其实是很受伤的，本来的样子不受欢迎，想要的样子又达不到。于是干脆自暴自弃，愧疚而孤独地远离这些助人者。有时候咨询师太急切，并不是从来访者角度出发，而是希望急于看到治疗效果，希望通过来访者的变化来证明自我的能力。

其实，我们要理解来访者改变过程之艰，允许他缓慢甚至停顿。就像我在上篇所说，来访者还没有准备好，继续推动是无益的。如果说上一篇中来访者的阻抗来自个人内在的冲突，那么本篇中来访者的阻抗更多地是对咨询和咨询师的对抗。

咨询中，我们需要接纳自己的无力和咨询的无果，而不是操之过急、直切要害，以显示自己的厉害。心理专家李松蔚老师说过："我们在咨询中不要那么快，甚至当来访者急于求成的时候，咨询师反倒可以拖住他，让他慢下来，这样的姿态反而让来访者有动力去变化。"有时候，只需要一句简单的暖心话"哇，你好难，你好不容易"，就会让来访者舒服许多。最后，我告诉来访者："你可以不改变，你可以慢下来，你也可以反反复复。我不急，我会陪你一起走过这段艰难的日子。"他松了一口气，笑了。

我不想来咨询了

"我不想过来咨询了，从宿舍走过来很远、很累。本来可以睡觉的，又要记得时间过来咨询，很不想，以后也不想来了。"

这是来访者迟疑了许久后透露出来的话，表示自己不愿过来咨询了。他迟到了半个小时，迟到已是一个强烈的阻抗信号，很多来访者脱落就是从阻抗开始的。回顾前两次咨询经历，我并未发现任何他不愿意咨询的迹象，互动融洽，交流顺畅，我很想知道他为何不想过来了，经过两人的探讨最后他表示咨询是一个任务，他不想被安排。

他确实一开始是被辅导员安排过来的，这样的学生本来就是被动咨询，主动求助的意识较低。但我们不能因此就不作为，如何变被动为主动是一个重要的技巧，强化来访者的主动性是咨询成功的第一步。很多来访者经过咨询师的循循善诱可以激发出主动求助欲望和个人真实诉求，但仍然有些来访者很难攻破，始终都如坚冰一般难以消融。

他是不是后者呢？是不是咱们的咨询就没有一点效果呢？

还不一定。

来访者是一个沉默而顺从的人，几乎不表达自己的意见和态度，在咨询中也呈现出同样的性格特点。虽然咨询师给予他诸多表达的机会，他也会表达自己的想法，但是表达不同的意见还是少之又少。

这一次直接表达说自己不想来了真是一个质的飞跃，也许他早就想说了，顺从只是某种假象，也许他酝酿许久了，只等时机成熟破口而出。

我并没有因为来访者的言行而生气，有三个原因：其一，来访者的态度正是他成长的表现，他能够看到自己的需要，能够表达反抗，不再压抑自己的真实想法。这样开诚布公的表达对于他来说非常不易，内心经历了无数的挣扎与纠结，他担心这样的表达会被批评被拒绝甚至是伤害别人，但最终克服了这些恐惧，选择了尊重自我的意愿。这是咨询师所愿意看到的。

其二，来访者的成长议题正是勇敢地表达自我，这不正达到了他的咨询诉求和目标了吗？正好反映出咨询是有效果而非无益的。他不敢和辅导员直接说明，但能和咨询师表达，正说明我和他建立了一个比较好的咨访关系。在咨询师这里，他可以放开顾虑学着做自己。当下就是最成熟的时机，他可以走出原有模式、发展新的图示。所以我无需急着自我否定。

其三，我对来访者更多的是担忧，虽然他的确有所成长，但其问题仍然存在，情绪低落的症状依然未改。我担心他的情况，但又不能强迫他继续进行咨询，因而有些担忧。

最后，我们就咨询效果而言，来访者在咨询室里发生的事件可以迁移到咨询室外，咨询室中的人际关系模式也可以运用到实际的人际交往中。他能够在咨询室表达自我意见，那么这也是走向普通生活的关键一步。特别是当咨询师并没有因为他表达自己的真实感受而生气时，这会让来访者感觉到一个好客体，这个好客体并没有因为自身的攻击性而被消灭，这让他明白他可以这样做，他可以尊重自我表达情绪而不会出现不良后果。最终，这样的好经验可以内化为个人的资源和力量。

其实一开始看到他那张冷漠的脸，我也是有些不舒服的，愧疚自己没有能力留下来访者，也没能带领他走得更远。但我没有发泄情绪，失落之余更多地还是为他高兴，鼓励和认可他的这种表达。哪怕咨询的确毫无效果，我们也要有容人之量，而非恼羞成怒，容许来访者表达，也容许来访者离去。

咨询的原则是"来者不拒，去者不追"，他来了，我们欢迎；他走了，我们继续发出邀请，但不强人所难，尊重来访者的决定。况且此刻的结束并非永久的终结，也许是另一种开始。懂得如何结束也是一门学问，处理得好可以为未来做很好的铺垫。俗话说得好：买卖不成仁义在。咨询不是买卖，但是原理相同，都是继续保持一种良好的关系，给对方留下真诚与热情的印象。咨询师在最后一刻都需要恪守职业道德，保持该有的风度，这个风度不是刻意为之，而是发自内心的涵容与祝福，这是以人格作为基石的。

我告诉他：任何时候他有需要，尽管来找我，咨询室的大门永远向他敞开！无需因心理困扰而羞怯，也不用因拒绝过我而担忧，只要他愿意，只要他想，他都可以到咨询室来坐坐聊聊。如此，在某一刻需要的时候，他可能就会想到有这么一个地方始终欢迎他，从而再次走进心理咨询室。哪怕他再也不来，内心也将始终保存着那一份曾经的温暖。

至于他未完成的部分，如情绪疏解、人格成长等，咨询师需要适时地放手，但放手不是"事不关己，高高挂起"，而是可以交给其他的机缘和办法，比如通过辅导员定期的关注，也可以通过咨询师的后期回访。更重要的是要相信来访者的自愈力和自我实现趋向，这些内在的资源和力量能够帮助到我们每一个人，这也是一个咨询师对人的基本信念。有了这样的信念，咨询师就可以放手，也可以放下。

为什么我就是改不了呢？

"我身上有很多毛病，比如说经常迟到、拖拉、健忘，为此我的个人发展都受到了很大的负面影响。我很想改变，但好像怎么改都改不了，还是冷不丁会出岔子。我身边的人也给了我无数的建议和意见了，但也是没有用。他们看着我都没招了，我拿自己也没办法了，唉！"

能够感受到来访者深深的自责与无奈，很想改掉一身坏毛病，却怎么也改不掉，以至于让周围人失去耐心，更让自己失望。坏毛病的养成非一日之寒，也可能曾经从中获益，比如迟到虽然犯了纪律，但却为自己赢得一刻钟的安眠。可是如今，这些坏毛病已然成为阻挡个人发展的巨大障碍，已经不合时宜，为什么还是改变不了？你真的想改变吗？我很质疑，于是提出了这样的问题。当然了！来访者无比笃定。既然那么想改变，那你为什么还是这样呢？

来访者已经听到太多这样的质问，显然这句话并不能带来积极的转化。我想换一个思路。我问："如果改了，你会怎样？"

"改了就好了啊，改了我就没有任何问题了，我就顺风顺水万事大吉了！"

"请你再具体的预想一下：如果你的小毛病都改了，从此以后你就是一个完美自律的人了，你觉得会发生什么？"我追问。

"不会发生什么吧？"来访者迟疑。

"真的吗？"

"会发生什么呢？"来访者停顿了一下，慢慢地吐出一句话："也许会发生更不好的事吧。"来访者被自己的这句话怔住了：原来他的内心并不像他以为的那样想改变。他的这句话揭示了真相：我们意识层面是希望自己变好的，但潜意识里却存在对改变的担心，对于改变后的未知世界充满了深深的恐惧。目前的一切虽然不如愿、不如意，但也是熟悉的、安全的、可承担的，改变后就不一定了，可能会变好，但也有可能会更糟。万一遇到什么"生命中不可承受之痛"就糟了。尤其是坚信自己还不配得更好的人生，那么在这一点上的改进也许就是在那一点上的遭殃。就好像有些来访者在经过一段时间咨询后人际关系改善了，但却开始担心自己生病、担忧家人的安危。这种恐惧情绪让其痛苦，还不如继续为人际关系所困。如果不为当下的小毛病所扰，那么也可能就需要面临内心深处已有的分离焦虑、生存焦虑甚至死亡焦虑等各种困境。也许对于这些小困扰的固着，正是缓解内心深层焦虑的法宝。或许从这个层面来说，暂时的不改变也已经是最心安的状态了吧。我希望巩固他的领悟，于是我继续让他做自由联想。以"我变好了，就会怎样"做个人的联想。

"我变好了，我会有更深的恐慌。"

"我变好了，我可能会有别的不好的事情发生。"

来访者停顿了一下，吐出一句不可思议的话。

"我变好了，我会很羞愧。"

羞愧？怎么突然蹦出来羞愧？别人不都是希望你好吗？不变好才会羞愧，变好了怎么会羞愧？在我们的共同探讨下，来访者有了更深的领悟：因为自己的坏毛病，大家都打着"为他好"的旗号去指点他，像是有了某种权利来教育自己，或劝诫得苦口婆心，或数落得头头是道，或训斥得振振有词，然后他就会或嬉皮笑脸或低眉顺眼地回应"嗯，你说得对，我好好改"，这时对方也可能会又好气又好笑地回上一句："你啊，要我说什么好！"一副"恨铁不成钢"的样子，然后在下一轮犯错的时候继续规劝与指导。

所以，来访者认为，他不能变好，他若变好了，人家怎么批评自己？如果他好了，人家去哪里施展用武之地？如果他好了，人家的批评是不是就显得很没有道理，很没有人性？人家是不是也会羞愧和理亏，那么人家的颜面何存？他只有不好或者不够好，人家才能用高人一等的姿态和理直气壮的资格理所当然地开展批评和说教。

由此我想到我们的父母，父母就总是这么批评教育自己的孩子，孩子却总是老样子，毫无改变的迹象。这不也是一个道理吗？"你这么说我，我还真不好意思了！"父母既然都这么说了，改了他们就不再是那个高高在上的权威，也便无处行使管理权，更无处投射和证明"我好你不好"的观念了。因而，改变会给孩子带来羞愧感，他们宁愿做那个糟糕的小孩，也要保持对父母的忠诚和恭顺。说不定，有些需要孩子来承接负面投射的父母，他们的潜意识也是让孩子别改呢。

这样的来访者独自承受了许多，他的不改变既是源于内心的恐惧，也是出于对他人的善意。可是，这些微妙的感受无处诉说、无法表述，只能承受来自周围人的失望和不解。这样的来访者，他要的不是改变，而是一份心疼与一句感激。而当他内心深处的这些感受被看见，才可能走出自我限制的漩涡，开启改变的第一步。

他在咨询室里要的不是催促，而是全然不同的对待。我们要跟着他的节奏，接纳他的恐惧和退缩，告诉他，慢慢来，我们都会陪着他！

老师，千万别告诉我家长

"老师，我的事情千万别告诉我家长！我本来还不想死的，你要是告诉他们，我就去死！"

做心理咨询工作甚至学生工作经常会听到学生说这样的话。家长到底有多可怕？以至于当学生身患精神疾病或者面临处分或者面临退学风险等等情况时，宁可选择独自承受也不愿意相告和求助。学生的害怕让我们的工作很难做，很多时候，都会考虑到底要不要告知？告知是否真的会引发更大的危机？如果告知，如何做才能将事态控制到最佳，达到家校协同育人效果？那么要回答"如何做"的问题，就要先回答"是什么"和"为什么"的问题。

我们先要搞明白他们到底在害怕什么？为何那么害怕？

来访者说自己害怕其他人发火，尤其是自己做错了的时候会特别紧张和恐惧，就想赶紧处理好错事，以熄灭对方的怒火；并提醒自己下次一定要做好，才能让人满意。

于是，我问：你到底是更害怕事情没做好，还是更害怕对方发火？

她讲不清楚。于是我给她讲了药家鑫撞人后选择杀人逃逸的案件。药家鑫在后来的自白书中声称是害怕受到父亲的责骂才铸成大错的。来访者听后领悟了许多。其实很多时候我们不是怕做错的这件事，甚至也不怕去承受做错事的后果，而害怕的是重要的人对自己的指责与批评。所以我们做错事第一反应是父母老师或者重要的人会怎么批评我，怎么责备我，反而对这个事情没有那么在意了。

这样的故事还有很多很多，学生经常会遇到各种挫折，被骗子坑了不敢告诉家人；失恋了不敢告诉家人；因学业困难而留级或毕不了业不敢告诉家人；找不到工作也不敢告诉家长……他们宁可选择一个人含泪默默承受，也不要告知家长。只因他们认定，一旦告知，父母的第一反应不是安抚他们本已受伤的情绪，考虑如何缓解或解决问题，而是一顿暴风骤雨。

报喜不报忧，因为报忧会引发太大的反应，这个反应简直是灭顶之灾。很多学生恳求："老师，不能说啊，真的不能说，说了就惨了！"这里面隐藏着多少的恐惧啊！专断型的家庭教养方式杀伤力真的很大，父母长期对孩子采取冷漠、忽视的态度，很少考虑孩子自身的需要与意愿。一旦孩子违反家规，父母则表现出异常的愤怒，甚至施以严厉的惩罚，在这种环境中长大的孩子很可能会心灵扭曲，焦虑、退缩和敌意，只是由于做错了事不敢汇报而走极端、走险路，造成更大的悲剧。这是学生害怕告诉家长的原因所在，那么结果真如他们所担心的那样吗？其实，从我们的工作经验来看，真实情况并没有那么严重，无论多么可怕的家长在得到学校的告知后，一般情况下，他们首先是震惊和拒绝相信，接下来都会慢慢理解和积极配合。所以一般是孩子长期处于那个家庭中，内心的恐惧感无限放大了告知的后果。我们的家长也需要自我反思和调整，如果一个孩子宁可去死也不愿意把情况告知自己，难道不是自己对孩子的教育出了问题？

明白了学生的担忧，可以启发我们更好地帮扶学生、开展工作。作为心理咨询师（以及辅导员），即使面临保密例外（主要是自伤或伤人），我们都不能一股脑地把信息和盘托出，能不能告诉家长、如何告诉家长以及透露多少信息都需要客观评估，这既是工作的伦理，也是工作的艺术。

事实上，的确有一些家长与孩子之间缺乏沟通和理解，当把孩子的情况一五一十的告知后，虽然不会出现学生最为担心的场面，但也不会给孩子带来任何安慰，甚至可能造成二次伤害。我们的原则一定是要保护学生的最大利益并能给他们提供最大帮助，基于这个考量上再酌情告知，并督促家长行使教育和监护的职责。

最后，孩子，也请相信老师，我们会用最智慧的方式将你的情况告知家长，协同家长一起来帮助你，说不定这是你和父母共同成长的契机！

我有一个自杀进度条

"我有自杀倾向，我总会考虑这件事情，有时候满脑子都是这事，有时候程度又轻一点。就像个进度条，有时候它会长一点，有时候它会短一点，但一直有这个念头。我有时候想就这样死了算了吧，一了百了吧。可有时候又想，自杀对周围人可能会有影响，一直也没有实际的行动。我连遗书都写好了，但是写写撕撕也没有留下来。"

自杀、死亡、遗书、进度条，一个个极端的字眼迅速吸引了我的眼球，更让我高度警惕的是来访者对生死之事的冷静，静得可怕，静得不可思议。来访者内心想必已经考虑了千千万万次了吧，外表才会如此的波澜不惊。但我没有表现出惊慌失措，我也没有不知所措，大呼无能为力，像一个烫手的山芋，赶紧把他甩给专业医生。遇到危机个案我们需要更加的镇静，先去评估对方的自杀风险性，再恰到好处地施以援手。来访者是刚出现自杀念头，还是已经存在较长时间的自杀意念，自杀想法的强烈程度如何？是否已经尝试过自伤自残？是否已经有了周密的自杀计划？是否有过自杀未遂史？准备以何种方式结束自己？不同的情况，危机程度不同，介入的程度和方法也不同。

"你当前的自杀进度条到了百分之多少了？"我关切地探问。

他谈到自己的自杀想法已有半年之久，目前的进度达90%，今天来找我之前他正在写遗书，写了一半突然想过来咨询。遗书和百分之90%的进度条是十分危险的信号，危机系数较高。我没有冲动地进行处理，而是继续平静地与他探讨。因为我知道，探讨自杀不会增加自杀的行为！相反，回避问题，也许就错过了评估的时机，干预的切入点可能就蕴含在个人的信息里。

当我不是大惊小怪地质疑他为何有自杀的想法，而是真诚开放地接纳他所有负面的情绪与想法，他也坦诚地透露了更多的重要信息。当时，他已经在处理自己的私有物品，所有的物品都有处理清单，在把普通的物品安顿好后，开始处理自己最心爱之物，他要把最珍爱的盆栽留给最志同道合的植物爱好者，认为只有这些志同道合者才能给予最好的照料。这一系列的仪式化行为，意味着"我准备好了"。即使是如此高危的个案，我们也要沉着应对，在做心理危机评估的同时也不忽视心理疏导，一次真诚温暖的对话，也许就能缓解他积压的痛苦情绪，也许就能让他看到生命的其他可能！

他提到进度条，那么就给了我们一个重要提示，进度条的性质就是有高有低、有长有短，这就说明他的自杀意念是一个波动变化的过程，而不是会一直居高不下，这就给我们做心理疏导和危机干预提供了极大的机会。

一般而言，每一个心理危机者都曾经历过很长一段时间的内心冲突，他们不是一想到"轻生"二字就立马去执行，而是会长期处于挣扎、纠结、拉锯的状态，他会考虑"活着是否有意义""是否要结束生命""用何种途径结束自己"等等，从他冒出"轻生"念头到真正实施自杀行为其实有很长一段路要走。根据杨丽老师"自杀的断崖漂流模型"，自杀者会经历观望区、准备区和漂流区，处在前两区的人，属于自杀意念者和前自杀尝试者，离危险的断崖还有一段距离。前自杀尝试者虽然危险性比自杀意念者更高，会有自杀计划、自杀准备和自杀演练，但仍然未到自杀尝试的最后一步。那么这就给我们足够的时间和机会去开展危机干预，防止人们走上最终的漂流区，从而拯救一条又一条宝贵的生命！这就是心理危机干预的意义！

来访者内心的这个进度条就反映了他内心的拉锯战，那么什么时候他的自杀进度条会降下来呢？如果这个进度条的进程减低，需要满足什么条件呢？能用什么巩固呢？

原来来访者的进度条与压力相关，尤其是学习和就业的压力，学习挂科，这个进度条就涨；考试通过，这个进度条就降；下一次学习遭遇挫折，进度条又再次激增。是挂科让他感觉就业无望、人生困苦，于是增加了结束自己的风险。那么，我们就需要去处理危机背后的原因，解决他面临的难题，缓解他的压力。来访者的确挺不容易的，学着自己不擅长的专业，个性内向、行为被动、应对刻板，遇到学习的困境直接把自己困死在情境中，而从未想到可以求助。可以说他是活在一个相对狭窄的视野里，凡事都是单打独斗，以至于在最难过的时候也唯有孤独和绝望。但是现在，你走进了这间咨询室，你还有我，还有我们一起去面对和承受！

这次谈话后，学生发生了神奇的变化，死之念头骤减，生的希望迸发！这是他第一次被一个人完全的接纳与尊重，那一刻，他感到了自己的存在价值——谈话本身发生了疗愈作用！真的，只要我们的学生，跳出自己的圈子走出来说一说，他就会发现很多事情都有一种以上的解决办法，他也会发现这个世界还是有人会理解和关爱自己。此外，我遵照了保密例外原则，联合辅导员和家长一起帮助他。一开始，他也强烈反对，说什么"如果告诉我家长，我就去死"，于是我们就怕了，信以为真了。其实我们不能被表面现象所迷惑，学生确实害怕家长知道，但他们的内心更是渴望家长知道啊！害怕是不想让父母担心，但他们非常期待父母知道他的痛，理解他的伤，然而又难以开口，只能希望借老师之口向父母发出终极的呼救！这是他第一次得到了这么多的关注和关爱，这份关注让他温暖和踏实，在家校的共同帮扶和多方资源下走出了轻生的绝境。

所以，面对危机，家校沟通必不可少，要秉承"不能说也得说"的原则，争取一切可以争取的力量，联合一切可以联合的资源，共同帮助孤立无援的孩子。

此外，要树立"防不胜防也得防"的观念，摒弃"无为"，敢于作为，善于把握时机，及时开展帮扶，守住生命防线。挽救生命于水火，这是至高无上的使命！切记：生命重于一切，先把生命保住，一切都有可能！

在迷雾中行走，我们看不见未来，但只要我们继续往前走，走着走着雾就散了，走着走着路就宽了，走着走着天就亮了！

我不想活了

"老师，我不想活了！"

说完这句话，来访者就开始崩溃大哭，哭得撕心裂肺，哭得惊天动地，哭得肝肠寸断。我的心不由地跟着她的痛哭而流泪，这么苦这么痛这么绝望的你，到底是经历了什么呀?!

可是她说不上什么理由，仿佛突然间就感觉世界崩塌、人生无望、前路尽毁，一瞬间就开始哭天抢地，按照家人的话就是"作天作地"。对，就是这个作天作地将她彻底打入万劫不复的地狱。每一次情绪失控都被家人定义为做作矫情，越是没发生什么就越被认为是作，大作特作；而发生了什么就可以理所当然地崩溃了吗？不管她有什么理由寻死觅活都是作！因为在家人眼里，"能有什么事？那都是什么事？那就不是事！"还是作！你有情绪就是不应该的，给家人带来麻烦和负担，给旁人带来不快和折磨。她不被允许有怨怒、难过、郁闷、消沉，更何况是如此轰轰烈烈的崩溃！她只能每天笑容满面、情绪饱满，可是越是假装若无其事，越是极尽压抑之能事，越是容易在某个瞬间彻底崩溃。然而这一崩溃又将迎来千夫所指，不仅家人排斥，好友也不理解，几乎所有人都质疑她、鄙夷她、嫌弃她！压死骆驼的最后一根稻草不是自己的心态爆炸，而是周围人的不允许、不接纳、不喜欢！

22

心境恶劣已是钻心之痛，此时如果有人陪伴与容纳，这份痛苦也许就会稀释一二，待情绪发作过后归复平常。然而不被周围人容许的姿态似乎要把她给灭了，这哪里是容不下她的情绪，这简直是容不下她这个人！这哪里是没有崩溃的资格，这简直是没有存在的资格！她找不到支撑之物，她找不到支持之人，她找不到活下去的理由，她怎么可能不走向极端？

"我知道你很痛很痛，很难很难，但你还是来到了这里，我相信在你的内心仍有一丝希望让你再坚持坚持，仍有一股力量让你再扛一扛！"待她平静下来，我努力给她赋能。

"我想找个理由活下去。"她回答。是的，如果不想活下去，就不会在最绝望的时候停止自我伤害，而来到咨询室。虽然她无数次哭诉"我不想活了"，但语言背后的行为才是最真实的，她没有选择立马结束自己，而是想再求救一次试一试。她想活下去，只是她找不到理由，于是她希望到你这来找，希望你告诉她这个理由。来到咨询室可能就是她给自己的最后一次机会，如果我们将之拒之门外，如果我们与其他人的反应毫无区别，那么就是将她彻底推向深渊。

"我很努力地活着，可是我好像什么都做不好，连情绪都控制不了，总是连累别人，我实在是不配活着，不配留在这个世界上！"

亲爱的女孩，这不是你的错，有情绪不是你的错，情绪失控也不是你的错。你可以有情绪，你也可以做不到，你都是被允许的。情绪正是你最纯然姿态，情绪崩溃也正是你向世界发出的最诚挚呼唤！不是你拖累了这个世界，是这个世界对你不够仁慈。

不是你不配这个世界，是这个世界配不上你！

她沉默了。

是的，这个世界并不完美，你会遇见各种苛责与冷漠，可是，如果我们再拨开迷雾看一眼，也可能会发现污浊背后的澄澈。请给这个世界一次机会，我知道这个请求对于你来说很难，但还是想要斗胆请求你：请再给这个世界也给自己一次机会，这个世界除了这一面还拥有许多面，虽然你现在什么都看不到，但那个面就在那。你不想去看一看么？你不想看一看世界的全貌是怎样的么？也许你会遇见一个更包容、更友善、更仁慈，更适合如你水晶般心灵的世界！你不想看一看未来的你是怎样的么？你拥有无限的可能。如果你的生命停留在20岁，那么你将永远不知道自己还能自食其力；如果你的生命停留在20岁，那么你将永远不知道自己还能给世界创造价值。不是你现在没有价值，而是你无法看到。等到有一天，当你心灵不断成长，你也许就可以看到真相，看到生命本身就是最大的价值！

亲爱的女孩，我真的不忍心看到一个如此美丽又美好的生命就此戛然而止。如果你的生命停留在20岁，那么你将错过未来生命中所有美好风景。

也许这些话仍然不能给她一个足够明确的活下去理由，但是我相信多少会植入一点希望，就那一点可以支撑她再往前走一点。只要解除了她当下的危机，保存住她鲜活的生命，在这条前进之路上我们就可以继续激发她的生命意志，继续找到那个活下去的理由。

生命的陪护就像一场接力赛，我不能一直陪伴所有在生死边沿挣扎的孩子，但当我路过他们的世界，我会用自己所有的力量去守护！能够打动对方的不是鸡汤话语，而是温柔的坚持和深深的联结。当我尽完自己的责任，再把他们交给下一任，一个跟一个，传下这护佑的接力棒。而这个活，不仅是专业人士独自做的，也需要生命中每一个人的参与。当我们每个人都能温柔相待，纵然一路不易，但也可能激发他们重拾对世界的希望，继续前进。只要继续向前走，生命之路就会越走越宽阔！

来访者抑郁情绪严重，已转介治疗。

我是抑郁症吗？

"老师，我是抑郁症吗？我最近情绪很不好，总是闷闷不乐的，什么都不想做，怎么都提不起劲。于是，我就在网上查了很多关于抑郁症的知识，还做了测试，我发现自己每条都符合，我肯定是抑郁症了。"

随着精神疾病的日益增加，人们对自己的心理关注度也越来越高。经常有来访者到咨询室里提这样的问题，他们遇到了情绪困扰，或烦躁，或压抑，或无聊，或低落，于是很想确定自己是否为抑郁症。那么他们到底是吗？

抑郁症不是自己认定的，也不是我说了算的，更不是网上的测试能证明的，需要专业的精神科医生鉴定并配以专业心理测试，还可能做全面的身体检查，三者结合才能综合断定。为保险起见，甚至需要两次及两次以上的诊断才能确诊。抑郁症是由各种原因引起的、以显著而持久的心境和情感改变为主要临床特征的精神疾病。它的核心诊断标准为情绪低落、兴趣减低、意志薄弱，除了三条核心症状外，还有很多附加症状，比如注意力降低、自我评价和自我价值感低、无望、自罪、自伤或自杀念头或行为、失眠、食欲暴增或下降等。哪怕自己每条都符合抑郁症的症状，也需要考虑病程，不是一两天的糟糕情绪就是抑郁症了。一般而言，确诊为抑郁症需要抑郁发作至少持续两周以上。

很多人容易把抑郁情绪等同于抑郁症。那么什么是抑郁情绪？它是每个人都可能有的正常情绪，是暂时的情绪低落、痛苦与压抑，可以通过时间的推移和空间的转移而得到缓解或改良，就像心理感冒，心里不舒服了，需要调整，程度较轻，治愈较快。而抑郁症严重程度远远高于抑郁情绪，似心理癌症，痛苦的病毒侵入骨髓，要系统的治疗与帮扶。它们完全不在一个层面，不是一个概念，抑郁情绪是正常的，而抑郁症是生病了。

相信大家一定对抑郁症患者的生存状态和思维模式充满好奇。也许，当我们知道了抑郁症患者在想些什么，就更能理解抑郁症患者的内心。我们先来看看正常的人平时都在想什么。我们都在想今天吃什么啊？等会儿去哪里吃或者去哪里玩？要不要去看场电影或者玩个游戏啊？要不要看看手机，有没有人给我发信息？过年要不要回家？要不要带女朋友见家长？想得更远的人可能会想：我这门课学不好怎么办？我要怎么样把它学好？我学的这些东西对我以后有用吗？以后我要做些什么工作，要不要考研，要不要发展人脉，如果毕业后找不到工作怎么办？找不到对象怎么办？陷入抑郁情绪的人可能会想：我好难过啊，心情真是糟糕透了，怎样都提不起劲来，我要做什么才能好一点？不然去大吃一顿或者大睡一场吧，说不定明天就好了。这都是正常人想的问题，和我们的生活息息相关，对当下充满着眷恋，对未来保存着期待，充满柴米油盐的烟火气息。

那么抑郁症患者每天都在想什么？我们一起来看看。

吃饭？有必要吗？我为什么要吃饭？活着有没有意义？生命有什么价值？我怎么这么难受，这么没用？我怎么什么都做不好？我为什么永远都达不到自己的要求？为什么别人都能做到，我就不行？既然连呼吸都痛苦，那我还为什么要活着？等等诸如此类，他们每一天都是想这些问题，不是想着怎么活，而是想着怎么死。

正常的人有着正常的七情六欲，小纠结、小烦恼、小算盘，思考问题五花八门，涉及生活和个人的方方面面。而抑郁症患者思考的内容非常的狭窄和单一，似在一个无底洞的方向上越钻越深。别看他们表面上语言迟缓甚至贫乏，但涉及生死问题，他们的内心活动颇多，心思细腻、思维缜密。他们会考虑如何死最合适、何时死最稳妥，对失血率、失血速都掌握得透透的，俨然一个专家。仔细分析，他们思考的内容中涵盖三层意思：第一层：我痛苦；第二层：我无用；第三层：我想死。三层内容交错纠缠，编织成一张巨大的黑洞闭环，孤独、沉重、绝望。

告诉大家患抑郁症的人在想什么，不是为了去排斥他们，而是想让大家对抑郁症有更多的理解和重视。抑郁症不是简单的心理问题，不是情绪感冒。情绪不好的人可能也会说："我好难受，心情不好，真的太痛苦了，感觉过不去了，不如死了算了。"他这里谈论死亡其实是一种情绪使然，说过即忘，不是症状表现。他这是用极端话语表达他的情绪，表达他痛苦的那个部分。这是有区别的，抑郁症的人对于死亡是一种理性的思考，是植根在大脑深处的顽固念头，无法驱散，无法摆脱。当我们知道他们怎么想了，也许也就更能懂得他们的痛苦与绝望，他们的不一样，从而给予一定的理解与关爱，而不是一味地去要求他们，批评他们想太多，鼓励他们欢笑，强迫他们过上正常的生活，完成正常的工作量。既然病了，就需要治疗，在专业精神科医生的帮扶下，开展心理治疗和药物治疗。

经过我的解释，绝大部分来访者恍然大悟、无比释然：原来他们所以为的"抑郁症"很有可能只是抑郁情绪而已。很多同学过于担心自己的精神状态，于是自己吓自己。但也有来访者却是渴望自己得抑郁症，这样就为自己的状态找到一个充分的理由和合理的解释。有很多人听到自己可能是抑郁症后反倒轻松了，好像终于可以不用努力改进、不用自我负责，终于可以心安理得地啥事不做了。看来抑郁症也是有好处的嘛，所以说所有的心理问题保存下来，都可能源于症状的获益性。

每一位治疗师或咨询师都有他的评估经验，作为咨询师的我虽然不能做诊断，但也需要为来访者做评估，以便更好地帮助来访者。那么我也发展出了自己的评估方式：我不会一次谈话就断定来访者是否存在抑郁的可能，我经常会用一种方式去评估对方的抑郁程度：如果不是危机情况，我一般是会再跟他见 1 到 2 次面，并开展连续的评估。因为抑郁情绪有时候表现出来的痛苦程度与抑郁症不相上下，但之所以暂缓一两次再下判断是我需要知道我跟他的访谈有没有效果。

一般的来访者，我跟他们聊一到两次，给他们布置一些行为作业让他们完成，他们的情绪就会有变化。下次见他们，他们就可能会表达："老师你上次跟我讲的那些话很有道理，对我很有帮助"；或者，"我上次跟你聊完天之后，就按照你说的去做了，我去做了什么什么，情绪果然得到了好转，这几天好多了"；抑或者："虽然情绪还是那样，但是我大概知道自己的问题在哪里了，我知道该怎么做了"。

正常的人都有快乐的能力，我们可以通过自我辅导和接受疏导调节情绪。比如说我现在心情不好，等会儿吃个大餐我就美美哒，或者说等会儿去看个电影，我的情绪就会"嗨嗨哒"，或者我什么都不想做，我就去睡个觉，睡完之后我就万事大吉。因为睡眠都会有疗愈作用，会在潜意识中自动修复情绪、化解难题。咨询有用，简而言之：咨询师的话，我们听得进；咨询师的建议，我们愿意尝试。

但针对抑郁症患者，简单的聊天沟通已经没有明显的效果。你和他说"想开点啊，想那么多干嘛"，这都是没有用的。他也不想这样，只是他病了，他没法自控。他始终就是那个样子，他的情况不能随境转移，不能随时间消泯。今天和明天，不管哪一天他都是一样的抑郁。不会因为吃了一顿美食或看了一场电影就会情绪好转，也不会因为你安慰或开导了几句就会变好，他的情绪状态始终很低，痛苦程度始终很深，他始终沉浸在自己的黑洞里，很难出洞。遇到这样的来访者，只能转介给专业机构的专业人士。

抑郁症患者，你无法通过简单的沟通就能把他聊好，因为他已经丧失了快乐的能力，而快乐的能力与大脑中的快乐递质有关，如多巴胺、内啡肽等。当神经递质功能失调或递质浓度紊乱就可能会出现抑郁症状。抑郁症患者的快乐递质所剩无几，就像黑暗的天空中零零散散的几颗星星，而正常人的快乐的递质就有很多很多，密密麻麻的，很快能在自我调节或他人帮扶下调整过来。生理的问题无法靠心理咨询或辅导解决，而要靠药物来治疗，药物可以促进脑部激素的分泌和递质的变化，比如增进快乐递质的分泌，从而改善情绪状态。吃药后他很快会恢复情绪，情绪平稳后才是心理辅导的开始。

所以说，抑郁症是一种生理疾病，它牵涉到很多脑部功能和结构的改变，需要系统的心理治疗——在药物治疗的前提下开展支持性谈话。有些人有抑郁症却回避问题，有些人没有抑郁症却自我怀疑，其实都是不合理的。不回避、不恐慌，不淡化、不夸张，直面问题，积极求助，有针对性地开展咨询或治疗就是最好的应对方式！

总是控制不住莫名流泪

"我不知道怎么回事，有几段时间总是动不动就流泪。也没有什么事情发生，就突然在某个点心酸难过，泪水就止不住的流。可能就是一想到过去的事情，就忍不住了。可是过去不都过去了吗，怎么没完没了的？而且那也不是什么大不了的事，真搞不懂自己为什么会这样。"

咨询室里经常会听到来访者这样的叙述，不明原因的伤感落泪。来访者不知，但咨询师深知——并非没有理由！

情绪是最真实的反应，负性情绪是需要未被满足的主观体验。既然伤心落泪，必有隐情。细问之，来访者或者有被寄养的经历，或者有被辱骂的情形，或者是失去一只小狗，或是遭遇其他的负性生活事件，都不是什么惊天动地的大事，按来访者所言就是"没什么大不了的"，似乎不值一提，但确实给他们造成了创伤，而且还是不能言说的创伤。说出来就显得小题大做了，谁在成长中还没有点坎坷呢？于是这些中等程度的创痛没能得到释放、修通和疗愈，反而是被压抑，压抑成自己都无法意识到的"情结"。

情结是藏在一个人精神生命中一群重要的无意识组合体或信念丛。情结虽未被意识到，却带有强烈的冲动，不碰则已，一触即发，像泄了洪收不住。

精神分析告诉我们，抑郁是被中断的哀伤。当我们丧失了某些我们心爱之人或物（客体），自然会有抑郁的情绪和哀伤的过程。哀伤激发自我去放弃已丧失的客体，去接受客体的消亡，并鼓励自我继续生存。而没有哀伤和抑郁这样一个过程，负性的情绪就会固着在客体上，聚集着巨大的能量，从而未完成、放不下、过不去。

莫名却无休无止的哭泣提示了曾经有被阻碍或中断的哀悼，抑郁情绪未得到宣泄，丧失的客体未得到充分的化解和忘却。比如被寄养的经历，其实是失去双亲陪伴和照料；被辱骂的场景，其实是失去父母的关心与肯定。其丧失程度可能不及丧亲，但他们和死去的狗狗一样带给自己某种丧失，如果不去哀伤，就永远走不出，总会隐隐作痛。那些创伤不是微不足道的，反倒是不定时炸弹般折磨自己的心结！我们需要去处理这个情结，它没有得到修通，我们仍然在这样的轨迹里，时不时的出现莫名的情绪，也许是抑郁，也许是别的，如烦躁、愤怒、委屈等等。被压抑的情绪情感不会凭空消失，而是会伺机而动，寻找每一个薄弱口迸发出来，这些薄弱口就可能是失败或失落的时候，此时最为脆弱，当下的坎坷牵引出过去的伤痕，悲伤逆流成河。而情绪每次出来的时候，我们又继续施加更大的压力，把它堵回去。然后它又继续寻找下一次机会。就像打地鼠一样，哪里有反抗，哪里就有镇压，我们没有一次让它彻底释放。如果有那么一次，让我们尽情哭泣、完全哀伤，那么我们则可能真正走出时不时就伤心哭泣的状态。我们都以为过去已经成为历史，时间是治愈一切的良药。然而，过去从未过去，时间的流逝也不是痊愈的法宝。潜意识没有时间概念，那些深刻的印记始终在头脑中活跃，任何时候浮出脑海都是鲜活的，就如当时经历这件事一般刺痛。

我们要做的不是继续去堵住伤感的泪水和抑郁的情绪，而是疏浚之，找一个机会让自己彻底的宣泄，没有任何的负担，不留任何的遗憾。这是疗愈的泪水，是内心的需要，它带走压抑、委屈与愤怒，是放毒，是清理垃圾。当负面情绪得以流泻,当情结得以修通,我们才不再被过去所羁绊,生命才能体验真正的轻快与自在,整装出发!

当然,如果持续反复的哭泣,长时间无法排解,那么可能存在抑郁症(恶劣心境)的情况,需要精神科医生的鉴定,需要更复杂、系统而专业的治疗。

我的情绪像过山车

咨询室里的声音 ▶

"我的情绪特别跌宕起伏，就像过山车，一会儿高兴，一会儿难过，一会儿兴奋，一会儿低落，感觉平静的时候比较少，总是处于波动状态，这让我很烦躁，就不能平平稳稳的过日子吗？"

首先，我们得评估来访者是否存在抑郁躁狂双相情感障碍的可能，那是一种既有躁狂发作、又有抑郁发作的精神疾病。躁狂发作期间，主要表现出心境高涨、联想增强、活动增强等症状。抑郁症发作时，经常表现为情绪不良、精力下降、消极厌世等症状。如果她的情绪过分的起伏、在两极之间摆动，那么提示她有可能存在双相情感障碍。然后我就建议她先去专业的精神科医院进行心理诊断，诊断出来她的确存在中度的双相障碍，医生就给她开了相关的药物，在药物的辅助的作用下开展心理咨询工作。

情绪跌宕起伏是情绪的一个重要特点，但是如果波动幅度特别大的话，就可能会出现双相情感障碍。事实上，单相的抑郁症或者躁狂症少见，双相障碍更常见，毕竟情绪起伏是必然规律，不会一直停留在一个相位上。有些人情绪异常的丰盛与激烈，以至于自己都没有办法掌控与驾驭它，最终会形成这种情感性精神疾病。来访者只是觉得这样的两极摇摆让他无比痛苦，却不曾知晓，原来他是心理上生了病。

不是所有人都可能得精神疾病，也不是任意谁都可能得双相障碍。天才在左，疯子在右，很多时候，天才与疯子只有一墙之隔，自古以来，世界上很多顶尖的文学和艺术天才都是抑郁症或者躁郁症患者。天才和疯子往往有共同的心理基础和大脑基础，神经活动活跃、情绪情感激越。一般来说，一个人有异常充沛的情感、有异乎寻常的能力、有超凡脱俗的才华，那么他所承受的来自内在的冲突和能量也会更大。若能驾驭内在奔涌的情感和思维就可能成就一枚天才，一旦承受不了，就会引发精神问题。来访者虽然不是艺术生，但她感受性强、体验性深，很有艺术天分。

然而，为了抑制住自己疯子的一面，也许天才的一面也同样被扼杀了。很多学生尤其是顶尖艺术院校学生，那些天赋极强的孩子却经常有各种情感障碍。你理解他们的痛苦，却也珍惜他们的才华。如果你把他们治好了，那么他们的天分可能也没了，变得与普通人无异，失去了那种喷薄欲出的生命力、创造力和感染力。但是如果不去干预、不去治疗，他们又会难以控制自己，从而陷入到巨大的痛苦甚至癫狂的状态，所以如何对这些学生进行有效的帮助是很有挑战性的。既能保存他们天才的那一部分，又能抑制住他们随时可能崩溃、解体的边缘化状态，这是非常需要智慧的。

双相障碍的治疗比抑郁症更复杂，在抑郁相的时候需要吃抗抑郁药，在躁狂相的时候需要吃抗躁狂药。用药要精准，药量也需要严格监控，不然可能诱发抑郁或躁狂。所以这是专业且有经验的医生干的事，也是治疗必备的一环。我认同治疗，但我并不主张对那些有才情的人进行严格的诊治，用过量的"情感稳定剂"抑制自己丰盈的情感。我不希望他们变成与常人无异的样子，我希望能够保存这些才华，因为这些才华对于社会是建设性力量，对于自己也是重要的价值来源。当然，涉及精神疾病吃药方面还得听医嘱的，不可以自行其是。有时候为了当下更好的保存自己，遏制自己癫狂的一面也是必须的。

如果你是一个很有才情的人，那么你注定就需要去承担比常人更多的更丰富的思想和情感，那些摩肩接踵而至的创意、铺天盖地而来的情绪，会把你吞没，于是你陷入或激越或沉郁的状态。这就是一个天才他所需要承担的代价——情感之深痛。你有多大的天分，就需要承担与之相应的多大痛楚。

我希望他们去认识这样一个真实的自己，接纳自己的与众不同。学会去 HOLD 住自己的情感，提升自我的涵容能力。当我们拓宽自我这个容器，就能与自己的情绪共处，利用内在丰沛的能量为自己服务。要对自己的情绪规律了然于胸，做好迎接浓烈情绪的准备。就像我们这位来访者，她需要知道自己的情绪温度计会涨会跌，在心情愉悦的时候，要有心理准备，正性情绪会跌、负面情绪会升；当负面情绪肆虐，要心存希望，它不会一直持续占据高峰，到达一个点的时候会降。如此循环往复。这不仅是双相障碍的情绪特点，也是所有情绪的法则。

掌握个人情绪的规律，还需要掌握自己创作的优势和高峰，什么时候是自己情绪最恶劣的时刻，什么时候是自己创造的最佳时机。在最糟糕的时候痛痛快快做一个疯子，在最有灵感的时候风风火火做一个天才，规避自己破坏性的一面，展现自己建设性的一面。很多双相的学生，他只要自己的躁狂，而不要抑郁，躁狂状态让他无比的留恋和着迷，给他愉悦的心情和高度的创造性，而抑郁的痛苦却无法承受，或者说，双相障碍之所以痛苦主要就是抑郁状态带来的痛苦。可是这是一体两面无可割裂的，有躁狂就一定会有抑郁，有抑郁也很可能会有躁狂。就像遏制了疯子就扼杀了天才一样，遏制了抑郁会连躁狂的一面也摒弃了。两面都很重要，很多时候，最出色的作品就孕育在最灰暗的时光。"不经一番寒彻骨，那得梅花扑鼻香。"创作是对过去至暗时刻的最深刻地提炼。

接纳自己的感情还有自己的才情，那是你生命中无与伦比的资源。艺术人生总是情绪充盈的，情感是艺术的源泉，给艺术最大的滋养，丰饶的情感之壤最能孕育亮丽的艺术之花！艺术本来就是本能欲望的升华，或者说创造本身就是自我疗愈的途径。很多双相情感障碍者功能性是极好的，能够很好地适应生活，也能达成自我的成就。

创作即生活，生活即创作，二者不可割裂，当我们带着症状积极地耕耘，我们将能把疯子与天才统一为一身！当我们从重度的双相障碍走向轻躁狂，激烈的情绪得以调和，创造的灵感不减，就是最迷人的状态！

走不出传销的阴影

"上个学期，我被同学拉入了传销，很快被那个环境所洗脑了，完全相信了他们的那一套做法，还把我妈拉进去入伙。我们一共交了16万的入伙费，可最后全没了，这对于一个农村家庭来说是倾家荡产，这对于我个人来说也是灭顶之灾。当时我真的好绝望，硬撑着过来了。现在事情过了半年了，虽然我已经没有当初的那种抑郁，但还是经常会想到这件事，一想起来还是很难受。我现在整个人都变得很没自信，啥事也不想做，啥事也做不好！"

来访者的故事让人惋惜，误入传销损失惨重，以至于事情过去了大半年还是没法从中走出来，经常会想到被骗的经历，可能存在创伤后应激障碍。这是当一个人面临异常强烈的精神刺激后，在较迟一段时间后发生的应激相关障碍。创伤性体验反复闯入意识或梦境中，身心高度的焦虑。来访者当时把所有的痛苦、委屈、不甘、愤怒都强压下来，没有真正地去处理这部分情绪，以至于创伤持续存在，长时间处于压抑的状态中，整个人都带有抑郁的色彩。这些负面的情绪和偏激的认知内化为人格，变成了现在更自卑、更敏感、更无力的样子。

"你当时知道那是传销吗？"我很想知道来访者进入传销的原因。

"我一开始也不知道，因为他们很会洗脑，说什么产品很好，利国利民，是脱贫致富的重要路径。我想着为家庭解决经济负担就加入了，后来我才意识到不对，加上亲戚也一直劝说我，我才知道我是被骗了。唉，一直以来我都是很懂事的，学习努力、孝顺听话、从不叛逆，我爸妈都引以为傲，可是这件事却让他们失望了，让家族人都失望了。我妈就一直埋怨我，我爸就一直拿这事教训我，还有我其他的亲戚也是，我都没脸见人了。我对自己也很失望。"

一个生活中节俭、学习上努力，从来不让父母操心，身为父母骄傲的孩子却误入传销组织，似乎不合常理呀？

其实，看上去他是为了走捷径赚大钱，急功近利，财迷心窍，但他的真正目的是为家人着想，想为家庭解决经济困难，他还是那个懂事的、孝顺的、能干的孩子。他和其他那种为了发财梦而受骗的人本质是不一样的，这其实是他涉世不深的单纯表现。他虽然指责自己竟然想到用这种投机倒把的方式去赚钱，但他并非是好吃懒做之徒。他能吃苦耐劳受累，这些对他来讲都不在话下，他自小就是这么努力学习的，从未拈轻怕重、喊苦喊累。骨子里，他参与传销的做法同他那个乖巧懂事的形象是一致而非分离的，并让不法分子钻了空子，利用了他的良善与热血。

别再折磨自己了，你已经受到了足够的打击，你的初衷其实是想给家里帮忙的。

听我这么说，来访者流下了感激的泪水。也许是第一次有人理解了他，而没有责怪他，这将是他走出来的重要前提。

"过去的事情我也不想再提了"，缓了一会儿来访者继续开口："现在才是要紧的。我之所以来咨询也是因为目前我已经大四了，我希望赶紧调整状态应对后面的一系列事情，毕业论文、教师资格证考试、找工作等等。我很想弥补自己的错误，积极进取、努力奋斗，争取尽快干出一番成绩。可是越着急，又越干不了正事。"

来访者很想弥补自己的错误，于是很想恢复到自己从前很勤奋刻苦的样子，认为只有马不停蹄毫不松懈才能尽快成功达成心愿。对于此，我想说：虽然"误入传销"一事他已经自我反思过了，教训得到不少，经验却未增长。他还是固着于之前的方法，还是想回到那个努力的状态中，甚至比以前对自己的方式更苛刻了。

勤奋上进没有错，只是他如此严苛，不允许自己有情绪、开小差，希望自己用最短的时间获得最大的成绩，这简直和在传销一事中的表现如出一辙，仍然是急于求成，仍然是赶英超美，根本没有从中汲取宝贵经验。继续如此，他会跌更大的跟头，这个跟头不是金钱，而可能是人格的偏差，可能是前途的偏离。

来访者目前的状态已经反映出问题，想努力却投入不了，欲速则不达。这是内在智慧在提醒他需要调理身心、调整办法。现在不是要快，而是要慢了，学会延迟满足，这是一种甘愿为更有价值的长远结果而放弃即时满足的抉择取向，以及在等待期中展示的自我控制能力。它是个体完成各种任务、成功适应社会的必要条件。

家庭暂时不需要我们去负担，也不需要急于去表现自己是一个懂事的好孩子，我们有足够的时间去证明自己，我们也有足够的时间去回报父母。虽然我们犯过错、受过骗、丢过脸，但那也不是盲目奋进的理由，相信我们还有一生时间去一雪前耻！

"磨刀不误砍柴工"，不要再着急忙慌地去考证、去成功、去发财，而是要花一些时间去调整自己一以贯之的行为方式，思考自己的人生方向，根据个人的实际情况来规划未来和采取行动。不再做那个单纯热切的男孩子，而是做一个顶天立地的男子汉——沉静地决策、稳健地前进！如此，我们才可能收获累累硕果！

贪食还是贪爱？

"我特别喜欢吃，怎么都控制不了。明明是想瘦下来的，但就是忍不住要吃。为了减肥我会去节食，每天只吃一个苹果，但忍不了几天又会吃更多，吃到撑吃到吐，还停不下来。真的太烦了，我很想改变，我要变瘦，不想再吃这么多了！"

来访者去医院做了诊断，是中轻度的暴食症。这是一种饮食行为障碍的疾病，患者极度怕胖，自我的评价常受身材及体重变化而影响。经常在无聊或压力情境下进行暴食行为，直到腹胀难受方才罢休。暴食后虽得到暂时的满足，但随之而来的后悔与自责又促使其利用不当方式（如催吐、催泻、节食或剧烈运动）来清除已进食物。来访者还没有到达严重疾患的程度，但目前的状况值得重视。

她意识上很想瘦下来，也用意志力去克制自己的食欲，可似乎潜意识里却有巨大的力量让她吃更多。意识与潜意识发生分离，意识里想瘦是真的，从小就被人嘲笑说太胖了，导致她因为形体偏胖而自卑。青春期是个体自我意识高度发展时期，对个人的形象和身体尤为关注，这个时候的体表感不好影响自我评价。她因此情绪不好，情绪不好就去吃，越吃就会越胖，感觉就更不好了，非常的后悔，于是又继续吃，如此恶性循环。

为什么明明吃胖了还要去吃？这是什么逻辑？这个时候不应该是不

吃吗？难道她是用吃来自我惩罚？因为自感肥胖，心里难受且自责，觉得为什么别人能轻轻松松地瘦下来，自己却怎么也瘦不下来？为什么别人怎么吃都吃不胖，自己喝口水都会胖？为什么别人似乎没有那么多食欲，自己却那么喜欢吃？由此可见，来访者或许是用吃来惩罚自己，厌弃自己的贪婪和无节制，于是自暴自弃，自毁自伤，把自己变得更胖。除了惩罚，她和吃还有别的关系吗？是否还有更深的纠葛？

"你吃完后会后悔，会自责，吃的时候还有别的情绪吗？"我问。

"其实吃的过程也还很开心的，是自己特别想吃的东西。"她笑了。看来吃的功能很多，一边在惩罚自己，一边也是缓解情绪的良方。可是情绪没缓解成功，却带来更大的肥胖的烦恼。哪怕肥胖也要吃，哪怕后悔也要吃，大快朵颐地吃，放开肚皮地吃，肆无忌惮地吃，这背后究竟隐藏着怎样的力量啊?! 于是我还想再探探她，便问："你与吃或者食物的第一个重要记忆是什么？或者说你记忆中父母是怎么喂养自己的，是有求必应吗？是节衣缩食吗？是想吃的时候不能及时吃，要等等，还是要学孔融让梨，先让给别人吃？"

来访者愣了一下，说："让给别人吃，让给妹妹吃。"

说完，声泪涕下。

家里每次买回来的食物她都不能先吃，都得先紧着妹妹吃，妹妹吃好了才有她的份，美其名曰是要"大的让小的"。如果她忍不住先吃了，就会被她爸嘲笑，说她狼狈、贪婪、寒碜，没大没小没教养。来访者内心很不平衡，凭什么要大的让小的？自己却不能先吃？不能独食？我就要吃！

吃是人类的第一大需要，是孩子最原初的快乐，可是来访者却没有这份本能的快乐。她在吃上有严重的缺失，这个缺失其实是爱的缺失。食物是父母的爱之供给，她并没有得到足够的满足和照料，于是在内心埋下了未被满足的贪食的种子。缺得越多，贪得越多。她内心住有一个任性的小孩，我不管，我就要吃，我就要吃好多好多，把那些年不能吃的东西都吃回来，可见其缺失的严重。但她又在意自己的形象，所以在瘦与吃之间矛盾，也就是美与爱的矛盾。终归是对爱的执着超越了对美的渴望，意识与潜意识的较量，永远是潜意识占上风，潜意识所包含的巨大能量与牵引力，让个体终究逃不脱不幸童年的魔爪。

所以说每一个暴食的成年人都曾是个缺爱的孩子，也许是经济不允许，也许是父母不供应，也许是其他原因。在饮食上照料不好的孩子，其他方面也难呵护好，缺爱便是必然的了。那么，想要不贪食，可能还是需要从缺爱的根源来解决，就像当来访者有一段亲密关系时，她的贪食情况会好许多，当精神的粮食填补了内心的空虚，也就填补了物质的缺失。当内心满满都是爱，也就再装不下食物。最后，年轻的女孩们，不要愧疚，尽管去吃吧！贪吃其实也没有那么严重，不是吗？吃是人类第一需要，吃也是生命第一乐趣，爱吃是爱生命的表现。开怀畅饮，吃遍天下美食，也是人生一大幸事！当咱哪天吃不下了，也许才是该焦虑与抑郁的时候了！

我忍不住狂吃

"老师你看到了，我很胖，可我以前并非如此，大概从高中开始发胖，到了大学更是一发不可收拾，原因就是因为我喜欢吃，经常性的暴饮暴食。我知道自己这么胖不好，我也很讨厌自己这么胖，可是我就是没法控制自己！我都发誓不再这么吃了，可还是忍不住。"

同样的暴食，同样的暴食症，与前一个故事"贪食还是贪爱"不同，来访者并非家庭贫寒，不是那种小时候忍饥挨饿，长大后要变本加厉吃回来的那种。相反她的家庭富裕，也没有兄弟姐妹需要她"孔融让梨"，想吃什么都可以满足。成长中似乎不存在食物的缺失，然而，她依然会经不住美食的诱惑，时不时陷入暴食的境地。百思不得其解的不止是她，还有我，她的机理肯定与前者不同。看着她臃肿的身体，我不由地想道：难道是遗传性肥胖？于是我问她：你的父母和你一样胖吗？我父母不胖，不仅父母不胖，我们家族里就没有胖子，只有我一个人胖成这样。她的回答让我意外，更意外的是：与她的无法自控相反，父母都是非常自律的人，体重控制得好。爸爸在电视台工作，非常注重形象，妈妈则在医院工作，非常注重养生。因而来访者父母二人都是饮食适量，食物贵在精而不在多，身材保持得很好。

自律，如此优秀的品质却没有传承给下一代，这是为何？武志红说，一定意义上讲，"严于律己、宽以待人"是一个伪命题，事实是对自己要求严格的人对别人也要求严格，这是内在严苛人际关系的外射，那么父母是这么控制自己的，也必然这么控制孩子。小时候，来访者怎么吃都不胖，进入青春期后女生会有发福的迹象，其父母敏锐觉察到她有长胖的可能，就开始监控她的饮食。一日三餐严格控制食量，杜绝零食的摄入，不管多喜欢吃的东西，只要多吃一点，就会遭到父亲的责骂和母亲的唠叨。尤其是爸爸，从小和来访者灌输女孩子要注意形象气质，认为这是女性的一张名片。来访者在父母的眼皮底下体重控制得很好，可一旦离开父母的掌控，她就像脱缰的野马，一发不可收拾。遇见自己喜欢的东西便无法自抑地大吃特吃，直到吃到撑吃到吐。

"你父母对你现在这么胖是什么态度？"我问。

"当然是非常反对啊！他们觉得这样很不好，让我减肥。"她答。

"那你自己呢？"我继续问。

"我也觉得不好啊！真羡慕那些怎么吃都吃不胖的人，如果能够想吃就吃，但怎么吃都不胖，该多好啊！"她回复道。

"那你愿意为了瘦而放弃吃吗？"

"我是想瘦，但还是更想吃，怕是瘦不下来了。"

"如果瘦不下来，你能接受吗？"

"如果是这样，唉，那也没办法了，只是我爸妈他们很急，他们怕是接受不了。"

答案呼之而出。来访者之所以觉得自己胖不好，那是内化的父母的声音，是内在的严苛的父母在指责追求口欲的自己，父母觉得肥胖不好，慢慢地她自己也那么认为，于是希望瘦下来，希望自己用意志力来控制对美食的诱惑。然而追求快乐的"本我"在未得到满足时拥有强大的驱力，甚至超越了"超我"的自控力量，因而不管她意识上如何想努力控制食量，潜意识仍用巨大的推力在催促她这辆小火车"狂吃狂吃"。

可见，来访者本人并没有她以为的那样介意肥胖，比起讨厌胖，她更喜欢吃。吃是人类原初的快乐，父母却严苛杜绝这份快乐。我们可以想象那个画面：她不是没有条件吃，她是有条件却不给吃。她永远处于一种吃不饱的状态，只能看着美食，却不能尽兴、不能开怀、不能满足，其内心是承受了怎样的憋屈与无助？原本，她的家族有一个最难能可贵的品质——自律，然而她却无法传承！这是必然的，父母越自律，她将越放纵，不自律中藏着对父母的愤怒与反抗。在父母面前，她是一个乖乖女儿，父母说什么就是什么，不会违背父母的意愿。然而，无法明着叛逆，就会背着攻击，她用父母最在乎的地方反攻父母，让父母感受到巨大的挫败感。

这一仗，她赢了，她成功地反击了父母——你们不让我吃，我偏要吃；她也成功地叛离了家规——你们自律，我偏要任性！表达自我需要、伸张自由意志是如此重要，哪怕这是以毁掉自我形象为代价！看到了自我的模式，也许就能找到调节的方法。孩子已经长大了，有些自我的主张需要用语言表达，而非被动攻击，攻击他人也攻击自己。当我们能够用合适的方式去表达自我、释放情绪，并合理地满足自己的需要（如吃），也许我们就能真正把握那个"度"，找回自律之心，适可而止。

我担心自己感染了

"老师，我怀疑自己感染了新冠肺炎，我每一天都觉得好难受，总是喉咙不舒服，有时还会有低烧、拉肚子，全身都不舒服，我甚至能想象出我的肺一点一点溃烂的样子。老师，我怎么办？我不会就这么病死了吧，好可怕啊！"

来访者情绪高度紧张，当下紧要的是先给来访者做一个放松训练。待他稍微平静，我开始和他了解具体的情况："你去做核酸检查了吗？检查结果怎样？"

"我去检查过了，那个核酸检查的结果是阴性，但是我还是不放心。我觉得检查有问题，我肯定是中病毒了，但是他们没有检查出来，病毒不是有潜伏期吗？不是有那么多报道说查了好几次都查不出来的吗？我肯定也是那种！"

"那是什么时候检查的呢？"

"一个月之前检查的，说是阴性，我不放心两天后又去检查了一次，还是不放心，又继续检查。这一个月都检查了七八次了，我今天又去检查了一次。"

"新冠肺炎病毒的潜伏期一般2—14天，你不仅度过了14天，一个月都过去了，既然检查结果都是阴性，那就是没事了。"

"我就是怀疑自己在去医院检查的过程中，是不是又碰到了别人正好又被感染了，正好那一天我可能在某个地方口罩是不是出了问题或者漏了缝隙，或者是我接触到了某个新冠肺炎患者，虽然我戴了口罩，但是他没戴啊，我很有可能被感染啊！"

"我们要相信科学，做好自我防护，就不会有问题的。"

"可是万一有漏网之鱼呢？如果我在检查的过程中又刚好被感染的话，是不是我又要等14天呢？在这14天中，如果我又接触到了可能的病毒，而病毒又需要一段时间潜伏期，我是不是又要继续等下去，那么我就永远不知道自己到底有没有得病，我就将永远脱离不了苦海啊！我好难受，我到底有没有得啊？我肯定是得了，但是又查不出来，天呐，我到底要怎么办？"

来访者又开始激动起来，整个人坐立不安、惊魂不定。我终于明白了，你和他说什么都没用，无论说什么效果都微乎其微，无法消除他的疑虑，因为他很有可能存在一种叫做疑病症的心理疾病。这是一种总是担心或相信自己患有严重躯体疾病的神经症。有这种问题的人会坚信自己患了某种疾病，因而反复就医。但不管检查结果的证实还是医生的解释，均不能打消他的疑虑。

那么他到底是新冠肺炎疫情下的特异表现还是一直以来就存有的性格特点所致？如果只是特殊时期的特殊表现，那么这种急性的发作可能会相对好处理，如果是长期的性格缺陷所致，那么就会难搞得多。不管怎样，他的情况都需要到心理医生那挂个号了。那么，我先处理心理咨询能够触及的部分。

来访者的疑病症状到底是什么时候开始？又与什么有关呢？仅仅与疫情相关吗？是疫情激发出他原有的死亡焦虑？还是兼具其他的缘由？

进一步探寻才知道，在疫情最严峻的时候，来访者的情感也出了问题，女朋友跟他闹分手。他很想挽回这段感情，但由于两个人都处于漫长的寒假期间，各自在居家隔离，相距甚远，所以他想跟女朋友见面却没有办法，只能通过短信和电话不停地求和。但女友无比绝情，到后面电话都不接了，于是他只能在无望中苦苦煎熬。最后，他实在是受不了，待疫情稍微缓解，就坐高铁赶到了女友所在城市去见女友，当面求复合。但女友的坚决让他更加的痛苦，所有的焦急等待、所有的迫切期待都化作泡沫，到头来还是一场噩梦。

来访者彻底失恋了，每天借酒浇愁，痛不欲生。但是过了一周后，他突然觉得不能再这样下去了，决定要好好振作，再也不去想女友了。女友倒真的不想了，但是就在这时，他突然出现了疑病的症状，害怕自己得了新冠肺炎，怀疑自己在冒险去找女友的过程中感染到了病毒。

正常的情况下，我们的痛苦和焦虑都是在一定范围内的，但如果一个人有敏感的、焦虑的基因或者体质，再加上一些突发的事件，他会更加敏感和恐惧。我们这位来访者在本身就恐惧的心理背景下，加之失恋这一突如其来的重大打击，他的恐惧感激增，甚至走向疑病症。而且他最开始的怀疑有理有据，他确实做了冒险的行动。虽然他做好了防护，感染性极低，但也是存在风险的。在那一瞬间，我理解了他。

"如果当时女友如你所愿与你复合，你觉得你现在还会如此恐惧吗？"我抛给他一个十分尖锐又万分关键的问题。

来访者沉思了片刻，回答说："可能，不会吧。"

正是如此。如果他成功复合，也许就不会如此恐慌。他之所以总是神经过敏，主要的原因就在于女友的离去。只要女友在他身边，他就不会怀疑自己有任何问题，而女友不在了，爱的客体丧失，恐惧感便来袭。

来访者是无比脆弱的，内心缺乏安全感，他以为自己度过了失恋的创伤，其实是把对失恋的痛苦转移到了对新冠肺炎的恐惧上，希望借此忘记失恋的伤痛。可是这种转移并没有让自己更好受，反倒陷入更大的痛苦当中；他也并没有走出失恋，他只是压抑了这件不光彩不痛快的事情而已。

所以我们真正要处理的还是失恋这件事，从根源上解决好这个问题，才能彻底走出恐惧。任何的转移都只是暂时的回避，痛苦还是需要直面，恐惧源于爱的丧失，那么仍需要用爱来拥抱恐惧、化解恐惧。亲爱的来访者，咨询室里，你有来自咨询师的爱；咨询室外，你也有来自更多人的爱，让我们一同遇见！那么首先，让我们就一起去面对那难以面对的失恋之痛吧！

胃病还是情绪病？

"我胃病又犯了，不是那种痛一下就好的，我一痛就是一年半载，我去查了，不过是糜烂性胃炎，比我以前要严重，但也没啥大碍。我上次发作是我 15 岁时，那时候初三，突然有一天我就胃疼得受不了，急性肠胃炎，但后面怎么治也好不了，刚好一点，我一碰书又疼得不行，于是只好休学，休学我就彻底好了。这一次，我也不知道自己要疼到什么时候去？"

来访者第一次胃疼是初三，初三有什么特点呢？原来是那时候为了考上全市高中，学习压力极大，精神高度紧张，吃不好睡不好，感觉快崩溃了。

"得病后心里还惦记着学习吗？"我问。

"得病后整颗心都围着胃疼转，学习的压力就完全抛到脑后了。"

可见，来访者的胃病很有可能与学习压力有关，是紧张状态下导致的肠胃紊乱。人没有崩溃，肠胃先崩溃了。又由于胃疼得厉害，让她对胃病高度担忧，全部的心思都转移到胃病上去，完全忘了学习。学习哪有身体重要？当不再关注学习，也就没了学习压力。胃疼成功转移了学习压力，甚至可以说此时的胃疼是她的期待与需要，来得正是及时。直到压力完全解除，胃病才彻底消失。

胃是情绪器官，最能敏感地捕捉情绪的变化，情绪有任何风吹草动都能在这个器官上反应出来。当个体处于积极情绪下，人体副交感神经系统相对亢奋，此时消化液分泌旺盛，胃肠动能加强，食欲大增，胃口极好。而当人处于压力或紧张状态下时，胃肠功能将严重受损，可使胃液酸度增高，胃黏膜充血，形成糜烂甚至溃疡。

这样看来，来访者这次复发或许也与压力有关，那么这次胃疼又有什么前提呢？

疫情之下，来访者经历了史上最长寒假，长达近半年的假期让她特别的闲散和颓靡，本来要求在家完成的网课和作业也没有做好，积压了一堆功课和任务。回校后面临铺天盖地的学习和考试她完全束手无策，直接瘫痪了，不是人瘫痪了，而是胃瘫痪了，胃炎再次复发。

这次复发后，来访者已无暇顾及学习了，整个人都围着胃病急得团团转。与上次一样，这个胃病来的太是时候了，让她可以逃避接二连三的考试，回避学习的重压。如果不得胃病，等待她的很可能就是挂科补考重修等种种糟糕的结果。而胃病为她赢得了缓冲时间，让她可以在这段治疗胃炎的时间里调整自我、从头准备。

可见，胃病是她的重要法宝，就像一个"软猬甲"，危机时刻护她当下的周全。每一次都成功转移了自己的注意力，从学习上转移到病情上，学习上的紧张便没有了。既然她会用胃疼来回避学习压力，那么我绝不相信在成长过程中她仅仅只有这两次发作。我的想法得到了验证，在每次遇到小波小浪时，她都会出现肠胃不适，只是这两次的冲击太大，胃病就大规模暴发了。

心理学家朱建军说："得病"是人们常用的一种心理防御机制，语言表达不出来的话就用症状来表达。就像来访者表达的意思就是："我受不了，我扛不住，我不要面对，我不能应对！"但她如果直接这样说，很可能会遭到批评、指责与贬低，完后该干嘛还得干嘛。孩子只有在什么时候才能不读书？生病的时候！除此之外，不管你是抑郁、痛苦、焦虑、烦躁、无聊，你都得学习！所以她只能用症状说话，这才是最安全也是最能被接受的方式。

情绪来源可能是压力，也可能是导致抑郁、焦虑、愤怒等情绪的其他未满足刺激；表现出来的症状可能是胃病，也可能是其他的疾病，如偏头痛、高血压、支气管炎、乳腺增生、肺炎等等；人的负面情绪如果积压太多而无法排解，就会发酵为毒素攻击我们身体的薄弱处，比如我们本身就存在肠胃羸弱的问题，那么一旦情绪郁结就会攻击我们的肠胃。如果我们的病灶在别处，那么未排出体外的糟糕情绪就会攻击我们的身体别处，出现以上所说的偏头痛、高血压等。

"得病"虽然一时半会儿规避了压力源，但这个模式终究不是解决办法，还给自己带来了新的困扰——躯体障碍的困扰。越是胃疼，就越是紧张，越是紧张，胃疼就越难缓解，于是持续疼痛，直到最后不再与疾病对抗。很多人因身体问题而求治，但怎么都治不好，此时转介心理科或精神科，吃一剂抗抑郁或抗焦虑药，反倒立马康复了，那么这就是典型的心理疾病躯体化，对症下药才是攻克之道。然而，一次又一次地"躯体化"游戏也会使疾病升级，就像来访者，第一次胃疼只是浅表性胃炎，第二次已经升级为糜烂性胃炎了。继续用自己的身体去抵御生命的风雨，身体也会扛不动的。本来"躯体化"是一种自我保护机制，结果真得了重病则会危及性命。

所以，我们还是得直面问题，主动承担自己的责任，积极寻找问题的原因，探寻应对的办法，用正面而非扭曲的方式应对问题。每一次困难也是一次自我成长的契机，就让我们利用这次攻克难题的时机助力自己能力的增长，活得更有勇气和底气！

最后，从另一个方面来说，我们的机体是有智慧的，症状是对自己的重要提醒。一旦身体出了异样，我们就要审视一下自己近段时间是否出现了无法承受或不能应对的情形，体内是否出现了负面情绪的淤堵。最简单的迹象就是长痘痘，"君有疾在腠理，不治将恐深"，就是说，当我们看到了表面的异常就要及时清理，而不至于越演越烈。勇敢承担自我的责任，及时处理情绪背后的问题，还身体一份清爽，给心灵一份干净，赐自我一份力量。

忍出承受力还是忍出心理病？

"我要辞职，离开这个部门，我实在是受不了了，学长每天压榨我的劳动力，我忍无可忍了！可是，不行，我这点学生工作都忍不了，那我还怎么胜任以后的工作岗位？我的心理承受力怎么这么差？算了，还是再忍忍吧！忍忍就好了。"

当人们遭遇不幸或者经历痛苦，我们经常可以听到这样的说法。一直以来，我也曾推崇"吃得苦中苦，方为人上人"的做法，我也曾想让自己经历一些惊天动地的磨难，从而脱胎换骨、笑傲江湖！可实际操作后，我们会发现，那些说"再忍忍就好了"的人到最后会发出"我再也受不了了"这样的声音。

他们很痛苦地在煎熬着，忍到最后不是疯掉，就是内心留下深深的阴影，下次经历同类事件时不是乐于接受，轻松为之，而是再也不要经历类似事件了。内心脆弱和害怕得不行，"一朝被蛇咬，十年怕井绳。"他们没有因为想得多就"看得开"了，也没有因为常听旁人议论就"耳顺"了，更没有因为承受久了就"挫折商"变强了。反倒随着时间的流逝，那创伤在内心发酵成更大的悲痛与恐惧。那不堪回首的经历无论多少年都难以释怀，最终酿成丧生之痛。

我们要去保护孩子，而不是过早地将他们抛向未知的社会，让他们去承受无谓的挫折与重负，这些经历不会让他们变得成熟稳重，相反是持久的摧残与重创。天天光顾心理咨询室的求助者，不是被父母呵护备至的小孩，而是从小遭受诸多生活事件而无力修复的成人。

所以我想，一个人想通过承受痛苦来锻炼心理承受力是不可取的。这不是说要把孩子们打造成温室的花朵，而是做一株天然的小草。他们有本质的区别，温室的花朵是过度保护，天然的小草则在大自然中顺势生长，有阳光雨露，也有暴风骤雨。生命中本就有很多风雨，无需再刻意增加痛苦体验。事实上，一个人的心理承受力是由于获得了足够的关爱与支持，而不是他已然承受了许多痛苦，于是他就能承受更多的痛苦。一个人只有丰厚的土壤基石，才能承受生命之重。试想，一个饿了一天的人和一个吃饱了的人，谁更能承受饥饿？有生活常识的都知道，更能挨饿的不是那个已经饿过头的人，而是那个饱肚的人。只有吃饱了才经得起能量的消耗，同样的道理，只有穿暖了才更受得了寒冷的侵袭。

心理承受力强的人不是刻意去吃苦吃出来的，而是他们本身就具备强大的心理，这股内在力量让他们渡过一个又一个难关。意义治疗与存在主义创始人维克多·弗兰克，每读一遍他的作品《活出意义来》，每回顾一遍他在集中营里不可思议的求生故事，你都能感受他顽强的生命力量与惊人的自由意志！或许，正是因为他经历了如此极端的险境，才变得更强。但仔细了解他的生平后你会发现，真正让他变强的不是这段苦难的经历，而是他本身就具备的积极心理品质，只是险恶的环境把他可贵品质和内在资源激发了出来，帮助他顺利渡过千难万险。一个强大的人经历磨炼后会更强大，而一个不强大的人经历磨炼后也许会强大，也可能会崩溃。

别让自己再忍忍了，那不是出路。一个天天处于巨大精神压力中的人，你还能继续给他加压吗？继续施压，那就是压死骆驼的最后一根稻草。所以压力不能一直扛着，而是要适时放下，修整一下，再拿起。就像一杯水，不能一直拎着，而要拿一会儿，放一会儿，才能保持水杯无损，不然这杯水早就被累垮了的双手打翻了。

放下"忍者"心态，为自己找一条出路。从事自己喜欢的事业，当我们做着自己喜欢的事，我们才会开心，这个时候再做一点自己不喜欢的事，也会愿意去做。而如果我们一直做着自己厌恶的事，原本以为忍忍就够了，可继续做下去，我们将发现忍无可忍、受无可受；我们将感觉永无天日，生不如死。再如，当你和一个自己讨厌的人生活在一起，逃不掉躲不开，每次一想到要去见这个人都无比抗拒。而如果你可以大部分时间和自己喜欢的人待在一起，当大部分时间都感觉舒适自由的时候，你会觉得偶尔接触一下那个不喜欢的人也是可以的；甚至当你身心愉悦，你看那个讨厌的人也变得可爱了。

所以，我们不要去自找苦吃，而是要学会找乐子，当我们情绪和乐，当我们兴致勃勃，承受力能不增强吗？"今天我心情好，陪你做啥都行。"其实这个心情好，就是一个心理承受力的基础与表现，而找乐子的本质就是找到自己喜欢和适合的人生之路！

首先是要找一份自己喜欢的工作，找不到怎么办呢？找到自己的兴趣爱好，这些生活中的小插曲都会让自己释放压迫感和无望感，当兴趣成熟，也许就能成功转型！找对象也是一样要找自己喜欢的人，没找到怎么办呢？不忍受难道红杏出墙？当然不是。我们需要找到不喜欢的原因，为何会去找一个自己不喜欢的人？有没有办法让自己喜欢上？尝试所有的办法还是觉得没法做到，那就需要"快刀斩乱麻"，放过自己，也放过对方。

有些人对痛苦上瘾，这不是心理承受力好，是痛苦惯了，认为自己不配拥有幸福和快乐。可是没有人是天生用来受苦的，我们要坦坦荡荡地去拒绝多余的苦难，去追求应有的幸福。"吃得苦中苦"，从来没有忍受一说，看世界杯，C罗的自律大家有目共睹，他吃得了一般人不能吃的苦，但你感受到他自发的动力与无限的能量，是他内在的需要而不是外在强加给他以至于满脸愁容、怨声载道，不得已而为之。他的自律里不是消极被动的忍，而是积极的进取。"吃苦"是苦里有乐，有甘心情愿，有自由精神——即使身处绝境，也是饱含希望；即使极尽艰苦，也是充满力量；即使荆棘丛生，也是光芒万丈！

和谐人际篇

人际关系的好坏直接影响着个人的心理健康。学习处理人际冲突、学会与人和谐相处，是我们一生的课题。

我习惯于讨好他人

"我总是习惯在人际中付出，压抑自己、讨好别人。我总是为别人着想，想为别人做些什么，只有付出才会安心。你们总说要做自己做自己，哪里那么容易。如果我不为别人就会非常内疚。我也很讨厌这种内疚感，希望能够排解它。"

这是一个抑郁症愈后的来访者，在我们的文化背景下，像来访者这种习惯付出的人并不少见，还常常被我们认为是"好人"。

在他们的观念里，唯有如此才会被肯定和接纳。可以说，好人是心理创伤较重的人，他们从小缺失无条件的积极关注。为了被接纳强压着自己的需要去迎合别人，以至于他们内心坚信唯有付出才能换来爱与接纳。所有的委屈和伤痛都只能打落牙齿和血吞，自欺欺人的视而不见。

为了获得那份关爱，只能强压着内心的需要去付出、付出、再付出，这付出的背后是委屈与伤痛。

可这和内疚感有什么关系？他们以付出者自居，价值感与使命感的来源就是取悦于人，因而，一旦没有把别人伺候好，使命未完成，价值打折扣，就会有深深的内疚感。这些内疚与无力，加上前面所说的这些委屈、伤痛都常年压抑在心里，憋出了抑郁，憋出了心理问题。

可他们不会明白这种讨好模式有什么问题，而只会责怪自己没有付出更多，没有做得更好。如果我们按照心灵鸡汤的一贯模式引导他们学会拒绝、减少付出，他们又会像个壮士一般摇摇头："没关系，我是一个喜欢付出的人，我看得开，我受得了！"他强调他可以，可是真的可以吗？

这个时候，我就会问来访者："如果你持续付出下去，会发生什么？"他终于开始了犹豫与动摇，说："我也不知道自己的底线，不知道是否会崩溃——也许，会没事。"

来访者真的很有智慧，他说出了一个"底线"，这个东西很重要，也是他们时常会忽视的问题。这些习惯付出的人，底线不断被突破，以为自己什么都能承受，等到承受不了的时候已滑入了抑郁的深渊。

面对这样的来访者，一般我会引导他尊重内在的需要、表达真实的感受，并把自己当成他人，为自己付出，感受自己被"回报"的感觉。但随着咨询经验的增长，我发现，这个进展有些快了。来访者还没有意愿要改变生存模式，他们很难去聆听自己、拒绝别人；他们甚至是会恐慌，现有的讨好模式颠覆，新兴的"和谐一致"模式无从建立，他们要如何生存？

我们都在谈"拒绝别人"，谈何容易！

相信在成长中，这样的劝解已经让他们听得耳朵起茧，咨询师再这样说的话，他们可能直接关闭耳朵、起身走远。

于是，我换了个完全相反的说辞："你的这个模式如果你认为挺好，那就继续沿用，没有问题！"他愣了一下，也许这是第一次有人赞同他的活法。

"只是需要认识自己的底线和承受力。"我继续说。

每个人的能量都是有限的一杯水，这杯水在一次又一次的付出中逐渐减少，当能量见底的时候就再也付出不了"爱"与"暖"了。没有了能量也就没有了气力，什么都不想做，什么都做不了——这也就是抑郁席卷的时候——抑郁是保护自己别再付出了！

那该做什么呢？全民热衷的一款小游戏"消消乐"都知道，玩久了、玩累了要补充"能量药水"！那我们也要补充能量——让自己的身心放假，暂时远离人群，远离事务，舒舒服服待上一阵后，能量得到补充。水蓄满后，再回去，又可以继续往外倒了。

能够学会拒绝和冷漠当然好，学不会也没有关系，定期调节就好了。一个与人为善、习惯付出的人，他习惯于满足别人，竭力去帮助别人。即使别人不需要他的帮助，他貌似什么都没有做，其实也在付出，他对其他人的尊重、体谅都是在付出。比如他想听歌，但考虑到其他人都想休息了，他就放弃了。这就是在付出！他在体贴其他人。可是别人知道吗？并不知道。于是乎就会觉得委屈，自己付出了那么多，别人不仅没回报，竟然都不知道！所有这些付出都会消耗自己的能量，于是在他人不知不觉中，自己却抑郁了，他人甚至还会用难以置信的眼神看着你：你竟然抑郁了?！这对自己是再次打击与伤害。

习惯付出的人，在模式未改变前是可以定期躲起来疗伤，给自己充电。只有躲起来才有用，有人在的地方，就做不到不付出，时时刻刻都在考虑他人的感受，哪里可能为自己疯狂任性一回？如果他人给予回报会怎样呢？千万别！回报后他们会更内疚，会更积极地付出。只要不付出就好了，躲起来，不付出，就是对自己的最大呵护。

人格的成长是长期的事情，我们先从简单易行的着手。所以我现在的咨询，不再是急切地敦促来访者改变，而是做这两件事：一是自我认知，了解自己的行为模式和内心需要；二就是定期休整，每次在到达"底线"前做一个调节。模式不一定需要改变，模式也不一定能改变，每次在模式进行不下去的时候及时调节和暂时安放就好。

这个世界总有一些人是付出者，他们的善意既是个人的需要，也给这个世界带来了温暖。如果剥夺了他们的善意，改变他们的风格，也许是更致命的。丛非老师在近期的文中也写道："不讨好，就是做自己。听起来，爽则爽已，可是会面临失去关系的风险。如果你承担不起关系破裂，承担不起内疚，那么还是继续讨好吧。因为内疚，比委屈更折磨你，更让你痛苦。"所以，习惯于付出、讨好，也没那么糟糕。

　　当然，如果有一天他们不再想优先考虑别人了，我们也会张开双手欢迎他们去爱自己和做自己！也只有真正爱自己的人，才能更好地爱别人、爱世界！

这样的闺蜜，还要继续吗？

"我不知道要不要和我闺蜜绝交，上次她说她失恋了，想让我去陪她，于是我二话不说在国庆的时候坐高铁到她所在的城市去陪她。等我快赶到的时候，她说她又和男友和好了。还没等我下火车，她就说她好不容易和男友见一面，要和她男友去旅行！于是我就这样被她晾在那个城市。老师，你知道我当时有多难受吗？你可知道我们学校是封闭式管理啊，随便出门可是要被处分的，可她竟然这样对我，我真的很想和她绝交！"

听到这里，我忍不住为她难过，只因闺蜜分手便冒着被处分的风险千里迢迢赶赴身边，如此深情厚谊却被闺蜜任意挥霍与忽视。更气愤的是，我了解到，这种事情已经发生了不止一次。来访者总是把闺蜜的事情放在心上，为她鞍前马后，闺蜜却总是不以为然。

来访者的故事激起了我的反移情，我对她生发出了同情，哀其不幸，怒其不争，替她不值。对方把自己看成什么了？放到什么位置了？始终是最末尾。只有在她有需要帮助的时候才想到自己。这种闺蜜要她何用？

竟然不止一次，为何现在才想到决裂？

其实她早就想离开了，也早就为自己感到不甘心与不平衡，也曾向对方表达过自己的委屈与抱怨，甚至还透露过想结束友情的念头，但是都被对方梨花带雨地回应给偃旗息鼓了。比如，当来访者和闺蜜说："你从来都不联系我，都是我主动联系你、关心你，但你却从未给一个电话给我。"这个时候闺蜜就会委屈巴巴泪眼汪汪，说"我也想联系你啊"，然后强调自己"多忙多忙""多惨多惨""其实自己也不容易"等等，头头是道，振振有词，说到最后来访者都觉得是自己错怪了她，还要反过来安慰对方。

对方用这种方式告诉你：我已经活得够惨了，你就别来说我了。可是，她的不容易和不联系有什么关系？她这是在偷换概念和转移注意力，让别人看到她的惨而不去责怪她，甚至转而去安慰她，甚至给她提供便利。你本想点出她的问题、期待关系的改善，她反倒卖惨，"你以为我过得好嘛？"到最后你什么目的没有达到，还被指责与自责了一番，觉得自己无理取闹、小题大做。

来访者看不穿，于是一次又一次陷入对方编织的关系网。在这样的巧舌的攻势下，来访者一次又一次地相信对方的真心，然而实际的行动却总是与言语有出入，对方并不像她说的那样在意和尊重自己。言行不一让来访者怀疑，但又害怕就此结束会伤害对方，也会遗憾失去一段友谊。

面对这样的闺蜜，注定是一场不平等的关系。如果来访者心甘情愿，那么一个愿打，一个愿挨，关系继续；如果来访者不情愿，但又会被"闺蜜"的花言巧语套牢。

其实，这样的闺蜜才是更需要自己的那一方，她吃准了来访者，深知其心肠之软，不用付出真心与行动、只用嘴皮一碰就能把对方牢牢抓住，让其继续"为己辛苦为己忙"，如此划算的买卖何乐而不为呢？来访者要看到这一点，才能在这段关系中看到自己的重要性并底气十足，并且认识到其实自己并没有自以为的那样需要闺蜜。失去这样的闺蜜，也许会叹息，也许会遗憾，叹息自己多年的付出，但绝无损失。

如果来访者确实不舍闺蜜，仍怀抱希望，还想维持这份情谊，那该如何破呢？

当然可以，我并不是来劝分的。友情不易，且行且珍惜。两个人维系友情这么多年，肯定也曾有双方共同的投入，只是慢慢地演变成来访者单方的付出。要持续走下去，就得回归到平等的关系和良性的互动。

最重要的就是，来访者不认同或不接收来自闺蜜的投射。首先认清她只是在撇清问题和博取同情，清楚她的表里不一，绝不上套，然后学会用语言攻破，点出对方的应对模式，让对方知道你是在动真格的，明白告知感受和期望："每一次我指出你不关心我（或别的问题）的时候，你都会说上很大一段，为自己找很多的理由，让我觉得好像自己错怪了你。但其实不管你有什么样的借口，都不是你不重视这段友谊的理由。其实我并不是想责怪你，而是想表达我内心的真实感受，我希望得到你的重视，希望让我们的友谊经营得更好。你看可以吗？"

如果闺蜜真的在乎，她会反思与重视，并改变与你互动的方式；反之，那么这样的闺蜜，丢了也罢！

别人对我越不好，我越要对人家好

"我人际不好，我舍友都不理我，我有个舍友特别讨厌我，拖地都不拖我这边。我到底做错了什么，让她这样对我。人家对我不好，我就更要对人家好，我只有对人家好，对人家很好很好，人家才能会对我好。这就是我所能想到的，没有办法，我只能这样做。不这样做，我还能怎样呢？"

进一步了解到，来访者是一个独生子女，从小受家人宠爱，在家人面前就是一个骄傲的小公主，可以肆意妄为、大呼小叫。然而离开家来到学校后，地位发生了翻天覆地的变化。别人并不吃她那套，任意发飙只会遭致更猛烈的镇压，甚至让人反感和远离，于是她秒怂了。

对待那些对自己好的同学就像对待父母，连吼带嚷，对待那些对自己不好的舍友，却千般友善，万般讨好。对待自己好的人，她觉得很安全，可以真实地表现自己、宣泄情绪，无论怎么做这个关系都不会断；而对自己不好的人，她内心不安，关系脆弱，友谊的船说翻就翻，于是只能用讨好与取悦的方式去保存关系。看似灵活的处理，其实是笨拙的表现。对自己亲爱的人发飙，对讨厌自己的人讨好，值得吗？

此外，这其实也是她内在人际关系的一种转化。她内化了原生家庭的人际互动模式：任性的小孩和溺爱的父母。她在人际中只懂这一种模式，

68

不是在这方，就在那一方，没有别的可能。在家里，她可以无所顾忌地做那个任性的小孩，而到了学校，不再是她的天下，她的角色就变了，变成了溺爱的父母方，她像父母宠自己一样去哄别人。在父母的羽翼下，她少有自我反思，而在新环境中才醒悟原来这样不好。当来访者原生家庭中的那一套行不通，她潜意识中那种负面的自我概念冒出来了。她认为骨子里的自己是自私自利、唯我独尊、枉顾他人的。但她害怕自己的这一面表现出来，害怕别人给自己贴上"不善"的标签。于是，她启用了一种反向形成的心理防御机制，以加倍对人好的方式来掩盖自己不够好的一面。尤其是当他人不喜欢自己，她也会有很多的愤怒与委屈，甚至痛恨，很不愿意去相处和亲近，她害怕自己的敌意泄露出来，害怕自己的真实心思被人发现，于是表现得更加的友善。

越是厌恶自己的人越要低三下四地去讨好，这是有多缺朋友？真的能如常所愿，收获友谊吗？并没有。抱着敌意的相处，再怎么友好在对方眼里都是一种虚情假意，以至于更加的远离。她自以为用的是"黄金法则"——用你期待被对待的方式对待别人，以真心换真心。然而并不是。这是一种功利性的做法，是以假心换真心。来访者对别人并没有真正的善意，只是指望用工具性的"假好"换他人的"真善"。真心与否是可以感觉得到的，出发点错了，怎么做都是南辕北辙。

要想赢得友谊，还得真心相待。看见自己内在对于归属和爱的需要，还原自己的真心，真诚一致地表达自己，不刻意冷漠、不过分讨好，真实表现、坦诚交往，甚至可以开诚布公的表达："也许我有很多不成熟的地方，也许有些地方没做好，但我在乎这段友谊，我希望和大家成为朋友，希望大家给我一个机会，让我成长，学会和大家在一起。"

来访者缺乏人际交往经验，只懂得用固有的一套去交往——"黄金法则"，但是却用砸了。还有更好的方式去处理吗？更高明的法则是"白金法则"——用别人期望被对待的方式对待别人。我们要善于了解他人的需要，有的放矢地对别人好，而非不分青红皂白一味地对人好，那是你以为的好，而不一定是别人想要的那种好。当然"白金法则"不是叫你"投其所好"，天天钻营人心，而是教你智慧地与人相处，通过理解与共情，真正走进别人的内心。这个法则的出发点同样也是一个"真"字，精诚所至，我们就能玩转"白金法则"！

肺结核影响我的人际关系

"我一年多前得了肺结核，休学治疗了半年，又调养了半年。复学回来后，我的人际关系就不好了。肺结核有传染性，所有人都不理我了，他们都怕了我，都不敢和我亲近。"

肺结核给来访者造成了很大的困扰，可是，如果没有肺结核，这一切会不一样吗？以前没有肺结核的时候人际关系会更好吗？

"当然好啊！"来访者不假思索，并开始新一轮控诉："反正就是肺结核之后一切都变了，现在也没人和我说话了，我和别人说话也没人理会了。都是肺结核害了我！都是它的错！"

"都是它的错！"多么熟悉的台词！他把肺结核看成是造成一切祸端的根源，急切希望这个症状消失，还自己太平！这样以偏概全又糟糕透顶的非理性念头让我为他有些担心，需要处理。待他平静下来，我继续问他："你说你以前的人际关系好，有多好呢？"

"就是好啊！"来访者笼统地说。

"你能具体说说吗？是哪些地方好呢？"

"以前朋友多，以前……"来访者停顿片刻，缓缓叹了一口气："唉，其实也不怎么好。"

其实，来访者的人际关系一直以来就不怎么好，只是没有得病前他的朋友相对多一点，现在就更加孤独了。这前后的差异与肺结核是有些关联，但不至于如此极端。很有可能是他的非理性观念在起作用，他因肺结核而更加自卑，认定大家都排斥和看不起他，于是更加远离人群，这种主动的边缘化行为又让他的人际雪上加霜。其实周围人的态度很可能是他内心的投射，而非真实的态度。周围人到底有没有因为他的疾病而排挤他尚未可知，我也不相信所有人都会介意他的疾病。就我所知，身患传染病与人际关系好坏没有必然联系，人际交往的成败有它一贯的法则和原则。我看过太多的人有各种不足和疾病，但都拥有特别融洽的人际关系。比如很多身患乙肝的同学身边仍然不乏好友，真兄弟别说是肺结核，"虽新冠肺炎，吾往矣"！（当然我不是在此提倡不爱惜自己，我只是用以形容感情铁。）肺结核其实只是一个替罪羊，它承载了所有的罪过。把责任推到病症上可以让他心里会好受一些，可以用来掩盖自己一直人际关系不好甚至人际能力不佳的事实，也可以用来回避自己改善人际关系的责任。如果把责任归到外部，那么他就可以只管抱怨而免于努力了。

肺好委屈！肺结核好委屈！

当他的非理性思维被拆除，真面目被掀开，我们才能树立更合适的成长目标，讨论实质性的话题。接下来我们就可以聚焦于如何改善自己的人际了。

"你说你的人际关系不好，请你谈谈不好的原因。"我说。

来访者谈到了不爱交流、独来独往、兴趣不同三个因素。咨询师看到来访者有很强的自我反思能力，虽然一开始偏执地认为是肺结核的错，但慢慢地他能够直面自己的深层因素。

我接着问："请问你的人际交往能力好吗？"来访者回答说不好。"那请问你具备人际交往的基本品质吗？"这个问题，来访者回答说还可以。于是让来访者谈谈自己在人际关系方面比较好的品质或做得好的地方。他回答说自己乐于助人，会把饭卡借给没有钱的同学用，也会主动和别人分享自己的一些事情，还会主动加入别人、和别人一起打游戏。

原来他有这么多做得好的地方！来访者并非因为自己人际而全盘否定自我，这一点我为之感到欣慰。

既然如此，那我就更加诧异了：来访者觉得自己的交往能力不行，交往结果也不好，但其实交往品质却基本都具备。在这么好的基础下，人际关系为何还会不好呢？

来访者提到可能是源于不自信。其实在得病前他就有些不自信，虽然他自认有一张"好人卡"，但又觉得自己没啥优点与长处，也就没什么底气，不敢大大方方地与人交往。他的朋友都是通过人家主动找他来往建立的，人际模式为被动型。

来访者很快找到了症结，我为他的自我觉察叫好，肯定了他在人际中表现出来的善良、友好等美好品质，并表达了对他未来的期待。

在人际交往中，人品就是最好的通行证，其他的能力都是锦上添花。有，固然好，没有，依然棒。我们有这么好的品质作为基石，人人都求之不得——谁不期待与一个真诚善良的人做朋友呢?!

在以后的生活中，来访者可以主动出击，而不是被动等待。被动在人际中很容易被误解为冷漠与冷淡，会封锁人际交往的大门！我们总是期待别人主动，那么谁又来负责攻破厚重的心门看见彼此的好呢？

我们需要开放自我，主动交往，积极把自己的良善一面展示出来，留给同样良善的人。总有人不在乎你的能力有多高，不介意你的身体有多好，只懂得好人品的难能可贵。聪明的你，把这些人找出来，收获铁铁的友谊！

部长总是针对我

"我在学生会任职，可我所在部门的部长总是针对我，动不动就指责我。如果两个人做了同样的事，她也只会说我一个人，明摆地偏心。那天交报告给她，我不过是多写了几个错别字，她就抓住我不放，批评了我好久，还让我重写。总是小题大做的，老这样谁受得了？当时我忍无可忍了，就和她吵起来。"

来访者对自己的部长有强烈的情绪，在她看来，部长的所作所为是小题大做，本来只是一件小事被无限放大，所以很容易被来访者经验为"针对自己"。

"除开她求全责备的部分，扪心自问，你感觉这些任务完成得怎么样呢？"我想启发她继续自我探索。

"我觉得挺好的呀，就是一点细节问题。主要是看整体方案嘛，为什么要盯着细枝末节不放？不就是错了几个字吗？简直就是借题发挥！本末倒置！"

"听起来你是对部长的工作风格很不满呀？"

可不就是嘛，来访者接下来吧啦吧啦地数落部长的各种工作作风，言语中透露出如果自己做的话会做得更好的意思。

看来不仅是对部长的办事风格不满，还对她部长的资质存在质疑，认为对方没有能力和水平担此大任。

"你俩平时的关系如何呢？"我没有继续这个话题，而是先换了一个方向问话，以获得一个全面的画面。

"我俩之前在一个部门做同事的时候还挺好的，后来对方被推选为部长，关系就变了。"果然做部长是两人关系的转折。

"是啊，感觉她当学干后就变了，好像一副很了不起的样子，总是凶巴巴的，动不动就教训人，一点情面都不给，就她铁面无私！难道当了学干都翻脸不认人吗？既然她都当了部长，难道不应该更懂为人处世的智慧吗？为什么还这么处处针对人？"

"听起来你对她当部长很不满，很不认可她，你是不是觉得她不配当这个部长？"

来访者点点头。

"你有没有想过，哪怕一点点的想过，"我小心求证："部长只是在严格地履行职责，但在你看来却是在故意针对自己呢？或者说也许并不是她有多针对你，而是你对她有偏见呢？"

她没有说话。我继续推动："也许她的确有点过分，那咱们自己呢？"

"我确实很讨厌她。"她低声说。

"那你觉得是你讨厌她在先，还是感觉她针对你在先？"我小心求证。

"是我讨厌她在先，我其实就是嫉妒她，"她突然大声起来："本来我俩都是一起进的学生会，可是她什么都比我好，比我受欢迎，升得比我快。我就是受不了，她获得这么多资源，我真的很不甘心！"她越说越激动，几乎把这些话喊出来。喊出来后，她一阵轻松，无比舒畅。

来访者的问题就在此了，是她接受不了同为同事的队友转身一变为自己的部长，于是对人家充满嫉妒与愤怒。但意识层面又不愿承认，于是反倒认为是别人针对自己，从而可以心安理得地控诉对方而免于自责。你以为是别人对自己有意见，其实是内心对别人有敌意，是自己把恶意投射给了别人。不是别人盯着自己，而是自己盯着别人。他人是能够感受到这份不友好的，不管如何隐藏都能感受到自己的不真诚、不信任、不亲近，进而可能诱发对方以同样不友善的方式对待自己。

来访者内心的攻击欲望借助这个人得到了满足，通过建构他人的错误或敌意，她理直气壮地宣泄情绪、表达不满，释放攻击性。有些人用来投射爱，而有些人是用来投射恨，而这些也源于个体当下的情感状态和内心需要。心里有才能投射出来，而投射出来是为了满足个人的深层欲望。一个人有爱的需要，于是投射出一个理想化的客体来依恋与追求；一个人也有攻击的本能，于是投射出一个糟糕甚至迫害性的客体来发泄。

往更深地走，来访者本身就是有攻击性的，只是借由部长一事表现出来。在晋升一事上，她感受到强烈的挫败感和不平衡，内心的攻击与愤怒便迅速被激发出来并投射到一个获益者身上。对于部长，来访者需要表达歉意，还需要表达谢意。她被来访者投射出去恶意，还被认定为一个"恶人"。如果我们的攻击性排解不出去，那么很可能会转向自身，形成向内的自我攻击，造成自我伤害。意识到这些，来访者的怨愤情绪也在消泯，她很有勇气，也很有悟性，能够自我探索与自我领悟，愿意在看到这些深层的动力后自我负责。既然如此，我们是不是还可以更往深里走走呢？学会有容人之量，能够承认他人之长并接纳他人之好，学会欣赏他人，学会承受竞争的结果，也许他人真有某种过人之处呢？也许自己真的有所不足呢？

我们来看看来访者的言行风格，"不就是错了几个字，至于吗？""不就是一点细节问题吗？大惊小怪！"这是不是也可以看出来访者对自我要求较宽松，平时做事并不那么严谨呢？这是不是也意味着当时竞选的时候没有选择她而选择部长是有原因的呢？

与其将目光盯在别人身上，不如好好观照自己和提升自己。当自己对他人的敌意消散，他人对自己也将更加友好；当自己的能力进行提升，过好自己的日子，任何人都不再是你的对手，而是队友！到那时，该有的机会还会再来，该有的荣誉也会再有！

如此室友怎么办

　　"我讨厌我的一个舍友，从来不搞卫生，每次到 TA 值日的时候都各种理由，最后都是别人帮 TA 做。我喜欢早睡早起，TA 却喜欢晚睡晚起，害得我天天睡不好觉。我喜欢安静，TA 却特别喜欢外放音乐，把音响放得很大，根本不顾及别人的感受。还喜欢大声讲电话，经常和对象抱怨没钱花啊，学习好累啊。真是受不了，怎么会有这样的人？更受不了的是，为什么这种人还有对象？还有一堆朋友？"

　　表面上看，这是一个因生活习惯不同而导致的宿舍人际交往问题。然而，这不同生活习性的背后反映出的是内在价值观的不同及个人需要的冲突。来访者成长在一个典型的中国家庭，一直习得的是乖巧、懂事、勤奋努力、与人为善。由己推人，认为每个人理应如此，却没想到这个世界上还有另外一种人，为人处世自私又任性，想干嘛干嘛，不顾及他人的感受。这样的人与自己的行为习惯和价值取向相去甚远，因而异常痛恨。

　　然而，这讨厌的行为对来访者何尝不是万分的诱惑呢？室友的表现是来访者无论何时都不会展现的，不是不懂，而是不敢，是来访者内心万分渴望却又万万不敢去做的。室友的行为是自己内心多年来深深的期待，其实他多想像室友一样肆无忌惮无所顾忌的表现自己。他也希望想偷懒就偷懒，想大声说话就大声说话，想放音乐就放音乐，想睡觉就睡觉，不想睡就不睡，想倾诉就倾诉，可是这些他都不能去做。他压抑着自己的本能，不以诉苦抱怨博取关爱，而这个室友只因一点点小事就在那叫叫嚷嚷，生怕别人不知道的样子，如何不让自己反感和愤恨呢？因而，来访者对室友的敌意源自羡慕与嫉妒。

同时来访者认为，像这样的室友就不配拥有好朋友，而对方却有好友，还有对象。室友不搞卫生有人代劳，室友怨天尤人有人安慰，等等，而这些都与他所追求的公平正义和所信奉的生存哲学格格不入，因而加重了对室友的厌恶。其实就是嫉妒他们可以随意任性，却不会遭受惩罚；自己想任性，却总是要掂量一下后果，要考虑一下对别人的影响。当别人做了自己想做却不敢做的事还没有得到相应的报应时，痛恨自然产生！与其说是对室友的愤怒，不如说是来访者为自己的遭遇而感到深深伤痛。

如此分析，不是在为那些不体谅他人、自我中心的室友找借口，一方面我们需要教育这些室友，不能把公共空间当做私人空间，既不能侵犯他人的物理和心理空间，如随意外放音乐，也要做好个人最基本的约定任务，如整理宿舍内务。类似这样的室友，他们的自我觉知一般都比较差，不知道自己的行为对他人造成了怎样的影响，那么我们需要多和他们进行沟通，一遍一遍、反复表达，逐渐冲破他们的自我中心、强化他们对自身言行的觉知，并制定宿舍规则和惩罚机制。当然，如果对方冥顽不化，拉开距离不失为一种可行的选择。

另外，如果不能改变对方，那么我们也许可以松动部分教条。就是自己也能偶尔"本我"一点，缓解一下过强的"超我"。做点自己一直想做却不敢做的任性的事情，和舍友一样犯点自己不允许的错误，比如想晚睡晚起就晚睡晚起，想在宿舍高歌一曲就高歌一曲，这样无伤大雅也不颠覆自己的价值感，当对自己言行更宽容了一些，或许对他人的接纳也就更高了一些。

　　我们的讨厌和喜欢里都有很多可利用的自我认知资源。下一次当你再讨厌一个室友的时候，可以自我觉察一下，对方是触犯了自己哪个点呢？

为什么付出换不来回报

"为什么我总是在人际中处于劣势呢？总是我付出更多，别人好像都不怎么在乎。就像我室友嘛，我给他们打了无数次饭菜，但这几天我失恋了不舒服就想让她们帮我打一下饭菜回来，她们竟然都不吱一声！我真的好伤心，还有我前男友也是，为什么我对他那么好，他竟然还是离开我？真的好想不通啊！"

像这样的来访者无论在亲密关系中还是日常的人际交往中都是很常见的，付出很多却换不来回报。甚至我们很想别人对自己好，可一旦别人对自己好，就会有一种亏欠感，害怕欠人情，害怕还不清，小心翼翼、慌慌张张，很想立马赶紧加倍偿还？只是接受了别人的好而已啊，又不是做了什么见不得人的事！坦然接受就好了嘛！大胆秀就对了嘛！

这其实是一种不接纳和不信任的态度，是封闭交往的大门。人际交往讲求一个"平等原则"，交往的双方都有一定的付出或投入，而且收支基本平衡，这是建立人际关系的前提。都说"礼尚往来"，中国是一个礼仪之邦，"投之以李，报之以桃"，你来我往，互利互惠。总是你送礼，不给人家送礼的机会，彼此还能良好互动下去吗？一般有点良知的都选择结束了，因为继续下去只是自己受益，对他人不公平，于是退出这场"完胜"的游戏；而缺德的最终演变成"白眼狼"，把你的付出当成理所当然，心安理得地收钱收礼甚至索要钱财，导致付出者满腹委屈、愤愤不平。

其实，别人对自己的态度是被我们自己所教会的。比如两人谈恋爱，一开始男生很喜欢她，对她很好，但是每次男生对她好，她都会很紧张，慢慢地男生也会觉得不舒服。

在亲密关系中，我们常遇到这样的场景：

男友说："我给你送早餐吧！"女孩说："不用不用，这太麻烦你了，我自己来就好了。"

男友："我陪你去看电影吧！"女孩："不用不用，你的时间很宝贵，不用陪我，我一个人待着就好了。"

男友："我帮你拎包吧！"女孩："不用不用，我又不是大小姐，不怎么重，我可以自己提的。"

看到这样的场景你们会怎么想？我忍不住想对女孩说：你什么都能自己一个人搞定，你还需要男友做什么呢？人家还能为你做些什么呢？只有男友有需要，你没需要，人家怎么投你所好、讨你欢喜呢？渐渐地男生就无处施展手脚、表达爱意，只能毫不付出、坐享清福。你痛诉他为什么会这样？可这都是你教给他的，你让他这样对待你的。女生想传递给男友的是：我这么懂事、这么体贴、这么省心，你是不是会更加感激我和珍惜我？而男友接收到的信息是这样的：原来我的女友是这么独立、这么能干、这么乖巧，她并不需要我对她好！无所事事、不知所措的他就会无比纳闷，寻找归因：为什么我在这段关系中越来越没用处，越来越没意思，越来越想逃离？答案呼之欲出——那肯定就是我不够喜欢她！只有因为我没那么喜欢她，我才会有这样的表现。不然她对我这么好，我对她却不怎么好？

你可能觉得这是什么神奇的逻辑，怎么会把自己的"不作为"归因到"不喜欢"？不应该是自感"对不住"继而努力"对得起"吗？可现实就是如此，只有这样的归因，他才会心理平衡，否则他会被内疚杀死。你把你的内疚感都投射给他，可是人家也不想要呀，他也想投射给你却失败了，就只有用其他的方式化解。最好的方式就是告诉自己：我不喜欢这个人，任她怎么对待我，都是她的事，与我无关。

不要让伴侣成为关系中一个摆设或者附属品，当对方体会不到自己在关系中的价值时，他是无比沮丧的，结果就是消极应对、渐行渐远。本来他对女友的爱充满感激，很想回赠同等的爱，但他总是给不出去，或者总是被挡回来，他就没法体会到付出的愉悦感，没法体验给予的成就感，最终也就失去了亲密的幸福感。你对他的好不是换来他对你的加倍好，而是他的加速出逃。

我们总是在强调自己为别人做了什么，却不愿看见别人为自己做了什么。这何尝不是一种自恋行为甚至是一种攻击行为呢？总是彰显自己的功劳与苦劳，总是突出自己的伟大和高尚，总是只有你一个人，这要把别人置于何地呢？你的爱让他人压力重重，这种无以为报的重压让人感受到强烈的压迫感，自然对你产生愤怒和怨怼。

可是你真的不需要别人的好吗？你无比渴望！既然如此，我们要给别人爱自己的机会，无论是在亲密关系中，还是在普通的人际交往中。勇敢承认自己的需要没有错，坦然接受爱的供养没有错，你值得被爱、值得温柔以待！此外，我们还要教对方如何爱自己。怎样的爱是你所喜欢所接纳的，你可以明言之，也可以暗示之，慢慢地引导对方变成你喜欢的样子，引导爱情变成你理想的状态。更为重要的我们还要承认别人的爱，承认别人对这段关系的贡献，这是对他人最大的敬意，也会激发他人更愉快地付出。

亲爱的姑娘，虽然受累的是你，受伤的也是你，我特别不忍心，可还是要从你下手，强化你的自我责任。收起怨愤，破除自我牺牲的模式和"不配得"的心理，主动负责，接受关爱，创造幸福！

我就这么让人反感吗？

"我很不受欢迎，我的同学都排斥我，我问他们什么都不理我。比如那天我问一个室友有没有看到我的暖水袋，对方就没有好气，一句话'没看见'又冷又硬，怼得我好难受。现在想起来都还是不爽，我就这么让人反感吗？"

稍加留意就能听出来访者存在非理性思维，用了许多"所有人""总是"等极端的词汇，很可能存在因一件事而泛化到所有事、因一个人而上升到所有人的"以偏概全"思想，将一次或多次的不顺之事普遍化，认为事情一直如此糟糕。

这种非理性态度在很多人身上都是很常见的，破除非理性思维、重建理性信念是我们工作的重要目标。这是一个更长远的目标，不能泛泛而谈，可以聚焦本案例的要点，从一个小点来切入扰动来访者原有的思维结构。

我们可以深入了解：来访者所说的排斥是真排斥吗？反感是真反感吗？是事实还是假想？是实事求是还是敏感多疑？

如是，我问：当时的具体情形是怎样的？

"我当时问室友，我的暖水袋找不到了，你有看到我的暖水袋吗？她当场就冷冷地说我不知道啊，问我干什么？我可没看见。"

　　来访者自述被怼得哑口无言，除了生闷气，啥也不敢回，担心遭到更大的碰壁。

　　原来如此，来访者憋了一肚子气，事情就那么堵在那了，堵住了事态的发展，也堵住了情绪的松动。如果就此结束，那么将永远看不到真相。于是我继续问：如果当时你能回应，你会说什么？

　　来访者想不到，于是我们来了个角色扮演，再现场景。但咨询师有一个要求，让她硬着头皮接话，哪怕再难堪，哪怕再不舒服，也要把话茬接下去。

　　几次三番，来访者还是卡住了，无论如何都不知道如何接话，简直要哭出来。于是咨询师交换角色，由咨询师扮演来访者，来访者扮演室友，咨询师来做一个尝试和示范。下面是当时的扮演情况。

　　我："我的暖水袋找不到了，你有看到我的暖水袋吗？"

　　她："我不知道啊，问我干什么？我可没看见。"

　　我："哦，你不知道，我以为你知道的，那你有什么线索吗？"

　　她："我没啥线索啊。"

　　我："那你觉得谁可能知道吗？"

　　她："这个你可以问一下某某，她可能知道。"

　　扮演到这里的时候，来访者突然开了窍。咨询师的扮演给了她一个表率和启发，原来她在被怼的时候还可以继续进行会话，而不是尬在那，让天聊死。突然她的思路打开了，于是我又让她继续回到自己的角色上尝试表达，而不是被表面的冷淡所吓倒。来访者很有智慧，她模仿了咨询师的表现，还创造出更多的自我话语。原来，事情并非无解，随着变通性地增强，情绪也随境而转。

　　更惊喜地发现是，在自己和室友之间的切换扮演中，她体验到室友其实也不是那么反感自己，反倒是有一点担心被怪罪。室友会觉得无缘无故地被质问的感觉很不好，仿佛是她动了自己的东西一样，所以急于用"我又没看见"、"干嘛问我"这样的话来把责任和责怪甩出去。很多时候，你以为别人是在拒绝或者针对你,其实人家只是在维护自己而已。

我们每个人多少都有些怕担责,于是就把责任甩来甩去。就像来访者的室友其实内心比来访者还紧张呢,担心被问责被追究。别把别人想得太强大而把自己看得太弱小,别人也在提防和忌惮你呢!有时候,你带给别人的烦恼不一定比别人带给你的困扰少;你以为别人的冷漠与厌恶,也可能只是他人自我防御的结果罢了。

通过这样的工作,来访者不仅懂得了听"话外音",明白其实别人并没有讨厌自己,自己也不是那么不受欢迎之人。同时,她还学会了在貌似难堪的情境中如何通过语言的沟通化解尴尬与转化困境。当我们内心没有了那种惧怕他人与否定自我的设限,在他人还没有讨厌自己前就预设了自己被讨厌,也就能大大方方地交流与交往了。

我为什么害怕批评

"我为什么害怕批评？我的老师和同学经常批评我，每次受到别人批评时，我都会条件反射般地缩起来，都不知道自己为什么会有那么大的恐惧感，我看到有一些人受到批评时很是坦然，但是自己却无比的害怕，好像特别承受不了。事实上被批评一下又有什么关系呢？好像被批评也不会把自己怎么样，只是批评而已，怎么就那么担心害怕呢？"

害怕批评和评价是人之常情，很多人都有这样的恐惧，可是来访者表现得更甚，感觉受到批评就像受到灭顶之灾一样，为何会如此呢？

"被批评后，你的第一反应是什么？"我问她。

"就是恐惧紧张害怕啊，整个人都是懵的。"懵是一种自我防御，就是僵化在那，动弹不得，就像遇到危险时，个体立马进入警觉阶段和预备状态，出于自我保护而酝酿"战"或"逃"的反应，从而帮助自己留下来应对挑战，或是逃离到更安全的别处。一听便知，来访者把被批评当做一种很危险的场景，一种对峙的状态，想来是有一定的创伤。

"被批评，会让你联想到什么？"我进一步引导她探索。

"我在想，我被批评了肯定就是自己没有做好，没有做好就是自己能力不行，甚至有时候会责怪自己为什么这么点小事都做不好，严重的怀疑自己的能力和水平。"

来访者有很强的自我反思和探索能力。一方面，批评的情境打击了来访者的自尊，被批评后，她的第一反应就是自我反思，肯定是自己哪个地方没有做好。这让她感到特别的羞愧，那种不如人的卑劣感出现了，只因别人的一句批评而全盘否定了自己。

另一方面，被批评时，来访者会接收到上级这样的指责，"你看看，正因为你把工作做成这样，他和团队才承受了这样糟糕的后果"，这种语言会让来访者非常有压力，由于个人的原因而导致整个团队或者导致整个工作都受到了不良影响和差评，还得由他人来帮忙收拾烂摊子，她就会觉得非常的惭愧和内疚。有时甚至不是对方说了什么，而只是批评本身就让来访者处于一种很恐惧的状态，好像会被这种强大的暴力情绪所消灭。可以说，在她的概念里，批评等于暴力，一种言语暴力，富含着巨大的攻击性和破坏性。一遇批评，来访者便如临大敌，如见洪水猛兽，整个人蜷缩起来，特别的弱小和无助。

此外，来访者还有一种自我谴责，怎么又被批评了？怎么又没做好？为什么自己总是扮演这样一种凄凄惨惨戚戚的角色？那到底是为什么呢？来访者又进行了一番自我探索，原来她原本是希望用这样的方式让对方收手。她以为，如果她表现出畏缩的样子而不反抗，对方就会放过自己。然而这一招并没有奏效，对方并没有因为你畏惧而放你一马，反倒因为你窝囊且惭愧的样子而生发出更大的愤怒感，觉得自己批评得有理有据、无比正当。所以，想用这种方式去获得同情和体谅是不可能的。

来访者总是查找自身问题，却从来没有想过对方的批评可能是不切实际的。于是她很容易受被批评控制，根据对方的言语来调整自我的行动。可是他人的衡量标准本身不一定完全准确，哪怕他人完全正确，也不代表自己就不对。以他人为中心，就会丧失自我判断，陷入任意被人支配的泥潭。这种操纵，很多时候不是对方独自为之，而是自己与对方的合谋。来访者可能存在一种受虐的倾向，好像有一种强大的吸引力，引诱别人来批评自己。

回到最开始的课题，来访者定是遭遇了什么才让她如此胆怯？我的猜测没有错，来访者就是在一个缺席的父亲和一个凶恶的母亲的环境下长大的。小时候她被母亲各种辱骂和指责，母亲把生活中所有的不满和怨气都发泄在她身上，然而她却没有自我保护之力，只能依赖和依靠母亲。她也没有判断标准，母亲说她哪里错了，那她肯定就错了，她只能毫无抵抗地照盘全收。母亲以及那些长辈和权威被赋予巨大的权力，手掌自己的生杀予夺。长大之后也就形成这样的条件反射：别人是强大的，别人是正确的，别人批评我，我要听着，我也得收着，但其实内心有一个反感而痛切的声音："凭什么？"这声音中蕴藏着巨大的愤怒感。

来访者之所以受不了批评，是批评的场景迅速将她带回到幼时无处可逃、无以反抗的弱小境地，让她体验到灭顶的恐惧感。此外，她为批评赋予特别多的意义，与自我价值、自我地位等等都联系起来，仿佛是位高者独有的权利，只有高高在上的人才能对低微者实施惩戒。她特别讨厌那种低劣、卑微、懦弱的感觉，因而不能平心静气地看待批评，批评的背后是对认可的期待和对表扬的执着。而其他人则能很坦然地应对批评，他们的内心有独立而坚定的价值判断，不为他人的批评所左右，批评对了我就改，批评错了我就不认，不会上升到敌我对立，不会影响个人价值感和存在感。内在满满的自信投射出一种不容置疑的感觉，哪怕做错了也相信他能很好地整改并把任务圆满完成！

当然，自我的强大还有很长的路要走，首先第一步就是要破除自动的"懵"之反应，增强自我的觉察，斩断批评和暴力、批评和恐惧的链接，告诉自己被批评也没什么大不了。

我就是不想理性

咨询室里的声音 ▶

"我闺蜜太过分了，只想着自己的前途和利益！大家都是维护自己人，她却坑害自己人！我和她关系很好，她却举报我晚归，害我受学校的纪律处分！我只是迟到了一小时，她却要害我一辈子，我现在所有评奖评优都取消了，以后我这辈子还要带着这个污点生活！防火防盗防闺蜜，还果真如此，要不是她，我怎么会这么惨！"

来访者情绪无比激动，控诉班长坑害自己。这已经不是第一次了，平时来访者不想去上课和她请假她不让，想晚点交材料她不许，等等。作为闺蜜，不给一点便利，还处处严格要求。小事就算了，这次竟然还给她报纪律处分，她实在忍无可忍了，再也不想见到这个所谓的闺蜜！

受到如此待遇的来访者又委屈又愤怒，让我也不禁怀疑，这是亲闺蜜吗？这是塑料姐妹花吧？来访者到底是因为被处分而难过，还是被闺蜜上报而愤怒？我不禁询问："如果不是闺蜜，你还会如此激动吗？"来访者回答说，如果不是闺蜜，她仍然会很生气很不甘，不就是晚归了一个钟头吗？又不是夜不归宿，因为这点小错就受这么重的惩罚实在是不合理。而她的闺蜜就更应该体谅她，对她网开一面，而不至于如此不留情面。如此铁面无私让她感觉更加受伤，简直像遭受了背叛！

来访者继续控诉，由于受到处分，她被全校通报批评了，脸都丢尽了，先进评选也取缔了。更糟糕的是，她这辈子也完蛋了，没有前途了，不会有公司要一个有污点的学生，找不到好工作了。所有人都会把她打入黑名单，贴上"坏学生"的标签。这一切都是闺蜜造成的！如果没有闺蜜，这一切都不会发生，她仍然会有舒适的生活和美好的未来！

且不说她"糟糕至极"和"以偏概全"的非理性观念，由于一个小处分就把自己的全部人生给否定了。单说她愤愤不平、振振有词，把一切罪责都推到闺蜜身上这件事，我们也可以看出她确实存在某些偏激甚至偏执的情况。事实上，闺蜜的做法虽然严厉，但却是合情合理的。闺蜜能够公平公正行事，才可能成为一名学干。而她的纪律意识却比较薄弱，对自己的管束比较轻松。我理解她的委屈，但她把人情和规矩混为一谈，人际界限不清晰，不断想钻规则的空子、熟人的空子。来访者仅从个人角度出发，不查找自身自律问题，却把所有责任推到对方身上以免于自责，这显然是不合理的。

为了启发她认识自我，我弱弱地问上一句："有没有那么一刻，你觉得有可能是自己的原因造成现在的结果？"

"对，你是不是想说是我自找的？"她开始提高分贝："我知道自己有问题！我知道要为自己负责，我知道把责任推到别人身上不对。可我就是要控诉，我就是要觉得这不是我的错，我就是不想理性，我就是不想听任何道理，我就是不想负责，我就是觉得是她造成了我这个样子。为什么不可以呢？为什么我一定要为自己的人生负责？为什么所有的人都不能宽容一点？都要对我求全责备？都要揪着我的小辫子不放？我受不了！"

来访者的话惊醒了我，原来她都知道自己的问题，她也看得见。但是她就是不想承认，掩耳盗铃的背后是渴望一个特权、一个特赦，唯有那个特殊待遇方能显示出对她的无条件接纳。于是我告诉她："没关系，你就暴怒吧，你就控诉吧！这不是你的错，这是她的问题，是她对你造成了不良的影响。你可以这样，你有理由这样。"末了我加一句："我这样说你舒服些吗？"

一时之间她痛哭流涕。

也许她自小到大从未被真正接纳过，从来都是不允许犯错和捣蛋的，她感受不到家人对自己的宠爱，内心总有一种缺失。在她眼里，否定她的言行，就是否定她这个人！于是她一直在寻找这样一个人和这样一种场景，希望有人不顾她的小毛病完全接纳她。她一次又一次地犯一些小错误或者破坏纪律，以此试探别人的底线，希望有人能够超越制度、超越规定来满足她、接纳她，告诉自己"这点小错不算什么"。只要有一个这样的人就好，但是从来都没有出现过，她的家人是这样，朋友是这样，闺蜜也是这样！她把希望寄托在闺蜜身上，但她的闺蜜给了她沉痛的打击。最后她求助于咨询师，可就连咨询室的我也反移情了一个权威的形象，温和地指出她的问题。

其实，这只是一个小孩子最单纯的愿望而已，她希望被捧在手心里，哪怕她犯了错也仍然被疼爱被珍惜被呵护。也许这就是无条件接纳的意义，我们为什么一定要揪住人家一个个小错误和小问题不放呢？为什么不能看见这个任性行为背后的可爱小人呢？其实她都知道自己做错了，为什么我们还要继续苛责呢？为什么不能给她一个拥抱？一个无声的拥抱，让她感受到我们的接纳，不管她做错了什么，她仍然是可爱的，她仍然是我们生命中特别重要的那一个！

咨询室是她最后的稻草，我们需要给她不同于他人的态度，不是急于指出她的偏差，指导她应该怎么做，这会加深她的羞耻感——因为永远都做不好而羞愧，因为永远都没有人接受而羞赧。我们需要真真切切地接纳她、尊重她，给她一份超出理性和常规的爱。她得到了，她的理性也就回来了，就不再会通过犯错误搞破坏去考验人性了。那个制造破坏的自己，是以毁灭自己为代价的。谁又愿意呢？

受不了别人得寸进尺

"我受不了别人，我一次又一次的帮助他们，换来的不是被帮助，而是他们的理所当然和得寸进尺！"

满满的委屈。

发生了什么？

原来来访者经常在生活中帮助其他朋友和同学，平时举手之劳的小事就算了，还得给朋友垫钱，比如出去吃饭永远都是她买单，有时候明明人家说好了会买单，最后还是她掏的腰包。这种事情一而再再而三的发生，她也不是富裕家庭出生的孩子，实在是有些承受不住。可是满腹委屈却无从说起，她也暗示过，但同学们好像看不懂信号，没有丝毫要改变的迹象。她搞不懂，难道人性就这么凉薄吗？但你以为这些就结束了？来访者爆发的点是论文事件。明明是她写的论文，只不过让人家帮忙发放了问卷，收集了一点数据，对方竟然厚颜无耻地和自己提出要做第一作者。对方说自己非常需要这篇论文，只有发文才能获得保送资格，但是来访者自己又不考研，所以文章对于她来说没有用。当时来访者内心就有些不舒服，但是她习惯性考虑别人的难处，就答应了。文章发出来后看到自己辛辛苦苦写出来的论文却变成他人的成果，一时之间甚是难受。回想当时对方言辞凿凿的样子，简直是明目张胆地欺负！

想起这些年发生的种种，来访者替自己不值，她再也承受不住，痛哭起来。

善良如你，总是从自己的框架出发，或者按照自己的想法去要求别人，以为别人会如自己一般体谅和感恩。当你帮了别人的时候，就会以为或者期待别人心存感激，记在心上，下次就会反过来待自己好。一旦别人没有按照自己所想而表现出感激或回报，就会觉得委屈、不甘和愤怒："为什么我每次都对别人有求必应，轮到自己需要帮助的时候却没人帮助我呢？"

其实，别人确实记在心上了，记住的却是你好说话、好调配，不管他做什么，你都"笑纳"，于是更加得寸进尺的对你提要求。别以为人家会懂，别人不懂，不懂你是在放弃自己的真实需要而满足他的要求！别人不会认为你是因体贴而妥协，而是会觉得你没所谓、没意见、没关系。

怎么办？不能让人家占便宜到底啊？总是这样，一点尊严都没有！

是的，我们不能指望别人来体谅自己，只能自己去守住底线和利益。别人记得回报是情分，不记得，我们也无从要求和指责。他人不需要对我们负责，只有我们对自己负责。当个人利益受到挑战的时候，我们要有底线意识，认识到自己的原则和限度在哪里。在底线之上，我们怎样宽容和让步都可以，就像那些力所能及的小忙甚至那些尚能负担的小钱；一旦触碰到底线，那就是一次都不能、一步也不能、一点也不能退让！论文是自己辛辛苦苦做出来的科研成果，哪怕我不需要，哪怕我把它废了，也不是你据为己有的理由！哪怕你迫切需要，哪怕你说得天花乱坠，也不是你索取的借口！

庆幸的是，咱们已经认识到自己的受不了，这其实就是意识到自己的底线受到冒犯了，长期以来的"礼让模式"、"隐忍态度"已经不对劲了，这是改变的第一步。

人家对待自己的方式就是被自己教会的！想要尊严和尊重，不要期待别人给自己，这个尊重得由自己给！只有自己尊重自己，把自己看得很重要，别人才会看见你的重要。你把自己都看得不重的话，人家自然觉得你无足轻重、无需考虑，认为"你就是这样人，没有脾气、没有意见的人"。

要让人家知道咱们的意见。只有守住原则、表明立场、捍卫利益，别人才清醒的意识到：哦，原来你是有自我、有需要、有权利的，你不是想怎样捏就怎样捏的软柿子！你也值得被尊重、被看见，你的利益也不容被践踏！

受不了别人的议论

"我知道几乎没有人不被他人评价，也几乎没有人不在意他人的评价。但我还是很害怕别人评价和议论我，人家说我一点不好，我就会很难过，感觉很受伤。这几天我室友就总是对我品头论足，我好烦，特别生气，不知道怎么处理。"

人与人之间经常互相议论，好评或许让我们开心，差评则是我们极力避免和异常难受的，来访者的困扰也是众多学子的共同困惑。孔子云"六十而耳顺"，我们小小年纪就想做到耳顺是不大可能的事情，即使是花甲之年了，也不见得能听得进逆耳之言、詈骂之声。那么怎么消除评价恐惧，做到"耳顺"呢？其实，我们不能强求自己"拿得起放得下"，只能加强自我修炼与修养，从而无限接近那个宠辱不惊与云淡风轻的境界。

面对他人的评价，先别急着生气，别用愤怒蒙蔽了智慧的双眼，用"共情的力量"感受一下对方这么说的真实用意。如果对方是真心帮助你，那我们气归气，气完了再痛定思痛，想想看有什么可以改进的，把对方的评价当成善意的提醒。而有些评价是无理的，我们就要看清真相，这个世界就是有一些不怀好意的人，他居心叵测的就是想让你难受和愤怒，别上他的当！

也许他讲的和事实无关，比如你今天穿裙子，他会说："你为什么穿裙子？"而如果你没穿裙子，他又会说："你为什么没穿裙子？"你穿红色的，他问你："为什么穿红色的？为什么不穿绿色的？"而你穿了绿色的，他又会责问你："为什么穿绿色的？为什么不穿白色的？"

别用他人的错误惩罚自己！他就是想尽办法让你不快，左右你的决定，投射"我行，你不行"的观念给你！

当然，有些人并没有什么恶意，他就是爱抱怨、善挑剔。你让他做决定，他觉得你没主见不负责，你自己拿主意，他又不停否定你的意见；你关心他，他认为你装模作样，你不理会他，他又认为你不把他放在眼里。

别以为你会取悦他！别把他人飘忽不定的标准和捉摸不定的性情当成你言行的标杆！！

自己心里要有一杆秤，按照内心的标准，该做就去做，想做就去做！我们没办法让所有人满意，总有人和你意见相左，害怕被人说只会让自己束手束脚、左右为难，到最后一个也不想伤害，却把所有人都给得罪了。

当然，还有一些人是无心之语，同样让你火冒三丈。不管他人是有心还是无心，我们都别有玻璃心！

玻璃心是什么？就是别人说什么就是什么，直接用他人的话语刺伤自己，不给心灵一层保护膜过滤一下，敏感易碎。

小孩子的心灵尤其脆弱，很难看到别人言语背后的深意。很多人喜欢逗小孩，大人一眼就可以看出，一笑而过，不予计较，但孩子经常当真，于是受伤。我们在教育大人不要随随便便去逗娃的同时，也要引导孩子怎么样去应对"哄逗"！

女儿三四岁时经常是一句负面的话都听不得，人家笑话她"不是本地人"或者"不姓Z"，或者严重点说她"长得不好看"、"脑子不灵光"，她都会吹眉毛瞪眼睛，或发出"河东狮吼"，或"摔门而出"，整一个烈女！

我对这些恶意贬低的同志相当恼火，但也觉得她这个状态不对，咋那么玻璃心？咋那么容易生气？于是我先和她共情一番，拥抱她的委屈和愤怒，再这样同她说："宝贝，其实我们完全可以不必这样，不是吗？你是怎么样轮得到别人说吗？你的姓名，你的长相，你的智商是别人决定的吗？别人说你不姓 Z，你就不姓 Z 了吗？别人说你长得不好看，你就不好看了吗？别人说你笨，你就真的笨了吗？你会因为他们这样说而变成他们口中的样子吗？宝贝，你是怎样子，是可以自己感受得到的，你可以感受一下，你觉得你笨吗？你丑吗？你脏吗？"

女儿摇头笑了！

孩子有天生的机体智慧和直觉本领，对自身会有更准确和可靠的判断，我们只需引导他们信任自己的判断，用真实的感受去破除强加的评价。如此多次后，她情绪变得平稳许多，别人善意或恶意的逗她，她都不会反应那么激烈。越来越大后，很多人觉得她性情好，估计和这个有关。

没有会因为别人的话语而改变自己的本质，他人的议论与评价不会让咱们缺胳膊少腿，不会让自己美丽与智慧减半分。

表扬也是一样的，而且是比批评更危险的评价。某天有同事表扬我穿得很漂亮，我宛然一笑，表示感谢。对方纳闷了："为什么赞美你，你反映这么平常呢？"面对赞美，当然欣喜，可是这份欢喜只和场景相应就好，无需过分的激动与狂喜。如果我们为评价所操控，那么就相当于把情绪的钥匙交给了对方。对方肯定自己，就高兴，贬低自己，就难受。在意表扬的人，必然也在意批评，我们无限渴求表扬，得不到，那就会陷入更大的困扰。

自己是怎样就是怎样，没有人比自己更清楚！他人的评论不会让我们减一分，也不会让我们增一分。相信自己的直觉和评判，建立客观独立的自我评价系统。内在的价值充盈后，玻璃心就远离了，自我将走向平和！

面对他人的议论与评价，我们千万别中招，善用语言的力量，挖掘内在的智慧，见招拆招，最恶毒的评价也能最漂亮的化解，反败为胜。

有些时候我们也没那么在意别人的评价的，在意的东西一般显示出个人的某种缺失或需要。比如有些人在意别人对自己的长相品头论足，却不在意人家对自己的能力说三道四，有些人在意别人对自己的言行挑三拣四，却不在意人家对自己的形象指指点点。

你在意的偏偏是别人不放在心上的，别人在意的恰恰是你不屑一顾的。

为什么会这样？这是一个极好的契机，去发现自己的内心到底缺失些什么？那枚关键的"情绪纽扣"到底是什么？我们缘何反复地"固着"和"栽倒"在那个本不起眼的小事情上？

为什么在意别人说自己的形象问题？是否从未（或极少）在相貌上得到他人的赞美与欣赏？

为什么在意别人说自己的能力问题？是否从未（或极少）在能力上得到他人的认可和肯定？

为什么在意别人说自己的言行问题？是否从未（或极少）在言行上得到他人的赞许和认同？

在成长的过程中，我们或多或少会有些缺失，想被重视的没被重视，想被接纳的没被接纳，以致我们在这部分缺少自信。我们委屈、愤怒、畏缩，不能坦坦荡荡大大方方的做自己，时时刻刻地盯着缺失的部分，加倍地渴望听到来自他人的正性评价，以弥补成长的匮乏，而一旦听到别人的负面议论就会点燃那根敏感的神经。

找到那个缺口，别人填补不了，自己给——为自己共情，探索那个缺失的部分，做自己的父母，疼爱和拥抱内在的孩子。

告诉自己："你受苦了，这么多年没有给你足够的关注和接纳，在你被指责的时候没有保护你，甚至成为别人的同谋一并来苛责你。"通过体谅和心疼自己，让自己第一次真正感受到爱与关怀，流下委屈与苦楚的泪水，用这泪水洗刷我们蒙尘多年的心灵，还原它的纯净与美丽。

其后，提醒自己："我是足够可爱的，我的身体、我的智慧、我的性格都是独特而美好的,我值得拥有完满与幸福!"

当自己足够自信,就不会再孜孜以求于他人的认可,不会再岌岌不安于他人的评价——我们不再需要从他人处得到能量,因为自己就有力量!

人家其实并没有那么麻烦

"我是一个害怕麻烦别人的人，如果给别人带来麻烦，我会非常的难受，还不如自己去做了；如果别人让我帮忙，我通常都是会答应的。有时候我也会不愿意，但我想着，别人如果来寻求帮助，肯定是遇到了难题，我要是不帮忙，那人家会很难的。只是有时候我也不想做那些，真的不想，可是不做又能怎么办呢？"

来访者是一个善于考虑别人的感受的人，一方面，遇到事情不懂求助，求助就是给别人制造麻烦；另一方面，被求助的时候也不懂拒绝，拒绝也等同于给别人制造麻烦。在他看来，别人来求助就是遇到了大麻烦，如果自己不帮，那就是让别人陷入麻烦。怎么感觉都是自己吃亏啊，自己的事自己做，不麻烦人，别人的事也自己做，不拒绝人。不管是自己的还是别人的事，最终都变成了来访者的个人义务。甘之如饴倒也罢了，可是心里总是有一丝不甘与一点委屈，那点情绪就是自己真实需要的表达，是到了尊重个人意愿、学会拒绝的时候了。

可是拒绝谈何容易？如果来访者始终认为自己有义务对别人负责，始终坚信自己的求助与拒绝会是给别人带来负面影响，那么他怎么能够自在地拒绝、勇敢地求助？可是，求助，或者说真实地表达需要就会给别人造成麻烦吗？拒绝，或者说勇敢地驳回要求就会给别人造成不便吗？怎么样让他看到这一点成了我的思量，让他举例来分析，他自述不值一提；说什么"爱自己"、"讲道理"也是无益，突然，在和他交流的过程中我有了一个切入口。我无需他举出日常的实例，直接"拿来主义"利用咨访双方发生的互动来探讨这一话题。

来访者和我约定咨询的时间，由于各种小插曲，我连着往后推了三次。正常情况下，大家都会有些微词，但他都没有意见，正式见面后他也没有对这件事表达任何不满。我很纳闷，也很感慨：其实，如果当时他坚持一点点，表达一点点，我就不会一推再推，我很可能会与他如期见面。只要他说一句：老师，我希望今天见面，或者，我不想再拖了。我都能看见他的需要，而不会单从自己的角度决定这个事情，忽视他的感受。又或者他甩下一句："老师，我不想见面了。"我都能领受到来自他那方的愤怒，"哦，原来别人也是有情绪、有权利的，是不能得寸进尺的"，从而更重视他，而不是自我主张。

其实我并没有那么不能见面，虽然有点突发情况，但那点点困难是完全可以克服的。只要对方稍微表一点态，我就立马束手就擒。但是对方没有一点意见，我就心安理得地擅改时间了。所谓的"欺软怕硬"其实也是这个理，有时候别人并不是有意要欺负谁，只是在试探性地侵入他人的利益和领地。就像钓鱼，有些人善于广撒网，如果鱼不上钩，也就罢了，不至于霸王硬上"钩"。万一鱼上钩了，也乐得清闲！能钓一个是一个！被钓上的就是这些不忍拒绝的人，好像不作为不帮忙就会耽误别人。其实，坚持自己或者拒绝别人并不会给人带来麻烦，人家也许本来也没有抱有推脱的心理，也完全有能力应对。只是被我们仁慈地照顾了一回后，反倒有了依赖和期待。

那我们为何要觉得他们不愿做和做不了呢？就像来访者觉得我肯定是遇到重要的事情所以要更改见面时间，当然这也是可能存在的，但是不管多重要的事情，都不是屡次爽约的理由，而且也是可以安排得过来的。

你的拒绝也是给别人自我承担和自我实践的机会，我们怎么能"自私"地剥夺他人成长的权利？这样想，是不是拒绝起来就容易得多？心软之人每每在做一件事的时候就特别体谅别人，别人还没有说困难，咱们就已经预设了别人会为难、会很难。其实别人完全有能力应对，就算不能处理也会提出相应的对策，或拒绝或建议等等。我们以为别人不会拒绝那也是从自己的角度出发，以为别人会像自己一样默认和顺从，但其实不是每个人都这样，很多人都很有界限感，都能坚持自己和尊重自我。

所以，遇到事情了，我们该提意见就提，该拒绝的就拒绝，提意见不是伤害，拒绝也不是伤害，因为别人有权利选择是否接招。这类来访者，他们通常想约我见面又怕麻烦我。这个时候，我就会这样和他们说："你有权约我，你提出你的需要和期望，而无需考虑我的日程或我的不便。如果我没有时间或者有为难之处，我会说明，那是我的责任和权利。你没有侵犯我，也没有绑架我，我不是非做不可，而是会根据自己的实际情况与你协商、进行调整。如果我答应了预约，那么这肯定是充分考量的，不会给我带来负担和麻烦。假设我真的自讨麻烦了，那也是我自愿主动承受的不是？你，无需为我负责！"所谓的"一个巴掌拍不响"不就是这么个理吗？尽管做你自己，人家没有那么麻烦，如果人家感觉到了麻烦，他们会拒绝的。除非，你不给别人拒绝的权利！

他没那么讨厌你

"我发现自己很不受人欢迎，特别是我一个朋友，我对他挺好的，但是他好像对我很厌恶。很多时候在路上碰到他，他都好像没有看见我一样，很无视我。这种事情不止一次，我感觉好难过，难道我就是这么一个让人讨厌的人吗？"

来访者认为对方讨厌自己，我让他去验证自己的假设，去求证那些他所谓的对方忽视自己的场景。经过调查，其实别人并没有厌恶，很多时候只不过是双方的误解，有时则是来访者想多了。这不是个例，为此，我有话说。

有一部电影叫《他没那么喜欢你》，很有现实意义，就如感情生活中经常发生的那样，如果你喜欢的那个男孩总是不主动，总是说忙，总是联系不上，总是不回复，那么他就是不喜欢你，不管你为他找什么样的理由与借口，他就是没那么喜欢你。喜欢的话上刀山下火海，转山转水转佛塔都要找到你！他没那么喜欢你，这个结论已成共识，很多新时代女性已能认清现实，较少自作多情。这不是我今天想讨论的话题，可由此我想到另外一个情况，一种矫枉过正的情况：他讨厌你！

我发现比自作多情更严重更常见的问题就是自卑自怜。自作多情还算好，起码可以为爱情勇往直前一回，说不定还能在死缠烂打下获得佳人的芳心。自卑自怜就基本上没什么好果子吃了，爱情来了，畏首畏尾、顾虑重重、悲悲戚戚，最后"出师未捷身先死"，无果而终。其实，我想说的不只是爱情，而是一种人际投射。

很多人，当对方稍微对自己好一点，或嘘寒问暖，或主动献殷勤，就觉得对方肯定喜欢自己，受到了对方特殊的关照与礼遇，于是内心感动，情绪高涨，热血膨胀，巴不得歃血为盟或以身相许。但当你发现，他对别人也是那么好的时候，你就会清醒：原来不过是自己一厢情愿，对方的表现其实不代表什么，他没那么喜欢自己。在长期见证这样的事件后终于有了领悟：别人对我好不代表就喜欢我，别人对我不好似乎也不代表不喜欢我啊！他们不给联系、不打招呼、横眉冷对、揶揄捉弄，或者也没有什么特别的意思呢？或者不是因为我们做了什么说了什么而遭致的结果呢？或者他们在别人面前也是这样呢？或者他们就是这样一贯为之呢？

他没那么喜欢你，他也没那么讨厌你！

想到这，我豁然开朗了。

他对自己的好与不好，不是自己说了算的，这得从来访者的参照系统出发，只有他自己最清楚，而旁人都可能有偏差，而我们通常把这种偏差当作真实。

我们总是过敏性地去揣摩别人的态度，把一颗心都吊在对方身上，把自己的情绪钥匙交给别人掌管，而事实是人家从来都懒得管我们这把钥匙，是我们自以为是的认为别人想管、爱管、好管。其实别人没有那么在乎你，他没那个劲儿去在乎你，你没那份殊荣！每个人更在乎的是他自己，他对你好，是出于自己的需要，对你不好，也是出于自己的需要，和你无关。他对你好，也许是他性格好、心情好，他乐意；他对你不好，也可能是他脾性差、心境差，他发癫。他对你不好，不是你不好，或你没有做好，是他自己的问题——是他习惯于这样对人，是他向来不能体会别人的感受，是他拿你当负面情绪的替罪羊！别让他人的错误来惩罚自己，就是这个意思。

认为人家喜欢你或讨厌你，其实都是出自自恋的幻觉，觉得自己重要。并且，通常是，觉得人家喜欢自己的人，也容易觉得别人讨厌自己。这是一体的，表面上是聚焦于别人，总是盯着喜欢或讨厌的细节不放，根源都是一个：自己是否受他人的欢迎，是否为宇宙的中心，出发点都是希望别人喜欢自己、看重自己。等着别人来建构自我价值，别人喜欢了，自我价值就高了，别人讨厌了，自我评价就低了，这是典型的内心安全感缺失。别把自己看得太重要，要让人家喜欢你，不是什么容易的事，要让人家讨厌你，也不是什么容易的事。

所以，尽管做自己就好，他没那么喜欢你，他也没那么讨厌你！

我忍不住讽刺人

"我室友和我大吵一架，几乎要动手了。原因是他说我讽刺人，而且不止一次两次了，人家忍无可忍了就和我吵起来。我当时不就是开个玩笑嘛，哪里知道他反应那么大？平时我也经常这样的，也没见他怎么样的。我这样说真的有问题吗？"

"当时发生了什么，你是怎么说的呢？"我问。

"就是我室友给大家看他的女朋友，那女孩稍微有点胖嘛，我扫了一眼，来了一句：哎哟喂，你找了个'杨贵肥'啊！然后吵起来了。"

原来如此，这个室友已经忍他很多次了，这次的话真是严重冒犯到室友了。之前室友担心考试挂科，他就说："担心啥，你又不是没挂过"；室友抱怨自己太忙了，他就说："你可是比国家元首还忙，日理万机"；室友抱怨没对象，他就说："就你那尖嘴猴腮的还找得到对象"。这回找到对象了，他又讽刺人家女友是"杨贵肥"，等等等等，可不是惹毛人家了吗？

"这么说别人的时候你是什么感觉？"

"我就觉得是在开玩笑啊，这不是蛮幽默的嘛，其他室友还都笑了。"

"那你会去这样去说其他人吗？"

"好像不会吧，我就比较喜欢说他，他又不会怎么样，我们宿舍的人好像都喜欢拿他开玩笑。"

　　这就对了，看似无意的背后是有意选择。来访者所怼的对象很好说话，一般不发脾气，我们不会去怼那些看起来很不好说话的人，那样的人有一种坚定的力量，不容冒犯，一看就知道是厉害的角色。

　　来访者也认识到如果让他选择去欺负一个人，那么也会去欺负像他这个室友一样的人，这类人通常比我们弱小，很少会反击，甚至没有反击的能力。看上去来访者只是讽刺别人，其实也是一种言语的欺负，这背后其实是隐藏着个人的攻击性。我们要感激身边这样的"好好先生"，他们承接了我们的攻击性，供我们发泄和释放。但这是不合理的，需要自我检讨、赔礼道歉。

　　来访者自以为幽默，其实是蹩脚的滑稽。幽默里虽隐藏着人类的原始欲望，但幽默是亲善的，林语堂说："最上乘的幽默表示'心灵的光辉与智慧的丰富'，幽默最富于感情。"而讽刺则是原始欲望赤裸裸的表达了，是鄙薄，是粗俗，不会润滑人际关系，反倒会拉远人际距离。

　　幽默是不用选择对象的，大家都喜欢和欢迎，而来访者选择一个人来开涮，正说明他是"吃软怕硬"，内心在一定程度上怀有恶意。这显然会被人排斥，哪怕一直被他"拿捏"的"软柿子"！

　　那么来访者是怎么养成这种模式的呢？

　　原来他小时候也经常被父亲所讽刺和挖苦，父亲经常用"就你也能有出息，除非太阳打西边出来""干啥啥不行，好吃懒做第一名""大家都是材，人家是人材，你是块木材"这样的话来讽刺他。话语刺耳难听，但也许当年父亲也这样自诩幽默吧！

　　小时候我们人微言轻，只能被动接受着来自于外在的打压，忍气吞声的同时还内化了这种人际模式——"自恋的父母"和"自卑的小孩"组合。当成年后的来访者遇到一个合适的对象，自然把这种模式投射过来。只是在这段关系中，来访者仿如父亲附体极尽讽刺挖苦之能事，毫无顾忌地宣泄攻击欲。来访者自己变成了那个"自恋的打击人的父亲"，而室友成了那个"自卑的受伤的小孩"。

这种投射是不合适的，我们也不能延续这样的行为，不能用父亲的行为对待自己的室友。我们要多增强现实感，多换位思考，站在对方的角度体验。我们以为的"没什么大不了嘛，不过是开个玩笑嘛"，只是从自己的角度出发，而忽略了对方的感受。想想自己曾经在父亲那所遭受的，也许就能体会他人的痛苦与不悦。

之前我们也谈到过投射认同的游戏，在后面《女朋友总是挑三拣四》的案例中（见"经营爱情篇"），来访者无论在母子关系中，还是在恋爱关系上均处于弱势的一方，而此案例中来访者的角色发生了颠覆，由弱到强，这是怎么回事呢？其实这并不矛盾，内在的人际模式就是因人而异、因事而化的。来访者遇到弱者，他就口无遮拦、放飞自我，假若他遇到强者、刚者，他也会变回弱者，变成那个一言不敢发的"受打压的小孩"。

所以投射性认同游戏不管是胜利者还是失败者都不可继续玩下去，都是存在隐患的。最重要的是破除这种人际模式，才可能摆脱这种不良投射。

但是我们不是要完全否定来访者，驳斥他的言行，而是可以用积极资源取向看待他并促进他的发展。从中可以看到，来访者的确也有幽默的潜质，他的讽刺里蕴含着趣味，能把人逗笑。幽默是最高级的心理防御机制之一。弗洛伊德说："通过幽默，个人可以不需要恐惧自我或超我的反击，自由表达他的攻击或性欲，在说笑话时，因为通过需要使用反精神宣泄的能量不再需要了，这种能量在笑声中得到释放。"

何不变扎心的讽刺为亲民的幽默呢？这样既能帮助自己释放压抑的本能，又能促进人际关系，还被社会所认可，从而发展出真正的幽默感，培育出高级的充满建设性的心理品质。

我讨厌新室友

"我很讨厌我的一个室友，她在另外一个宿舍被排斥，我闺蜜就好心收留到我们宿舍住。从她搬进来起我就讨厌她，她本来就遭人嫌弃，这种人怎么可能不叫人讨厌？但是我闺蜜就总是说她可怜，不是她的问题，让我好好对待她。不仅是我闺蜜，我整个宿舍都接纳她，可我就是讨厌她，不想让她待在我宿舍！"

我没有询问她为何讨厌这个室友，我首先关注的是：舍友都接纳，只有自己讨厌，这是一种怎样的感觉？想必是很孤独吧？

我的话音一落，她眼眶中便涌现出委屈的泪水。"是啊，凭什么我要像大家一样接受她？就因为她贫穷、她弱小、她可怜，我就不能讨厌她？为什么所有都指责我、压迫我？"她几乎吼出来！

来访者的处境尴尬，她讨厌了一个似乎是不允许被讨厌的人，所以大家都认定为是她的错。所有人都规劝她包容和接纳，不理解也不允许她的厌恶和排斥。来访者成了众矢之的，这种处境让她异常痛苦和孤独，她把这笔账算在了这个"外来妹"的头上，愈发讨厌室友了。

这是后话，那么一开始，她为何不分青红皂白地讨厌新室友呢？首先，这个新室友在原宿舍就由于邋遢和怪异而遭人排斥，来访者就断定她浑身都充斥着糟糕的品质，于是她坚决反对这个人进到自己宿舍。带着有色眼镜后，对方无论做什么她都感觉不如意、不顺眼。在来访者眼里，室友就是邋遢、怪癖的代名词，甚至对方的主动示好也被视为虚伪、做作的表现。

"你不能无视她吗？"

"怎么可能无视？她每天在我眼皮底下，抬头不见低头见，我倒是想无视，但她一言一行总是牵扯着我的神经。哪怕不看到这个人，光是看到她的用品我都感觉特别讨厌！"

看来来访者果真是厌恶一个人到了极致，激起她巨大的情绪反应。然而，这个她所讨厌的人却让她过度关注，牵动了她巨大的精力和注意力。只要这个人在那，她就不能无视。她要把室友从自己的生活中赶出去，用形式上的驱赶达到心理上的驱赶，眼不见，心不烦。

"这种讨厌的态度给你有什么感觉？"我继续问道。

"我很难受，你知道讨厌的感觉是很纠结的。"她紧皱眉头。

"可你还是选择讨厌她！"

"对，我就是讨厌她，就是不想和她一样！"

来访者其实是用讨厌把自己和对方撇清，讨厌一个邋遢和古怪的人，正说明自己是一个干净和正常的人，是一个高人一等的人，是一个"脱离了低级趣味的人"。

我换一个问法："如果你接纳了她，你会变成怎样？"

"我会变成我讨厌的人。"答案如我所料，又远出于我料。来访者谈到在初中时班上有一个大家都讨厌的女生，大家天天说她坏话，但有一天老师知道了情况便介入到这件事中。老师教育我们要和同学友好相处，大家就突然转变了态度，表面和她很好，但背后还是讲她坏话。来访者就特别接受不了，怎么一个个都这么虚伪？其实来访者就想用自己坚决的姿态向世人宣告："我表里如一，我说一不二，不喜欢就是不喜欢，不会伪装，也不会强迫！"所以哪怕大家都接纳她，她仍然要秉持自己的态度到底，不接纳是保持道德高洁度和纯粹性的根本方式。如果她接纳了室友，她会变成自己所讨厌的样子——一个表里不一的人。

"你有像现在这样讨厌初中的那个女生吗？或者说你有这样讨厌过其他人吗？"

来访者表示她也讨厌其他人，但从来没有这样强烈过，因为那只是单纯的不喜欢，不会折磨自己。在来访者心里，其他人可以纯粹而尽情地讨厌，可以远离，可以爱理不理，可是这个人不行，讨厌她，还得见到她，和她朝夕相处，还得承受道德绑架，所以特别难受，无法摆脱内心的冲突与挣扎。

可即使如此，她也不希望接纳室友，不仅是出于言行一致，她其实有一种闹别扭的表现。明明是她的闺蜜，明明是关心自己的闺蜜，却偏偏站到了她的对立面，对一个外来人出奇的关照，她不服气不顺心。于是她用一个激烈的态度告诉对方我生气了，就像一个任性的孩子表现出执拗的一面，希望爸妈看到自己内在的情绪和需要，希望闺蜜无条件站在自己这边，帮亲不帮理。

如果闺蜜告诉你，你可以讨厌这个人，或者说闺蜜一直站到你这边，和你一起讨厌她，你是不是会更接受她呢？

来访者沉思了一下说："也许吧。"

来访者对室友的讨厌本来是在正常的范围内，但当对方被引入同一个寝室，那种厌恶感就升级了，认为都是新室友的错，她的介入剥夺或者分享了闺蜜的感情。不仅如此，本来她是外来者，却后来居上，自己在闺蜜心中和宿舍的地位完全低了一截，这让来访者无比愤恨。其实，如果闺蜜能够更体谅她的感受，她会发现对方并没有那么讨厌，虽然她不喜欢，但也会尝试与之相处，不至于如此决绝地在彼此之间树立一个生硬的壁垒，从而在根本上割裂关系。

经过分析，来访者看到了自己的需要，她蓦然发现，对方也没有那么令人生厌了。只因问题不在新室友身上，而在自己身上。

我一定要别人按照我说的做

"我总是喜欢别人按照自己的想法来行事，尤其是想让别人做一件事的时候，我经常都会软磨硬泡，不达目的不罢休。以前我都能达到目的，现在很多人都不理我了，我就会很不爽。而且哪怕是别人按照我说的做了，也做不到我满意，我还是不爽。"

生活中总有一些人喜欢强人所难，一定要其他人按照自己的意愿来行事。可这个世界不是围绕着谁来转的，这个道理谁都懂，但还是忍不住这样去要求别人。能让来访者继续这样干，那肯定是他在其中得到了益处。通过软磨硬泡的方式最终让别人就范，这让他无比得意并且固化行为：只要我略施手段，别人还是会听话的。

但是现在，很多人已经反感他这一套，虽没有当面拒绝，但已出现回避行为。这就是一个姿态，表示再也不想听从你的要求或请求了，甚至不要再和你扯上关系。另一方面，有时候别人虽按照自己说的去做了，但做得实在太差劲了，还不如自己做。既然已经有人反抗，还有人做不好，那为何还要去强迫他人，为何不自己做呢？不管之前是出于什么原因，是因为惰性而懒于动手，还是由于拖延症而拒绝开始、抑或是源于权力欲而让他人代劳，但现在都是时候自我要求、承担责任了。俗话说"强扭的瓜不甜"，强人所难大可不必，不仅达不到效果，还掉粉。

首先，勉强会让人有"隐形攻击"。在人际关系中，若一方过于强势，压迫性过强，而另一方相对弱势，他们既逃不开这段关系，又不能或不敢表达自我的感受，就会出现"隐形攻击"。这种现象其实是很常见的，不细细品之，不知道原来弱者并不弱，强者并不强。可以说，这是弱者对付强者的法宝。你以为把弱者拿捏得死死的，其实却经常拿弱者毫无办法。来访者经常会让人去给他打饭，弱势的一方经不住百般纠缠就答应了，但最后打回来的饭菜却每次都让他不满意，或者是他厌恶的品种，或者是让他过敏的食物，甚至啥都没问题，偏偏加了他吃不得的"朝天椒"，辣得他直跳脚！总要出点小岔子、弄点小插曲。这不是成心给他添堵吗？没错，隐形攻击就是如此，不是正面抵制或拒绝，而是暗暗地给对方一剂苦药，给他吃点苦头。只因正面抵抗做不到也行不通，最终会被强有力地说服或镇压。但所作所为却并非个体之所愿，内心也憋着一股怨气，于是只能通过私下捣乱和制造麻烦，宣泄内在的不满和攻击。隐形攻击内藏的杀伤力，有时候甚至比直接攻击还要大。

顺着这个逻辑，勉强的后果是很容易把事情给办砸了。小到打错饭菜、领错包裹，大到工作任务都能搞砸了。用强势赢取的顺从，并不会让他人真心听令，以至于人家在做那件事的时候责任心也不会那么强，"你要我做，我已经做了，至于做成怎样那就听天由命了。"到最后，事情做了，却做得乱七八糟，甚至需要你自己来善后或者重做。就像来访者让同学给他写结课论文，同学经不住他的死缠烂打，只好答应了，然后帮他在网上下载了一篇交上去。最后任课教师发现了，以抄袭之名给他记了零分，不仅没有了成绩，任务也未作罢，论文还得重新提交，勉强到最后双方都不愉快。见到不让人满意的结果，强势的你被弱势的他气得火冒三丈，而弱势的他也很委屈，经常被你压榨劳力，经常被你的意志所凌驾，到最后该做的也做了，该帮的也帮了，却仍不得好处，还要忍受各种恶语。最后，友谊的船说翻就翻。

所以，不要指望别人来帮助自己，更不能逼迫别人来为己服务。"己所不欲勿施于人"，你自己不想做的事情，凭什么认为别人会想做？你用强硬手段换来的帮助，凭什么认为别人一定会帮你办好？不管你多有地位，也不管你多有手腕，后果还得由自己承担，人生还得由自我负责。把自由还给别人，把责任交给自己，你不用主动强压别人，别人也无需被动攻击你，关系就可能良性运转，事情就可能顺利进展。如此，我们就能同时收获友谊和成长！

新年的礼物，我要收吗？

我的朋友送我新年礼物，我非常的意外，特别的高兴，也特别的忐忑，总感觉像欠了她什么，恨不能赶紧回礼。但如果回赠不了，我就会一直惦记着。直到完成回礼，这颗悬着的心才下来。我也经常会送礼物给我的朋友，但是他们收到礼物后，似乎都没有什么反应，我就会很难过。我对周围人挺好，总想着她们，可是她们好像没有特别重视我，我心里只有这几个好友，可是她们还有其他好朋友，我只是其中一个，可有可无的样子。

从描述中，我们可以看到，来访者是很矛盾的。一方面她喜欢送朋友礼物；另一方面，她害怕接受朋友的礼物，很是"双标"。此外，来访者在这"送"与"受"当中还存在种种煎熬与矛盾。在送礼过程中，来访者渴望朋友因为自己的礼物而有所反应。当对方不能满足个人期待的时候，她会愤怒、会受伤。

我很好奇，来访者所说朋友收到礼物后没什么反应指的是什么？细问之了解到，朋友也不是没有反应，也会微笑相迎，亦会真诚感激，但似乎还是清淡了些，离她所期待的那种反应仍有距离。那么，她渴望的是什么反应？是否希望对方像自己一样，收到礼物后受宠若惊，继而忐忑不安、急于还礼？渴望热烈回应的她，我是心疼的。可想而知，成长中的她缺少正面热情的回应，反而接受了太多负面糟糕的回应甚至没有回应。于是她执着于火热的回应，只是淡淡之喜对于她来说是不够的，会激活她低自我价值感的部分。于是我问：你在帮好友买礼品时，更多的时候是想让对方开心，还是更希望对方因为你对她好而更重视你？来访者沉默片刻，回答说是为了后者。如此有了一个不对等的情形：朋友送来访者礼物也许只是单纯地希望她开心，但来访者送给朋友礼物却是为了用礼物换取些东西。礼物不再单纯为礼物，有了私心，成了达到某种目的的手段。虽然这个目的，以爱之名。

在收礼过程中，来访者害怕别人的礼物，但其实内心却是无比期待礼物。来访者自我价值感不足，她不认为自己本身就很可爱，就值得被爱，她不认为自我存在本身对于他人就有意义。她觉得自己一定要做些什么才能把对方留在自己身边。由此，她害怕别人赠与的礼物，礼物让她有压力，仿佛"无功不受禄"，有一种不配得的心理；她也害怕别人对自己好，当别人对自己好，她会觉得自己何德何能，竟有如此的待遇？于是希望回报对方，希望对得起别人。一个自我价值感足的人内心是自信与自尊的，她会把别人对自己好归因为自己的可爱与美好，这样她不会感觉到被爱的压力，不会急于回报。虽然礼尚往来，但礼物不应该成为急于甩出去的包袱，我们都值得拥有满载的爱之礼！

亲爱的你，请你看到：朋友之间，你需要对方，其实对方也需要你；对方给予你友情，你也同时给予了对方友情。不要片面与卑微地以为唯有自己才有归属的需要，温暖、关爱、支持，这都是朋友所看重的，也是对方所不愿失去的。这是一个相互需要、彼此依恋、互取所需的过程，如果对方在你身上没有满足个人的需要，那么这段友情早已断裂。感情在，说明对方也在这段关系中获益。要善于看到自己的价值，看到自己给别人带来的增值。无论是施与受，来访者似乎都"动机不纯"。看到不纯之动机，还礼物之无私。

礼物就是最纯粹的心意，不应该赋予任何附加的意义，不应该成为负担，也不能成为筹码。如果礼物被其他的价值所操纵，那么就失去了美好与干净。如果礼物变味了，我们就该从异味中嗅出变味的人际关系，嗅出个人背后复杂的心思。也许这就是一个极好的契机去观望自己、审视人际，从而修通个人成长议题。

送礼之欢欣，收礼之惊喜，就是礼物传递中最美的姿态。

经营爱情篇

爱情是亲密关系的处理，考验着我们的人格水平。透过爱情的镜子看到自己，在爱情中积极提升自己，经营一份美好的爱情，是我们一生的追求。

我真的喜欢他吗？

"我家人都待我很好，很宠爱我，我也从来不乏喜欢自己的男生，经常还没认识多久就跟我表白，我就会很排斥，直接拒绝掉，离人家远远的。只是现在有一个男生，我们认识一年多了，他也对我很好，前阵子他和我表白了，我当时懵了，就说还没有考虑好，然后他看我犹豫就说要不就算了吧，那一刻我又觉得不舍。后来他也是偶尔联系我、约我见面，感觉有点暧昧，但又猜不透他在想什么。有时候叫我出来，等我说可以出来时，他又说不想了。总是这么忽冷忽热的，我真的搞不懂他什么意思，我也很烦恼，都不知道自己怎么了，我真的喜欢他吗？我到底要怎么处理？"

来访者对爱情不敏感，面对突如其来的表白，她本能地回避与排斥。而该男生是与她长期相处后逐渐建立的感情，所以她会在不知不觉中对其有所依恋与喜欢。然而来访者没有谈过恋爱，不明晰爱的感觉与滋味，面对男方变幻莫测的态度，她充满了疑惑与困扰。

事实上，来访者已然动心，她使用了否认的防御机制，明明喜欢却不愿主动承认和表达。毕竟对方在一次表白后就再没有主动和正面的表示，于是来访者在这段感情中变得被动，总是在猜疑与期待，等着对方给一些甜头，而害怕主动去确定和争取。来访者需要正视自己的内心，清楚意识到自己对该男生的感觉就是喜欢的感觉。爱情不仅是甜蜜的，也有苦涩。所以当爱情来临的时候，感觉都不是自己了。平时活泼的自己变得犹豫，平时无忧无虑的自己变得多愁善感，平时独立洒脱的自己变得依赖敏感，在爱情中几乎要失去自己。这种感觉让自己不舒服，却是实实在在的搅动，说白了——害了相思。

　　来访者对那些无事献殷勤的男生没有感觉，偏偏对这个若即若离的男生情有独钟，是否和自己一直是个骄傲的公主有关？她承接了太多来自周围人的关爱和呵护，对这种爱习以为常，而该男生试探性和防御性的表现却让人捉摸不透，于是产生了吸引力。来访者也要考虑一下，这份爱是建立在"喜欢"的基石上，还是建立在"征服"的土壤上。如果是后者更多，那么这份心动也是打折扣的，为感情的持久性与稳定性埋下隐患。两个自尊心很强的人在爱情中自然是互相试探，一旦对方的行为不符合个体期待，立马呈现出防御的姿态，或冷漠或愤怒，以掩饰自己真实的感情，保护自己不受伤害。

　　两个人都在等待对方开口，就像是一场较量，谁先开口谁就输了。这是很多人的误解，真正的感情宁愿放下高昂的头颅，宁愿放下傲娇的自尊，没有什么比爱更珍贵，任什么也阻挡不了爱的表达。而先开口也不代表低人一等，维持感情的是两个人在一起后的经营，最开始时再怎么高高在上，如果后面没有把握好，都是没有用的，有可能发生地位的颠覆。我们听到过太多这样的故事：一开始女方被男方疯狂追求，然而在一起后，女方变得委曲求全。这其实是不懂得经营的表现。要学习如何去恋爱，如何去经营爱情，在爱情中做到亲密有间，定期为爱情保鲜。那种失去自我、放任自我的爱情才会导致担心的场景变成事实。不得公主病，不做受虐狂，宠不坏又爱自己的才是公主！一份亲密有间、心底无私的爱情会让人生增值、让生命丰盈！

　　当下，来访者正受着爱情的折磨，那么最好的方式不是被动等待，而是主动去表达自己的真实感受，把自己的感觉告诉对方。也许是一个结束，也许是一个新的开始。如果对方仍然没有考虑好，那么也不能像之前一样，无限期拖下去，而是要彼此约定一个期限。约定好什么时间给彼此答复，如果期限已到，对方给出的答案仍不是自己想要的，那么也该有个彻底的了结。

当然，爱情不是买卖，能够算得清清白白。相思之苦、猜测之恼，也许就是我们最怀念的单纯小美好。若还是迈不出勇敢的那一步，那就承受这份最初的焦灼的青涩滋味吧！待感情火候到了，爱的表达也呼之欲出了。

我不敢谈恋爱

"有男生追我，我也有些喜欢他，但是我有点抗拒，甚至也有点害怕。我很犹豫，不知道要不要接受他。其实这已经不是第一次了，每次别人追，我都会退缩，也不知道要不要谈恋爱？"

很多女生都有这样的困扰，尤其是对于那些听话的孩子，父母的"不许恋爱"教导根深蒂固，乖乖女的形象植入骨髓，内心深感大学恋爱不是好时机，甚至不是什么好事，女生会受伤害等等，于是干脆将恋爱与学习、恋爱与生活、恋爱与保存个体独立和个人空间对立起来。他们视爱情为洪水猛兽，似乎爱情一来，就啥也做不了，只能吞没在爱情的旋涡中一般。

这是很多人的误解，或者说是对处理爱情相关事宜的信心和能力不足。不相信自己能平衡好恋爱与其他事务的关系，将爱情与生活学习对立起来，一旦面临爱情就乱了阵脚。爱情是一场考验，是人格和能力的验金石；爱情是一场修炼，是学习如何处理亲密关系的重要过程。经历过恋爱的大学生都会显得更成熟一点，其中之一就是能够处理更复杂的人际关系。他们经历过人与人之间的亲密联结，体验过人与人之间的情感张力，热恋和失恋都曾走过，吸引和远离都曾有过，甜蜜和痛苦都曾经过，更善于处理人际冲突，更勇于容忍复杂情感，也更易于把握亲密空间和人际距离。越是害怕爱情的人越需要学习和体验。害怕并不代表不渴望，只是被各种非理性的脑补困住脚步，还没亲历就对爱情怀有诸多恐惧，害怕投入太多，害怕陷入太深，更害怕被欺骗和被伤害。

恋爱观与家庭教育和社会影响有关，但根源还在于一个人的依恋模式。依恋是幼儿与其照料者（一般为父母）在相互作用过程中，形成的一种特殊的情感联结和纽带。可以说，儿时有什么样的依恋模式，长大后也就有什么样的恋爱风格，只因恋爱渴望回到儿时亲密依恋的表现，也是个体最初社会联结的复制和再现。抗拒爱情者自身可能存在非安全性依恋模式，在婴幼儿时期，父母没有给予足够的安全感和亲密感，以至于没有与父母形成安全的联结。安全的依恋就此一种，能够快乐地与他人交往，并与他人发展出轻松信任的关系；不安全的依恋却各有各的表现，或焦虑，母亲要离开前就显得很警惕，当母亲离开时表现得非常苦恼、极度反抗；或逃避，与母亲刚分离时并不难过，但独自在陌生环境中待一段时间后会感到焦虑；或混乱，情绪、行为反常、无规律化，难以监控和预测。不安全依恋者内心呈现出挣扎与矛盾的情感模式，或过分亲近；或想亲近又不敢亲近；或该亲近不亲近，不该亲近的时候又亲近；等等。紊乱型依恋者害怕因恋人的不确定性情感而不知所措歇斯底里；焦虑型依恋者害怕在与人建立关系后过度依赖而失去自我；逃避型依恋者更是直接斩断情丝、拒绝联结，只因自己曾经每次需要父母的时候，父母都不在身边，或不能给予稳定的良好的回应，以至于不再相信或指望父母，只能把这份期待放在心底，不再表达出对爱的呼唤，甚至自欺欺人告诉自己"爱？我不需要！"

抱着这些想法和模式的人或者拒绝恋爱，或者会抱着一种充满防备心态的方式去恋爱，最终可能都没有体会到真正的爱情滋味。爱情的确不总是甜蜜的，但那种又酸又涩的感觉不才是更为迷人和美妙的吗？相思之苦、分离之痛，都会让相聚的时刻愈加珍贵和甜美。许多年后，当你心如止水，握着爱人的手就像左手握右手，也许还会怀念当初情窦初开为情所困的小模样。茶饭不思、夜不能寐，也许就是属于那个年纪最独特而美好的记忆。所以，哪怕我们幼儿时候养成的依恋类型不是安全型的，也不要紧，只要在一定的范围内，都是不需要特殊处理的。我们不需要那么圆满，恋爱时期，那些儿时的缺憾都成为了俏皮的插曲，痛并快乐着，并在爱情中得以弥补和治愈。

恋爱当然不能轻易投入，随便对待，但也不必像炒菜，一切食材都准备好了才下锅。在爱情没有来临前，我们需要修炼爱的艺术，爱人的前提是好好爱自己，把爱的蓄水池努力蓄满，等到爱情降临就可以播撒爱的甘霖。同时，学会爱人还要学会被爱。来访者不敢接受爱，其实也是一种不懂被爱的表现。美丽的爱情让人慌张与不安，好事情却变成大压力，这是很让人遗憾的。尊重自己对爱的渴望，相信自己值得被爱，大大方方地去接受他人对自己的爱，堂堂正正地接受他人对自己的好，就是最顺当之事。当然，也有些人从不自我成长，只想利用爱情充当炫耀之资、填补心灵之失，那么他们的恋爱不是在爱人，而是在害人。这样的人确实是需要远离和提防的，但也无需草木皆兵。

我们可以在恋爱中学习相处，也可以学会识人辨人，规避爱情之陷阱。有些人对爱情盲目自信，而有些人对爱情莫名恐惧，其实那都不是爱情本身。爱情最终走向何方，还是得靠彼此双方的经营。爱的经营是一门艺术，考验的是一个人爱的能力及好的人格。爱没来，我争取，爱来了，我珍惜，让没有安全感的两个人一起成长为彼此的安全港湾！

爱情中我没有安全感

"我在感情中总是很没有安全感，我总是会担心恋人会发生意外或者离开自己。前几天的某个晚上，我给他发短信，他没有回，后来打电话也没有接，我就跑到他常去的地方去找他，找到他的时候他一点事都没有，问他为什么不回信息，他就说没事不想回。我真的好难过。"

这样的事情发生不止一两次了，来访者也感觉到男友的不上心，可偏偏就是放不下。来访者很在乎男友，当时她刚结束一段痛苦的感情，是他一直陪她聊天、分享心事，她才走出来。她觉得他细心体贴，慢慢地就在一起了。可是这段感情刚开始没多久，男友就开始忽冷忽热的，偶尔还玩失踪，很少主动给她发信息、打电话，都是女生主动。

既然提到前一段感情，那么我不免需要探及。来访者的前一段感情是她的初恋，是她大二时谈的一位学长，当时学长已经大四了，一个偶然的机会认识了，她被学长的温和、关心所打动，就在一起了。可是幸福的时光如此短暂，不到半年，学长就毕业离开了，走的时候一点消息都没有，突然就走了，再也没有联系。学长走后，来访者特别痛苦，直到现任的陪伴与安慰才让她走出了悲伤。

"我用情很深，虽然他这样若即若离的，但我不会轻易和他分手的，起码我不会主动去分手。"来访者强调。

现任的出现重燃她的生命热情，感觉一瞬间从地狱升到了天堂，就像抓住一根救命稻草，死死不肯放手。如此纠结的恋情却让她无比留恋，这和前任对自己的打击有很大的关系。前任的不告而别给她留下深重的阴影，给她一种强烈的不稳定和不安全感，于是她无比害怕现任男友的突然失联和离开，害怕亲密关系的突然断裂。她对男友的一点风吹草动就无比紧张，一旦对方没有回应就神经过敏，想尽一切办法找到他，想要把他牢牢抓住。只有看到这个人，她才放心。可是她内在的不安全感太强烈而很容易被男友捕捉到，男友不会因此而珍惜她，反倒会觉得压力太大而想要逃避，他越想逃，她越要抓。他越想躲，她越不安。

这是最终的根源吗？在初恋之前还有过类似的经历吗？她曾经有这么害怕过他人的离开吗？

来访者提到小时候爸爸常年在外面打工不在家，是她妈妈一个人在家带她和弟弟。好不容易回一趟家，爸爸也很冷漠，只是和妈妈说几句话，几乎不怎么理她。但是每次要走的时候，爸爸都会突然叮嘱她几句，她有些害怕，想靠近又不敢靠近。其实她内心是无比渴望与爸爸亲近的，也特别不希望父亲离开。但是她不敢表达，只有在爸爸离开后才会一个人默默地哭泣。她这种想亲近父亲和想留住父亲的欲望被压抑下来，长大后将这种欲望寄托在男友身上。

来访者和男友相处的模式是和爸爸相处模式复制，小时候是害怕爸爸会离开，如今是害怕男友会离开。这就是所谓的"强迫性重复"，个体不断重复一种创伤性的事件或情境，包括不断重新制造类似的事件，或者反复把自己置身于一种"类似的创伤极有可能重新发生"的处境里。生命就像一场轮回，童年的创伤若没有经过修复通常会在成年后再次经历，且会在未来的人生中不断重现，吸引相似的场景和人物到她的身边。

来访者的潜意识是想修复和父亲的关系，所以找了与冷漠的父亲不同的男生，希望这些男孩会用一种不同于父亲的方式对待她，以弥补从父亲那未曾获得的温暖与肯定。但是强迫性重复像魔咒，让她遇到的男生骨子里都具有和父亲一样的特征，哪怕和父亲不一样，也会被她诱导出回避和隔离的一面。无论一开始多么体贴、温和，一段时间后都无法继续如她所期待的那样对待她，前任直接玩失踪，现任变得忽冷忽热、消极逃避，让来访者再次陷入痛苦与创伤的境地。一个人如果不去进行自我成长则很难跳出自己的格局，人格如此，行为模式和关系模式亦是如此，所以来访者重获父爱的梦想和挽留父亲的愿望必将破灭。

来访者和母亲没有这样受伤的关系，于是和同性相处自然、得体，但一旦到亲密关系中，这样的模式就自动显现出来，即使一开始不这样，也会在"强迫性重复"的强大推力下变成这样。

来访者要走出这样的"强迫性重复"不是寄希望于改造别人、抓住现任，而是要直面内在的未完成情结，自我负责、重写人生。小时候，面对父亲的离开我们无能为力，如今，我们不用再像一个弱小的孩子，可以感受爱，也可以区分爱与不爱。接纳当时的无助，拥抱缺爱的自己，深沉的父爱也许就会浮出水面。既然男友在自己最为脆弱的时候陪伴在身边，一定有爱的成分，加之两人的相处，也有爱的基础。那么，我们完全可以相信对方是爱自己并愿意与自己待在一起的。同时，我们还可以勇敢地和男友沟通，告之内心担忧，表达内心期待，商量相处之道。

安全感是自己给的，当我们内在的安全感提升，也就不用向他人索求。当我们还彼此应有的自由空间，才会形成一个良性的互动，回归安全的亲密感。哪怕最终感情不在了，内在的安全感也会让我们坦然面对、平和度过。

爱他，就要给他吗？

　　"我和男友恋爱一年多了，他很早就提出了性的要求，但我一直拒绝。他很不高兴，总说爱他就给他，为此还下了最后的通牒，说如果不同意和他发生关系，他就和我分手。我很犹豫，到底要不要答应他？"

　　来访者的问题也是很多女生常有困扰，爱与性相伴而生，性是恋爱中的伴侣们无法回避的主题。面对喜欢的恋人，到底要不要和对方发生性关系呢？爱他是不是要给他呢？如果不给就失去这段感情了呢？情况非常急迫，迫切需要解决。

　　这些困惑的背后当然首先是害怕关系的破裂，这是女生在意对方的表现。其次也反映出性行为对女性的困扰。虽然现代社会中开放的性观念已经影响了很多大学生，但还是有不少学生有深深的顾虑。一旦发生性关系，自己就不是一个纯洁的女生了；一旦发生性关系，男友就不珍惜自己了；一旦男友和自己分手，自己就不是一个完整的人，会被人嫌弃，找不到更好的对象。这里面涉及与性有关的自我概念，也涉及当下的性观念对人们的影响。当然，这些观念都存在一定的问题。破除这些错误的观念给自我松绑，再作出准确的判断是女生该学习的。

　　首先，发生性关系不等于不纯洁。好女孩自然是洁身自好的，但洁身自好不是说杜绝性，而是在性方面不随便、不放纵。爱惜自己的身体，珍惜自己的权利，因爱生性，情到浓时自然发生，这是水到渠成之事，发生了也仍然是一个美丽纯洁自重自爱的女孩。而有些女孩内心极度渴望，却用传统观念强烈地压抑自己和谴责自己，继而引发重大的心理问题，也许才是不爱自己的表现。

其次，发生了性关系不代表男友不珍惜。确实有这样的男生，得到了就不在意，甚至以此为把柄，在女生面前耀武扬威。但也有男生因为发生了性关系而更加珍惜自己，双方情感得到进一步升温，彼此都成为更亲密的爱人。重要的是，你和他相处了这么久，是不是对这个人有所判断？是不是对这个人有充分的信任？是不是可以让你放心放松放飞自我？如果答案是否定的，当然不能答应他的要求。

再次，一旦和男友分手，这辈子就废了，被人看不起了，找不到好对象了。其实这是女生的自卑心理，是自己看轻了自己，然后把这样的观念投射给了别人，认为是别人看轻了自己。女性不低人一等，有性欲不可耻，发生过性关系的女孩也不低人一等。最重要的是自尊自爱，美丽自信、精神独立，哪怕最终分手，我们也能找到人格健全、珍爱自己的好男孩。

那么到底要不要答应男生的要求呢？

于我个人而言，我还是希望大学生不论是女生还是男生都不要轻易涉及性事，不过早投入成年人的性生活，恋爱能够"发乎情，止乎礼"。但既然性是无可回避的话题，那么首先是要做好身心准备。要考虑是否能够承担发生性关系的后果，有些女生自以为没关系，但是冲动之下的行为却引发了更大的心理危机。你以为可以，其实并不可以，其实就是还没有准备好。你以为可以，但是关键时刻身体还是放不开，那也还是没有准备好。身体是最有智慧的，准备好是一个很关键的前提，没有准备好，哪怕情感浓度已经到了，都不要轻易为之。

有的女生抱着英勇就义之心去完成这件"义举"——不是为了自己，

而是为了对方和这段关系——之后心如死灰、毫无波澜。这也不是准备好了，这是无可奈何和走投无路之举。这一天终于到了，逃不了了，那就这样吧。麻木之下是对自我感受的忽略，甚至有自我轻贱的心态。

最后，不要用性留住爱。哪怕已经收到了最后的通牒，收到了"不同意就离开"的威胁，自己没有准备好也不要做。委屈之下作出的牺牲行为会让自己有种牺牲感，事后可能会憎恨、会愤怒，会痛恨对方逼迫和引诱自己，最终还是会影响关系。

哪怕是自己心甘情愿的，想用性来捆绑住男友，也留不住、留不久。要搞清楚一个问题：你是因为爱而性，还是因为性而爱？如果是后者，那么情感根基是不牢靠的。一旦对性失去新鲜劲，那么关系就面临破碎的困境。

什么叫做准备好了？就是自我负责，杜绝托付心态，不需要任何人为自己负责。不是说发生了性关系，我这辈子就赖上他了；如果对方不负责，我就是个"弃妇"了。对方若是个负责与担当的男生自然好，但这不是女生能掌控的。我们要自我负责，我的身体我作主，我根据自己的心愿作出决定。如果我没有准备好，那么就不要去做。甭管对方下什么保证，"我会对你负责的""我会爱你一辈子的"等等，也甭管你内心有多渴望，对这段关系有多重视，如果你就是不相信，你就是害怕，你就是放不开，那就不要勉强。

什么时候准备好了再去。准备好一个标志就是不后悔。问一问自己：发生关系后自己是不是会后悔？不管发生怎样糟糕的结果——关系破裂、始乱终弃、身体受伤等等，是不是都不后悔？如果答案是肯定的，那就是基本准备好了，可以对自己负责了。

事后回想起这件事不仅不后悔，还充满愉悦与幸福感，那就真正是准备好了。就像电影《完美陌生人》中父亲对即将发生"第一次"的女儿说过这样一段话："这是你人生一个重要的时刻，是你会铭记一生的事情，不仅是你明天和朋友聊天的谈资。如果你以后想起，无论何时回想起来，这件事都会让你嘴角带笑的话，你就去做吧。"

喜欢是放肆，爱是克制。如果这个男生不能尊重你的意愿，不能保护你的身体，那么，这个人不要也罢。性与不性除了你自愿，任何人不得通过任何方式迫你执行。如果他从来都没有尊重过你，而只是考虑自己。他能够用"威胁离开你"来达到目的，那么他只是抓住了你的弱点、拿捏了你的死穴——利用你对他的爱和对关系的不舍来逼你就范。那么你们已经不是对等的关系了，而是一场控制与被控制的关系。这样的关系不要也罢。

亲爱的女孩，你要有这个底气，可以选择拒绝不喜欢的请求，可以按你自己的心意行事。不管你怎么做，你都是一个好女孩。如果你没想好，那就再等等；如果你想好了，那就做好保护措施！

爱怎么就低人一等了？

"我不敢向我喜欢的人表白，我害怕对方不喜欢我，我也担心会打扰到别人的生活。被拒绝的话会很难看，以前我表白过，人家没接受，然后就搞得很尴尬，每次见面都特别紧张，感觉自己很遭人嫌，很难过。真希望当初没有表白就好了，甚至有时候会想为什么要去喜欢一个人？"

听到这样的求助，我的内心又是心疼，又有愤怒。爱是世界上最美好的事情，爱的表达是最美丽的语言，何时成了最难以启齿的事情？何时成了最让人拿捏的软肋？担心被人看轻？真诚的爱没有错，轻视爱的人才有错，不要用别人的错误来惩罚自己。这不是你的错，也不是你的弱点，你的爱值得珍视与感激。"你以为你接受的是谁的爱？这是一个天神的爱！"电影《大鱼海棠》的台词，直逼人心。听到这句话的时候，我热泪盈眶。哪怕对方不爱甚至不理睬自己，也要珍视自己及自己的爱！

担心被拒的尴尬？大可不必！

我们只是表白了对方，又不是伤害了对方，非要认定受伤的一方那也是自己一方。尽管坦坦荡荡，不必畏畏缩缩，拒绝你的人是他而非你，该道歉的是他，该愧疚的是他，该尴尬的也是他，什么时候变成表白之错？先爱怎么就错了呢？我们总是在爱里卑微，好像被我们所爱的那个人至高无上，而自己则低至尘埃。

爱不是龌龊。爱是最圣洁的品质，当一个人心中充满爱的那一刻，他的内心是干净而清澈的，未有一丝的邪念与杂念，纯净如水晶，炽热如彤云。被一个赤诚的心纯纯的爱着是最最幸福的事情，是赚到了，正常人不会觉得被玷污，而是充满欢喜。爱可以被拒绝，但不可以被鄙夷，那些践踏爱的人不值得被爱。我们尽管收回，把珍贵的爱留给懂得的人。

爱不是冒犯。我们"发乎情、止乎礼"，没有侵犯对方的边界、侵扰对方的生活。爱是一个人的事情，爱不爱是我的事，接不接招是你的事。我尊重你的不爱，也请你尊重我的爱。爱是我的权利，拒绝是对方的权利，各自尊重并享有各自的权利便好。表白也不是冲着被接受去的，而是自我需要的表达，尊重自我、传递心意，不给彼此留遗憾。被接受自然欣喜，被拒绝依然自在。我们爱的能力与爱的品质不是以拒绝与否来评判的。在爱的海洋，被拒绝只是一朵小小的浪花。被拒后，尽管大大方方的与之交往，被爱之人都没有甜蜜的烦恼，我们何须"多情总被无情恼"？

爱不是卑微。爱是世间最可贵的品质、最高级的情感，是人之精神世界所投射的正能量。拥有爱的人是内心充盈的人，充满着世间美好的情愫，怀抱着喜悦、希望与力量。爱的对象只是他爱的投射，人家把爱投射给你，是你的荣幸。你以为是你带给他爱，其实是他带给自己的。爱得卑微是人家自甘放低姿态，而不是因为你有多高贵，是他把权限与地位赋予给了你。你可以不享受这份殊荣，但你绝对没有资格去贬低一个此时此刻完满的灵魂。

可以说：人家爱你，不是你有多好，而是他有多好！只是也许我们并没有发现深藏在自身深处的美好品质。所以，是爱的人赢了，而不是被爱之人。爱不可耻，爱不丢人，我们尽管自信大胆去爱，去追求，去表达！"你以为你接受的是谁的爱?!"要的就是这样的底气！拥有爱的品质，建设爱的能力，我们都值得拥有满满的幸福！

付出 or 索取？

"我以前交过一个男友，和他在一起的三年特别的累，总是我付出，我也想得到呵护和关爱啊！最后没办法，我终于离开了他。我以为我不会再爱一个人了，直到遇到现在的男友。他和前任正好相反，特别照顾我。我很依赖他，在他面前就像小孩一样，一旦离开就觉得不好受，又想联系他，又怕他觉得腻烦，怕太依赖让人家觉得我很麻烦。有时候干脆就不理他了，搞得男友也很难受，我该怎么办？"

两个性情截然相反的男友，两份截然不同的相处模式，带给当事人的却都是烦恼——爱与被爱都受伤害！

来访者本身是有爱人的能力的，但在与前男友的三年的相处中，由于不停的付出，这种爱人的能力被消磨得所剩无几。当自己再也付出不了的时候，关系就破裂了。而在第二段感情中，当事人则从"付出方"变成了"索取方"，索取让自己惶恐，于是这看似理想的爱情自己却仍不能安然享受。

心理学有个"蓄水池"理论，每个人内心的爱如同一个蓄水池中的水，只有水满了才会往外溢，就是说自己内心有满满的爱，才能给别人。而很多人像当事人一样，正如我们常说的"缺爱"，本身蓄水池中的水就不多，还一个劲地往外倒。除了亏空自己，没有其他的结果。当自己掏空时，枯掉和垮掉是必然的。更糟糕的是好不容易得到的一点水又会因为"滴水之恩当涌泉相报"的观念而再次倾倒回去，比如只因对方回馈了一个笑脸，自己又会更加卖命地关心和照顾对方，所以在第一段感情中，当事人的水池总是处于缺水的状态。于是这个时候就特别渴望从别处得到，希望别人来浇灌自己的水池。幸运的是，当事人在第二段感情中得到了。可当事人又很清楚，他人不是心理咨询师，不可能以自己理想中的标准来满足自己缺失的爱。自己曾经就是那个付出的一方，知道一味付出到最后是什么结果，于是干脆拒绝男友对自己的好。

当事人在与前任相处中"习惯付出"和在与现任相处中"不习惯麻烦人"，其实二者是异曲同工的。当事人在恋爱中一直在"付出"还是"索取"的两极中徘徊，在这类人眼里，只有自己付出了，才有资格去索取，无缘无故地索取都是不当的。所以当事人在第一段关系中认为自己清白无辜，有权索要。一旦索要不到，关系就破裂；在第二段关系中认为自己受之有愧，无权索要。继续索要下去，后果就和前面一样关系破裂。

一个人要有爱人的能力，还要有被爱的能力。当事人有爱的能力，却缺失被爱的能力，认为一个人的被爱资格是建立在爱人的基础上，内在微弱的价值感让自己认为不值得被爱，更不敢勇敢地接受爱。所以当务之急，是要发展我们被爱的能力，告诉自己我是可爱的，这个可爱不建立在自己的付出上，而是我这个人。对方爱的也不是我们的付出，而是我们这个人。只因我是我，我不是别人，对方才爱！

当事人怕麻烦男友，其实该反其道而行之。不是学习不麻烦人，而是学会去认可和赞赏对方，强化对方做得好的地方，让对方觉得自己的付出和爱是有价值的。而如果总是拒绝对方的给予，男友就会猜不到自己要什么，久而久之就会怀疑女生对自己的爱，怀疑自己是否有给予女生爱的能力。一个男生最大的痛苦就是不能给自己所爱的人幸福，所以我们要学会去肯定对方的付出，赞美对方的付出，学会接受爱、接受他人的好意、接受他人的付出！

　　一方面要学会被爱，另一方面要学会平衡爱与被爱。爱不是只有付出或者索取，要么全盘付出，要么照单全收，而是两个状态的互换与互惠。给出一点，收回一点，在这个收支过程中找到平衡，如此才能让感情良性循环、长长久久。

何必要一样

"女生的心思真难理解，为什么男女差异那么大呢？我看个球赛她就很不高兴，也不知道她要干什么。她为什么就不能和我一样呢？为什么我总是要去迁就她呢？有时候觉得这样好累啊，不如一个人的时候自由！"

来访者的问题反映出很多人的困扰，就像男生会疑惑：为什么她就不能和我们一样看球呢？女生也会有困惑：为什么男生不能和我们一样逛街呢？这反映出大学生急于想要了解和理解对方，这是个好现象，证明大家都是用心在对待感情。不过这个问题的前提是"我们要一样"！不一样就没办法理解了，不一样就没办法接受了，不一样就没办法相处了。这是多少人走入的死胡同啊。学生如此，世人皆如此。其实大家没弄明白：一样是特例，是奢侈，甚至是奇迹，不一样才是惯例，是常理，是生命之道。为什么要一样呢？

男女生来不一样，男女的不一样对应着世间万物的阴阳之道。这是不可改变也不可忽视的真理。改变就是违抗规律，忽视就是自欺欺人，其结果就是处处碰壁，用无休止的矛盾与战争提醒你不一样无处不在。为什么要让对方和自己一样去看球或是逛街？为什么要消灭差异？

世界原本不一样，不一样的世界才会如此瑰丽多姿，精彩纷呈，如分

139

叉的树枝，虽然它们共有同一棵母体，但长出的枝条却都不一样，因其长短高矮粗细不一才成就了绮丽繁茂、婀娜摇曳的大树。如果都是一个规格的枝叶，那将大煞风景，毫无美感可言。爱情也因为不一样才增强吸引力与神秘感，因为不一样才造就这么多佳偶奇缘。你有你的特色，我有我的特点，我们互相找到了对方，成就了 1+1>2 的风采，难道不值得庆祝吗？千篇一律的故事、整齐划一的个性只会把动人的爱情整得枯燥乏味、平淡无奇。

"不一样"确实是个好借口，有什么相处不来了，就直接把责任推到两人不一样上面，简易便捷，与己无关，没有负担。那么，一样就能相处好了吗？

相处得好不好不在于恋爱的双方是否一样，而在于沟通之道。一段关系中，有矛盾不可怕，哪段关系没有矛盾呢？矛盾是推进关系的良机与润滑剂。有矛盾了面对之、处理之、解决之，关系会深入发展。而没有矛盾，也就没有了关系。沟通好，相处自然顺利；沟通不好，即使两个人性格爱好一致，也是摩擦不断。对于感情，我们要的绝不仅仅是相同，我们要的是爱、温暖和支持；我们要的也绝不仅仅是理解，即使不能理解对方，照样可以相处得很好。没有人可以真正理解另一个人，理解不了，也没有必要刻意去理解，只需要接纳。给予对方自主的空间，接受对方无法释的做法。哦，原来对方是这样，虽然无法理解，但允许这样的存在。需要去理解的不是事情，而是心情。你永远无法理解他为什么看球可以看得废寝忘食，他也永远无法理解你为什么逛街可以逛得乐此不疲。但你可以宽大处理：既然对方这样做，那必然是相当重要的，是其心灵需要，如此，要看球让他看好了，要逛街让她逛好了。

不一样是一个互为补充与增色的过程，这应该是双赢而非双输的结果。要达到双赢，就需要我们承认不一样，允许不一样，接纳不一样。我们可以怀抱婴儿般的好奇心，对另一半始终保持着一份好奇与欣赏：哦，原来他或她是这个样子的，原来也有这样的一种存在，原来这样也挺好。

倒空自己的预知，使自己回归到无知的状态。无知才是一种高知的境界，无知才会虚怀若谷，无知才会迎接新知。

当然，一样也是有可能的，爱情会演化，会从不一样逐渐演绎到一样，两个人会越来越像，越来越一致，但这是可遇不可求的，也不是非要追求的境界。真正的境界是拥抱不一样，不一样，照样合拍！我们讲的灵魂伴侣便是如此。他们仍然有很多的不一样，只是他们在相扶相持的原则下，在相敬相爱的宗旨下，在高度一致的生命诉求下，更加愿意去接纳对方的不同，然后去接近这个不同，尝试这个不同，最终与对方产生心灵的共鸣。所以，别盯着小差异，而放眼于更高的生活目标与价值需要。其实大家的终极目标是一致的，都是为了爱得更好，处得更好，活得更好！在这个大前提下，不一样又有什么关系？

这个问题不仅局限于爱情中，任何一段关系，没有两个绝对一样的人，不一样才是永恒的主题。一样是刻板的，是变通性差的直观表现，不一样是灵巧的，是俏皮的音符，是不可或缺的调味品。与其苛求一样，不如接纳不一样，两者所耗心力相当，结果却截然相反，前者备受挫败，后者海阔天空。

失恋了，要一个说法

　　"我好痛苦！男友和我分手了，我受不了。昨天还是甜甜蜜蜜的，今天就被打入万丈深渊。我想不通，为什么会这样？我给他打电话，想要个说法，但他说是'没感觉了'，我再追问，他又说是'我们不合适'。难道这是理由吗？我不相信，我再联系他，他就不接我电话了。他为什么不和我说清楚，我只要一个说法，一个说法就好。只要他说清楚了，我就死心了。"

　　在感情中，我们经常看到分手的一方早已悄然离去，而另一方仍然执着不放手，不理解：为何对方轻挥衣袖就抛弃了曾经的海誓山盟，是爱已淡，情已逝？还是另有隐情？不明白，打死都不明白，非要讨个说法，就算是结束也要说得清清楚楚，明明白白！可是什么样的说法你才愿意接受呢？是告诉你不再爱你了，或是还爱着，却不能在一起了？不管是什么答案，你都会觉得不可理喻，甚至觉得受到欺骗，认为那只是个借口。你会继续追问，为什么不爱了，为什么不能在一起了，为什么？无休止的纠缠，无止境的困扰。

　　有没有发现，不是对方没有给你说法，只是他没有给你想要的那个说法。你要的只有一个——就是要让对方收回分手的"成命"，就是要和对方回到从前的幸福时光，其他的都不是你真正想要和能够接受的。其实说

142

法一直都存在，对方一开始就给了你，只是你不想要，你不敢要，你启动了"否认"的心理防御机制，绝不相信！哪怕对方不言不语，悄无声息，人间蒸发也是一种说法。因为，没有说法就是说法，对方摆出了他的态度，已经明确告诉你，不想和你在一起了。你还想知道什么呢？什么都不重要了，背后的故事、深藏的动机，都没有意义了。就是不想在一起，说什么都没用！能告诉你的对方都已经告诉你了，剩下的没说的也许是对你心灵的保护，也许是对这份感情留下的最后的一份善意。这个时候我只能告诉你：亲爱的，恭喜你，可以有新的开始了。

这个世界不会每次都给你说法，更不会给你想要的说法。你受了伤，受了委屈，受了不公平待遇，你想要说法，对不起，这个世界真的给不了你。你痛苦、你纠结、你疯狂，也与他人无关，世界给出了他的定论，剩下的都是你自己的事，需要你自己去承受。不要再歇斯底里地坚持：我只要一个说法，一个说法就好。真的只要一个说法吗？有了那个说法你就甘心了吗？放弃无谓的挣扎，生活总会有残忍和无奈，残忍也是爱——没有残忍，你怎能割舍？没有无奈，你怎能清醒？没有这些磨砺，你怎能成长？不要指望他人给你答案，没有人必须为你的遭遇负责。人生本无真相，就如小说《浮生梦》告诉我们的，真相就是你永远都不知道真相是什么，这才是人生常态。你信的那个就是真相，你不相信，你花尽一生的代价去寻找，也得不到你想要的事实。勇敢地接受这个结果，臣服于事实，才可能真正放下，重新开始。

失恋不失态，失恋不失心。与其向他人讨说法，不如向自己讨说法，寻求内在的资源与自我的支持。失恋了是自我分析的最佳契机，了解自己的恋爱需求与情感模式，你会找到问题的答案。靠自己站起来，扛下去，告诉自己和他人：我不需要说法。没有说法，照样精彩！铿锵有力，海阔天空！

贫穷限制了我的爱情

"我不知道要不要和男友分手，我们谈了两年了，一直以来关系都很好。本来都已经规划好未来了，过年的时候他还带我回了他家，可这一见让我无比震惊。他们家里翻山越岭的坐完火车坐大巴坐完大巴还要坐拖拉机，这一路我的心情持续下跌，到他家后更加让我无法平静，别人家都建楼房了，他家还是两间土砖房！你知道我当时的崩溃吗？我知道他是农村的，也知道他家庭条件不好，但我从来没有想过可以贫困成这样，当下我就萌生了分手的念头。可那样又显得很不厚道，就此放弃也很遗憾，有时候还是觉得干脆分了吧，心里好矛盾。"

来访者的内心一旦有了这样一个疙瘩，有了这样一个不安分的心思，如果不好好处理，就会给这段感情埋下隐患。不管她是强迫自己接受还是压抑自己的感受，都会给这段感情制造不和谐。此时相安，迟早爆发。比如来访者若是骗自己说："我不是一个嫌贫爱富的人"，自我标榜"爱情至上""爱能超越一切"，这个事实被否认了，但她对男友的不满意仍在。那么她可能不会因为贫穷而发作，而会刻意去制造一些其他的冲突、为男友建构一些其他的错误，假借他事来发泄情绪、伤害对方、破坏感情。

其实，对物质的追求无可厚非，承认这点并不是难堪之事，如果是相亲见面很可能是必谈条件，关键是来访者已经和男友快到谈婚论嫁的时期了，此时因为物质而放弃着实有些说不过去。可是，我前面也说了，不管是什么时候，只要有疙瘩那就得解除。先别急着做分手与否的决定，先来自我探索这背后的原因。

来访者的震惊其实有三点。第一点，在她的生活圈子和认知概念里，她从来没有见到过如此贫穷的状态，所以当她第一次亲见的时候，她被吓到了！第二点，她感觉自己被欺骗了，男友从来没有透露过家里的情况，他一直是一个衣着得体的状态，生活上也会在为她花钱，虽然不多，虽然互有付出，但当她看到那个穷乡僻壤的生活条件时深感被欺骗！第三点，震惊之余她会很伤心，她会想："这就是我以后要共度一生的人吗？对方的家庭就是这样一个水准吗？"她嫌弃的不是对方的条件，而是觉得对方的这个条件拉低了自己的层次。每个女孩都是公主，都希望有一个足够好、足够优质的男生来爱护自己。她用家庭条件来衡量自我价值，某种意义上，当看到对方的条件如此糟糕，她仿佛有一种跌价的感觉，难道自己就只配得上这样的生活吗？一时之间，男友的美好形象也在她面前坍塌了。所以，外因已经透过内因起作用，外在条件已经动摇了她对男友的爱意，影响了彼此的感情。

如果她不能去面对这个问题，两人最终还是会出现这种分歧和分裂，最终走向分手的结局。如果说自己的需要就是丰厚的物质条件，那如果对方达不到，在柴米油盐酱醋茶的过程中，彼此感情仍然会被消磨掉，彼此之间的矛盾也会日渐增强。你甚至认为你为他付出了那么多，不顾一切地和他在一起，那么他就要为自己的幸福负责，为彼此的未来奋斗。如果他在金钱上不能满足你，你很有可能希望他在别的方面可以弥补你，但如果他没办法做到，你会对之更加的怨恨，两人的感情终究走向破裂。

不能接受就不能接受，这是很诚实的表现，对自己诚实，对他人也是诚实。如果明明在乎，还要假装不在乎，这其实是虚伪的表现。除了感动自己，并不会对这段感情有任何的帮助，所以在感情中要认清自己的需求。其实，不是只有自己在乎物质因素，男友肯定也是在乎的，他可能也在为家庭条件而自卑，不然他怎么会隐瞒家庭的真实经济情况？所以说在乎经济、在乎物质，这是没有关系的，最主要的是勇敢承认，作出对自己和彼此最好的选择，并将伤害降低到最低程度。

我没有对她进行道德评判和价值干预，而是引导她看到自我需要和深层原因。此外，我们可以看到，来访者也有一个深层的痛苦，两年的感情就被这小小的物质打败了，这甚至让她怀疑自己对男友到底有多少爱？自己到底有多少良心？她对自己也有着深深的失望和鄙夷。她也希望自己能彻底地不在乎，能赴汤蹈火，能奋不顾身，那样理想的爱不是最令人神往的吗？但她在现实面前却无比清醒，清醒到想要放弃爱情。如果有一份爱能超越物质，超越世俗，着实难能可贵，可我们终究是凡尘俗子，接纳人性的弱点也是我们要去学会的。

恋爱的过程是一个自我认识的过程，看到一个未知的自己，可能是更惊喜的发现，也可能是略有失望的情形：原来自己也有私心，原来自己也有顾虑，原来自己是这样一个人。当我们每一次去经历，去体验，也能看见和拥抱一个全新的自己。自我越觉知、越清晰，也可能会有更成功的下一段恋情！

女孩怎么都这么物质？

"现在的女孩怎么都这么物质啊？我哥们的女朋友总是让他给她买这买那，他兼职的钱都给她花完了。还有好多女生都是这样，这么拜金，搞得我都不敢谈恋爱了。有没有不物质的女孩啊？我想找那样的女生！"

单纯善良的女孩是很多男生追求的对象，他们认为这样的女孩是勤俭朴素的，女孩一旦追求物质就不算为单纯善良。所以，追求物质的女孩让很多男生反感和害怕。他们在怕什么？对，怕女生花钱！花他的钱！抱有"女生皆物质"的男生一方面可能存在对自己的家庭经济情况不满意，另一方面可能是对自己的赚钱养家能力不自信，还有可能是自己对物质有欲望，却不敢表达，于是把欲望投射到女生身上，把责任推到女生身上。

当然社会上存在这样的女生，可能还不少，当男生看到一些案例的时候就自然而然发出这样的感叹。女生对于物质的看重其实是有理论根据的，从进化心理学来说，女性选择配偶的宗旨是偏好那些能够为他们的后代提供物质基础的男性，这样才能保证她的孩子在一个良好的环境中成长。一般而言，女孩子将会为家庭做更多的牺牲，女性结婚生子某种程度上会影响个人的升迁和发展，而且也会在抚育孩子、照顾家庭上付出更多的心血。那么，男性用经济作为一定的补偿，这是再正常不过的事，何况他们补偿的不仅是爱人，更是自己的家庭和后代。

这样说并不是为物质女孩做说辞，视钱如命当然是有问题的，但只要不是内心极度匮乏以至于一心掉在钱眼里，咱们是没理由去抨击的，正当的物质追求是正常的。

我们再来说说他所提到的那种不物质的女孩。我遇到过他所说那种女孩，她们宣扬的是："我和他在一起，我什么都不想要，我不介意他没有钱，我也不介意他混得不好，我都不在乎，我只要能够和他在一起，在一起就好了。"遇到这样的女孩，你可能会感叹：这才是真爱啊，不为名不为利、唯有深情厚谊，这样的女孩真是越来越少了，人人求之不得。

这样的女孩她什么都不想要，那么她到底要什么呢？她跟着我受苦受累是为了什么呢？

"我只希望他对我好。"

她还是有想要的东西！她要爱！

爱是精神属性，追求爱的人是一个有精神追求的人，期待以爱换爱，或者以爱索爱，需要好多好多的爱去修补情感的空缺。当女孩抛弃一切、孤注一掷要和你在一起，她用所有的筹码换取你的爱，当你给不了她足够的爱时，她可能会陷入悲愤并对你和这段关系充满各种不满。

到时候你也很憋屈，发出男生常见的感慨：你这也不要，那也不要，你到底要什么？到底要怎样你才满意？

可是爱这个东西也是虚无缥缈的，你无法给爱定性定量，多少才算是足够的爱呢？她所说的一点点，那么这一点点真的可以满足了吗？你真的给得起、给得足、给得对吗？

除了爱，还有其他精神层面的东西，你能给得了吗？你能理解她吗？你们在精神属性上"门当户对"吗？你们能产生精神共鸣吗？她需要你与她一起进行情感交流，一起开展思想交锋，一起品评诗词歌赋，一起欣赏高山流水，一起琴瑟和鸣，一起心灵成长，你做得到吗？你跟得上吗？

这么说，你是不是又怕了？还不如找一个物质女孩？其实，找什么样的人，关键看你俩是否合适，是否能够在物质或精神方面匹配。如果一个女孩实实在在地告诉你她要丰厚的物质或者要好看的皮囊，那么也是很好应对的，能够满足就在一起，不能满足就分开。当她说"我什么都不想要"时，那你就该警惕了，她不是什么都不要，她要得更高级。她很有可能是那种对物质要求不高，对精神要求却极高的人。你要有足够丰盈的灵魂，才能成为她的精神伴侣。如果你是个精神贫瘠的人，趁早离开。

当然不是说女生不是要物质就是要精神，一定要给点什么。我只是说爱情是一个互惠的过程，对方不会主动要什么，而是你能提供给对方什么。如果你只是期待获利，却什么也给不了，还抱怨女生要的太多，那就该调整自己了。

男生该有更广阔的胸襟和更高远的志向，能够为自己心爱的女生挣下一片天地。赚钱能力也是当今社会个人能力的一种重要体现，经济实力也是个人实力的重要衡量标准。有金钱的欲望不可耻，明确知晓自己的需要，堂堂正正大大方方地追求物质利益，也是励志的标杆。

男生更需要丰富自己的精神世界，精神上的匹配才是愉悦生活的基石，精神不匹配比经济实力不足更有杀伤力。做一个有趣的灵魂，"做一个脱离了低级趣味的人"，才是一个最有吸引力和竞争力的男孩。在这样的男孩面前，再物质的女孩都会青睐吧！

女朋友总是挑三拣四

"这个学期我谈了一个女朋友，开始在一起的时候大家都很开心，很聊得来。但是慢慢地我发现她特别的挑剔，动不动说我这里不好那里不好。她说多了，我就很烦。我很喜欢她的，但她总是这样，我都想分手了。"

"她经常因为什么事情说你呢？"我问。

"我是比较随性的人，平时没那么讲究，比如我吃完饭没有用纸巾擦嘴，她就会说我。我吃了苹果，顺手把核扔到草坪里，也被说。"来访者回答。

"看来她很注意细节，经常因为生活琐事说你。"我总结。

"对对对，就是很小的事情啊，根本不值得一说。"

"她会怎么说你呢？"

"就说我不讲卫生啊，不爱干净啊。要么就是不讲文明啊，一点素质都没有之类的。"

生活细节总是被说而且用没素质之类的话来说确实是让人很难受的，就像生活在聚光灯下，一举一动受到监视。女朋友就像一个外化的超我，一个铁面无私的法官，时刻在执行着道德评判的任务，用一套行为标准对他进行要求和批判，提醒自己这不行那不行。被超我所控制的人很压抑的，态度严苛刻板，言行小心翼翼，本我受到压制，自我受到约束，缺乏做自己的乐趣和愉悦。可想而知，他会想要结束这段不舒服的关系。

那他怎么就和女友发展出这样的关系呢？他以前有过类似的恋爱经历吗？

"这是我第一次谈恋爱，一开始也挺融洽的，彼此都很喜欢，慢慢地就感觉她不喜欢我了，很挑剔我。难道这就是恋爱的样子吗？我想不通。"

"那还有其他人这样挑剔过你吗？"

"其他人？那就是我妈了，她就是经常这样数落我，说我这也做不好，那也做不好，反正总是不能如她的意，我特别烦她，也特别想逃离她，但就是想逃逃不了，敢怒不敢言。"

"你有没有觉得你和你女友的状态很像你和你妈妈的情况？"

"好像就是这样！"

来访者有一个经常数落自己的妈，面对妈妈的言语责骂，他不敢反抗，以至于积压了诸多的负面情绪，愤怒、委屈、不甘等等。来访者这是对女友发生了移情，是将自己过去对生活中某些重要人物的情感投射到其他人身上的过程。来访者将对妈妈的负性情绪转移到女友身上，十分反感，很想远离。

"她这样说你是怎么反应的呢？"

"我就随便反驳了几句，也不敢多说什么，毕竟是自己没做好。谁让人家是城里人呢？"

原来是这样，"城里人"三字透露出来访者内心隐蔽的感受，他因自己的农村出身而自卑，骨子里觉得配不上女友。一旦对方指出自己没做好的地方，他的愤怒和羞愧情绪就"蹭蹭蹭"往上冒，认为是女友在嫌弃自己。也许女友只是针对事情本身，觉得这样做不好，但是来访者无法理性看待，坚持认为女友就是瞧不起自己，认为自己是"乡巴佬"。

即使没有"城里人"这个原因，来访者也很容易把女友的行为看成是在指责自己，有了这一茬，他更加会这样归因了。而他找到一个"城里人"的女友也是有注定的成分，他需要一个人来玩这种投射性认同的游戏。这是一种诱导他人以一种限定的方式来作出反应的行为模式。它源于一个人的内部关系模式（即个体早年与重要抚养人之间的互动模式），并将之置于现实的人际关系中。他的内心有一个经常犯错备受指责的小孩和一个无比正确指责别人的父母。

这种内在的人际关系模式通常会在亲密关系中重现，于是他在与女友的相处中就会体现出来，将苛责的父母投射给女友，而将犯错的小孩留给自己。而女友"城里人"和自己"农村人"的身份是最适合进行这种投射认同游戏的。女友很容易被诱导出挑剔的态度和言行，甚至可能的是女友也有同样的内在关系模式，女友的内心也有一个挑剔的父母和受挑剔的小孩，或者是一个权威的父母和一个自卑的小孩，他俩彼此投射、互相诱导，共演了一支投射性认同的插曲。

来访者特别想摆脱妈妈这样的人，可是偏偏还找到一个这样的女友。这就是内在关系模式始终在蠢蠢欲动，在寻找能够重现的情景。哪怕他找到的不是一个"城里人"女友，他们之间的投射性认同还是可能发生，只是可能不会那么快速的表现出来，而是在彼此的交往中逐步诱导、缓慢呈现。越是身份悬殊，越是容易和快速地映射出不对等的关系模式。

结束和女友的交往不是最好的办法，如果模式不转变，他仍然会和其他人共演这样的游戏。只有改变模式才可能改变命运，那么作为女性咨询师的我正可以利用自己的特点帮助来访者。

咨访关系就是一种特殊的亲密关系，随着咨询的进程，来访者也很可能会把这样的内在关系模式投射给我。那么我就不能像他的妈妈和女友一样，继续去挑剔和责备他，而是做一个理想的好妈妈，让他重新回炉，无条件的积极接纳他，允许他的不拘小节、允许他的粗心大意，这样才可能重塑他内在的关系模式：包容的母亲和自在的小孩关系。这需要一个较长时间的疗愈，需要咨询师长时间的陪伴，才能达到内化的效果。

我已经做好准备，亲爱的来访者，你准备好了吗？

我是"妈宝男"吗？

"我身边经常有很多人喜欢我，向我示好，有些女孩我也会心动，但是却不敢谈恋爱。最近谈了一个女朋友，是我初中同学，她主动追求的我，我也很喜欢她，感情基础比较好就在一起了。可我也第一次谈恋爱，不知道要做些什么，好像总是惹她生气。和她相处的时候总是容易紧张，有时候也会担心没有话说。有一次放假，女朋友想叫我一起出去玩，我脱口而出说'不去了，要回家看我妈'，她就生气了，说我是个'妈宝男'，我怎么哄都哄不听。我有点郁闷，怎么谈恋爱这么麻烦的，早知道就该听我妈的不要谈恋爱。"

"妈宝男"是指什么都听妈妈的、什么都认为妈妈是对的、什么都以妈妈为中心的男孩。"女朋友认为你是'妈宝男'，你觉得是吗？"我开门见山。

来访者摇了摇头，他表示并不清楚"妈宝男"是什么意思，也不知道女友为何这么说他。

"那么你和你妈妈的关系如何？"

来访者回答："我和我妈妈是无话不谈的，她虽然有些强势，但是对我很好，我们关系也很好。我爸爸经常在外面工作，他每个月回来一次，

154

他刚回的那几天,我就不敢和他说话,慢慢地就没话说了。"

看来女友的直觉很准,且不说他是否为"妈宝",但无疑和妈妈关系更为紧密。除了与妈妈关系好,他是否还存在缺乏主见的表现呢?这一点也在进一步交谈与探讨中得到确认。来访者虽然看上去高大,但其实很多事情没有主见,在家听从妈妈指示,恋爱听从女友指示,有时候在外过得不顺也会回头找妈妈商量和请教,看上去很有"妈宝"的特质。女友也不是第一次听到他提到妈妈了,事实上,在他俩的交往中,"妈妈"是他口中的高频词。

从外表来看,来访者也确实阳光帅气,说起话来笑容可掬,就像个温暖的邻家男孩,可想而知是很受女生欢迎的,肯定也受长辈欢迎。这样讨巧的性格肯定和家庭的教养分不开。来访者自幼在妈妈的关爱与管束下长大,与妈妈关系亲密。他在内心和妈妈是没有分离的,情感还在妈妈那边,没有过叛逆,没有过独立。在外遇到任何不愉快就会想要回到家的港湾、回到妈妈的"怀抱"。在妈妈那才感觉安心,即使吵架,也觉着舒适。

对于交女朋友,他还很腼腆,不好意思表达。按照妈妈的教导,他目前是求学阶段,要以学业为重,不要谈恋爱。于是来访者不敢谈恋爱,潜意识中认为交女友是对妈妈的背叛。他想维持对妈妈的忠诚,所以错过了一段又一段感情,直到这一段唯一的一次恋情,而且也不敢将此事告诉妈妈。妈妈在他心中已经成为一种神圣的符号,哪怕妈妈不在身边,看不到摸不着监控不了,他也不敢做妈妈不允许他做的事情,哪怕做了也会忐忑不安,最后把事情搞砸,就像他不敢谈恋爱,谈了也恋不好、爱不长。唯有如此,他才感觉到内心的清白与踏实。

妈妈那头,也有意无意地强化了来访者这种"恋母"的模式,父亲常年缺失,妈妈的情感无处投注。他就像一个代理父亲顶替了这个家中缺席的丈夫角色,妈妈也会将情感寄托在他身上,互相依恋。

妈妈的强势也让来访者在女性面前会有些弱势,即使是对方先追求的自己,但处着处着那种在女性面前乖巧顺从的模式就出来了。他对女性有一种天然的敬重感，他害怕女友不开心，就像害怕妈妈不开心一般，于是降低自己的姿态去哄对方开心。

"妈宝"的背后其实是害怕对不起妈妈，害怕脱离妈妈，于是放弃自我的主见，拒绝发展自我的能力，把自己变得顺从、听话、无能——这个无能不是真正意义上的无能，而是妈妈的需要，唯有孩子无能，才会永远需要妈妈。于是他在妈妈面前就莫名变得笨拙和幼稚，明明自己平时都懂的东西就是说不上来、使不上劲。当自己维持"天然呆"的样子就可以顺理成章地依赖妈妈，最终满足妈妈不愿放手的欲求。

来访者的生活已经受到"妈宝"模式的严重影响，是时候调整了。其实来访者内心是想和妈妈分离的，从他终于迈出谈恋爱的第一步开始，他就已经准备将情感从妈妈那儿转移到同龄异性身上。亲子分离，这是成长的课题；与妈妈分离，这是成长的必然。也许远离妈妈、违背妈妈的意愿确实会让自己内疚，但这却是成长的代价。同时，妈妈也需要承受孩子远离的失落感，这一部分是属于妈妈的课题，而不能由来访者来负责。

事实上，来访者是有能力经营好恋情的，只是他与妈妈过度的黏连挫败了自我的能力。他有着交往的基本品质，善良友好、热情真诚。从他与母亲的人际模式中也能看出，他对异性有基本的信任感，愿意在亲密关系中付出，能够处理好与异性的关系。只要摆脱了对妈妈的依附和愧疚，他能够把屏蔽掉的能力拿回来，较好地应对恋爱。虽然会有挫折，但他也会在波折中前进，学会如何恋爱，如何交往，如何独立！

我的女友是抑郁症

"我女朋友是抑郁症，我也不知道抑郁症到底是个什么情况，就是她经常就会突然不理人，一言不发、默默哭泣，问她就说自己活得没意思啥的。可是她以前很开朗，很会照顾人的啊，她这样的人怎么是抑郁症呢？总是不理人我要怎么与她相处呢？怎样才能让她快点好起来呢？"

当今社会，抑郁症患者越来越多，在大学生中也常见，难免会找到一个抑郁症的对象。很可喜的现象是，我们的同学对精神疾病存在一定的包容度，并没有因为伴侣是抑郁症或其他心理疾病而排斥对方，反倒希望去帮助和陪伴对方。咨询室中，也有一些来访者不是为自己而来，而是为了帮助恋人、更好地与恋人相处而来。

这位来访者正是如此。他很想帮助女友，希望她康复，更希望与之愉快的相处。我对这类来访者当然是肃然起敬，他们对恋人有一份真挚的爱，希望用爱治愈对方。但从他的言语中，他并不了解抑郁症，他不明白抑郁症的她怎么会对别人那么好，他也不了解抑郁症患者需要怎样的帮助。

来访者不明白一个开朗的人怎么会是抑郁症，我向他解释道：可能最开始他就是被女友的善解人意、照顾周到所吸引，很享受女友带给自己的关爱，却不知，这种体贴入微和无私付出很有可能就是讨好型人格的表现。而这种讨好也是建立在忽略自我感受和压抑自我的基础上的，把微笑赠与别人，把悲伤留给自己，长期的压抑容易让自己失去生命的热情和兴趣，慢慢地会感觉活得很累和没意思，也就是抑郁症的开始。而女友之所以以一个"付出"的姿态出现，也是自发地想要融入和稳固一段关系，但是持续到一定程度她的内在能量就倒空了，就再也输出不了热量了。突然的不说话不理会是对自我的保护，是再也"动不了""付出不了"了。

如果来访者只是贪恋女友对自己的付出和讨好，期冀她恢复后继续输出爱与暖，那么这不是爱而是索取。如果不能意识到这一点，那么对女友的帮助可能就是无效的甚至是一种剥夺。当然这不是来访者的意图，而是抑郁症女友的惯有模式。只要她有一点气力在，她就始终走在一条无止境的付出轨道上。那么这段关系不是她的疗愈，而是走向更痛苦的深渊。

来访者要和抑郁症的女友在一起，就要做好心理准备——清楚即将面临的困难和曲折，准备长时间陪伴、包容和接纳，允许女友的冷漠孤僻、不理会不付出，允许女友情绪低落、意志消沉，精神崩溃，允许女友的症状循环往复、时好时坏，允许她待在自己的世界里，关心却不催促，陪护却不侵扰。

听我说完这些，来访者仿佛被打了鸡血，立马信誓旦旦地说："老师，我知道怎么办了，我一定会好好爱她、保护她！我一定不会让她受苦的！我一定会帮她治好！"来访者的这份激情让我担忧，他过于乐观估计，以为通过个人努力和主观愿望就能让恋人快速好起来。

来访者迅速膨胀的自信心反映出一定的自恋心理，通过拯救对方显示自我的强大，满足自己的拯救欲、英雄梦。就像一些女孩有圣母情结，始终沉溺在一段拖累性的关系中，一心想要改造男孩，希望男友在自己爱的感化下浪子回头；有些男生也有这样的救世主情结，希望用自己的爱温暖和疗愈脆弱的心灵。也许他曾经有一段痛苦与绝望的经历，当时孤苦无依，后来看到别人受苦就很想伸出援手，就像拯救曾经无助的自己。

其实，抑郁症不是我们所想的开导几句、陪伴几下就能缓解甚至根除的，它需要系统和规范的治疗。抑郁症的康复不是以日以月甚至以年来计的，可能有些人一辈子都与之相随。没有对抑郁症的敬畏和了解，我们很难知晓自己即将面临的是什么。不是一时脑热，而是切实的承诺和弥久的坚持。我们的态度不是为了消灭抑郁，而是哪怕对方一辈子抑郁，我也愿意与之相伴一生。来访者可以问一下自己：假设女友一辈子都是抑郁症，你能接受吗？如果她永远都好不了，你能接受吗？如果答案是肯定的，那么我相信，此时此刻你是考虑好了。

然而就算心思已备，未来也会有面临各种难题，那些困难和冲突也可能会一次又一次地击碎自己的信心和毅力。我们不是伴侣的心理咨询师或者治疗师，治疗师也只能在每周 1—2 次的见面中给她无条件的接纳，而我们却要 24 小时轮轴转，年复一年日复一日给她无条件的关注，谁能长期如此呢？久而久之，我们终会倦怠和无力。所以，我们需要借助外在的资源，比如精神科医生，比如专业医院。我们对她最好的帮助就是带她去看心理医生，叮嘱她定期复诊和吃药，坚定地陪在她身边，一起走过最艰难的治疗阶段。陪伴是最长情的告白，我们能够给她的最好礼物就是陪伴，不抱怨、不劝慰、不建议，也许经过持续的温暖的陪伴，她会慢慢地走出来。

此外，你也不能一味地照顾她和迁就她，将无助感投射给她，让她始终觉得自己是个病人，永远在拖累你。要让她觉得她给你带来了幸福和甜蜜，这是任何人都带来不了的，抑郁症患者通常看不见自己的价值，我们就要强化她的这部分，让她看到她之于你生命的意义。我相信，你不用刻意挖掘意义，你愿意和她在一起，她也肯定给过你诸多的温暖和慰藉。把这份感激回馈给她，这即是对她的肯定，也是为你们的爱情保鲜。

是不是挺不容易的？没关系，如果最终她还是不能好转，那也不是你的错。成长是她自己的责任，不能完全由你来代劳和担负。哪怕最终还是因受不了而分开，你也不用自责。毕竟我们也只是个凡人，也需要考虑自己，没有义务做她的咨询师或治疗师。我们来过她的生命，给过她温暖，对于她来说也是一份宝贵的治愈力量。人虽远，爱仍在。

我们还能复合吗？

"我很想挽回她，但是她不给我机会。我发信息求她复合，但是她不回复；我找她出来谈，还没有靠近她，她就说'还来找我做什么，我们已经结束了'，给我浇了一身冷水，我一肚子的话都被她怼了回去。我现在不知道怎么办了，难道真的就这样结束了吗？"

失恋，可能是每个人都会经历之事，却也是难以承受之痛。分手一个月以来，来访者悲痛欲绝，完全没有办法走出失恋之伤。

接下来，我细细地聆听了来访者的恋爱故事。是女生追求的自己，两人交往了大半年，女友对自己很好，他也很享受和她在一起的时光。但突然有一段时间，女友没有怎么联系自己，他就觉得有些纳闷，便主动询问对方，女友这才告知他说是家里发生了些事情，心情很糟糕。来访者听后就回应了一句"那你好好休息吧"。他原意是不想打扰女友，但女友在最脆弱的时候没有得到呵护和陪伴，于是很失望，然后提出了分手。他挽留了一下，但女友很坚持，他就没有再说什么，一开始没觉得有什么，可随着时间推移，他就越发感觉舍不得，特别留恋当时在一起的时光。于是有了两次的挽回行动，却没能成功挽回。

来访者在感情中是一个被动的人，开始也是女生提出在一起，结束也

161

是女生提出分手。态度上虽相对被动，但并不是消极应对，他投入，也珍惜。他只是不知道怎么做，为了能更好地满足女友需要，不惹女生生气，他始终跟着对方转，顺着对方。然而这样的被动也让女方感到失望，看不到他主动的关怀。特别是在女友最脆弱的时候他表现平淡，于是让对方萌生了结束的念头。来访者很容易根据女友的反应而反应，女友情绪高涨，他也相对热情。女友情绪低落，他也相对冷淡。当女友为家庭变故而伤痛时，他其实是不知所措的，虽然内心着急和担心，但表现得很平静甚至疏离。这让女生感受不到温暖和关怀，自然萌生出失望和伤心，甚至觉得有他没他无所谓，不如一切靠自己。

来访者表示，如果有机会的话，他希望改变自己的风格，变得更加积极主动，但是很可惜他已经没有这样的机会。因为他已经亲手把这段感情给毁灭了，女友也不想再给他任何机会。女友拒绝的态度让他整个人都凝固了，根本不知道还能采取怎样的举动。可如果他想要改变自己的态度，变得更加积极和主动，不是从跟她复合的那一刻才开始，而是从当下重新追求开始就需要更加坚持和坚定。不顾及对方的目光和态度，而是坚定地表达出自己的爱意和渴望。不管对方是什么态度，自己是不能退缩的，不能看菜下饭，不能因为对方不情愿或者不开心而束缚了自己的手脚。

当然我们需要评估女友的冷漠是铁了心要结束，还是一种伪装。从两人发展历程来看，女友对他是有深情的，也就是说他仍然有机会复合成功。但是女友此时是一个很受伤的一个状态，假若简单一句"我们复合吧"，她就能轻轻松松答应，那么她当时的失望可能还并不算深。失望越大，重建希望的时间也会越长。女友通过这样的方式来考验他，希望看到一个不同的他。来访者不能等到在一起之后才变得不同，而是此时此刻就需要呈现不一样的自己，坚定的态度、热情的表现，才可能通过这个考验。很遗憾，如果来访者继续被女生的冷淡所吓倒，那么他将是无法通过考验的。

来访者需要换位思考，正如来访者需要女友的热情一样，女友也渴望需要一个热情的他，也希望他能用火热的温暖热情去打动自己，而不是始终她一头热地追着你跑。

女友为什么会如此面无表情，完全像变了一个人？其实，她有多大的冷漠，就说明她曾经受到了多大的伤害或者失望。并不是家庭变故这一件事让女友失望，这只是彻底死心的一个诱发事件，其实早在很多事情上，来访者都是一个享受的角色，而非付出的角色。也就是说，女友曾经放低过那么多的姿态来取悦他，那么来访者也同样需要放下自己的姿态和尊严去挽回她。

来访者只是吃了两次闭门羹而已，而女友为维护两人的感情作出过无数次的努力。凭什么要求两次求和与两次主动，就迫使女生回心转意？最重要的是，要搞清楚自己留恋的是这个人，还是她对自己好。如果是后者，如果你的挽回只是希望恢复她曾经对你的温柔体贴和热情洋溢，那么请趁早了结。如果你真正是珍惜眼前这个好女孩，那就勇往直前吧，哪怕会失了很多颜面。

只有我们在这个过程中有一个极好的表现，让对方能够看到一个不一样的自己，看到你的坚定，那么她的退缩、她的犹豫、她的失望才会重新点燃、重新启动，否则，她将看不到未来，无法重拾信心重新开始。她此时也处于一个很犹豫和矛盾的状态，她也希望有一个更坚定的力量拉自己一把，而不是始终由她那一方来稳定这份感情。当然并不是要无止境地去追求、去祈和、去讨好，起码给自己一个期限，让自己奋力一搏，让彼此不留遗憾。曾经，因为她的坚定你俩走到了一起，如今，轮到你了！

爱情让我失望

"这已经不是男友第一次劈腿了，我很爱他，每次为他找理由，觉得他不过玩玩而已，总会清醒过来，所以我每次都原谅了他。他每次都痛心疾首，发誓要痛改前非，但最后还是再犯。我这回是彻底死心了，提出了分手。我好失败，每次感情就搞成这样。对方总是有这样那样让人无法接受的毛病，这次更是升级了！一开始以为他什么都好，哪知道却给我致命一击！"

"你对他还有感情吗？"我问道。

"一开始感情还是很深的，后来就慢慢地磨灭了，现在有的只是深深的失望。总想找个理想的对象，怎么这么难？"来访者的言语中透露出淡淡的忧伤。

看来，来访者并不是为失恋之痛而来，而是为失败之伤而来。那种痛苦她早就已经经历过了，在第一次男友背叛的时候她已尝到那种钻心之痛。被伤害的难过，被欺骗的愤怒，都让她无法自持。而几次三番后，她已经变得麻木。男友已经数次让她失望，她也已选择结束，可是这心里面还是空落落的，这其实是一种巨大的失落感、挫败感和自责感。她痛恨自己怎么找到一个这样的人？她质问自己怎么看上一个这样的人？他的那些龌龊行径和虚伪嘴脸都让自己觉得无比失望和鄙夷，她恨自己没有早一点和他结束。

来访者不仅对男友还对爱情持有一种深深的绝望，仿佛理想破灭的感觉。因为我们每个人都希望有一个理想化的伴侣，可以把自己内心的对于完美和完满的追求投注在这个人身上。可是你会发现这个世界上并没有这样一个人，给自己带来的只是巨大的失望和伤痛。

能有一个人能够承接住我们理想化的投射是一件非常幸运的事情，这让我们感觉到这个世界有完美的存在。爱情就是心灵的投射，在热恋期我们把对方想象得无比美好，但是待这个热度一过，我们很有可能会看到更多对方的真实，更多让自己失望的地方。

我们不仅仅是对这个人存在失望，还有对这个世界的失望。在这个世界找不到可以让自己去积极投射的对象，这是非常无奈和绝望的事情。如果有一个足够好的人能够让自己去追求去爱慕去崇拜，哪怕当这个人存在弱点，我们理想破灭的时候，他依然足够好、依然有令人欣赏和钦佩的品质，会让人义无反顾、不顾一切、奋不顾身，能够遇到这样的爱真是无比的幸运。但是你会发现世界上根本就没有这样一个人，那将是多大的遗憾。

我们在爱情中寻找理想化客体，就如幼时构建理想化父母。对于婴儿来说，他们无比柔弱和脆弱，必须要把父母理想化，将"绝对的完美和强大的力量"注入到父母身上，才能维持最初的完美感和全能感。具体来说，婴儿都会在心里理想化自己的父母，认为他们很伟大，仿佛无所不能，帮自己撑起一片天。同时，孩子把自己幻想为父母的一部分。既然父亲是好的，那么自己也是好的，不断地将他们身上理想的品质内化为自体的一部分。

然而父母终究是平凡的，迟早会暴露自己的局限和弱点，父母也不可能永远放射出智慧与力量的神光，孩子总会发现原来我的父母也有办不到的事。这种挫败如果不是太严重，反而可以促进发展自我功能。孩子会收回对父母的期待而主动承担自己的责任，努力去自我成长和自我超越。孩子终究不是与理想化父母共生而是要与真实的世界相处。父母的不理想，正为孩子构建了一个不完美世界的雏形。当父母给予孩子的是"恰到好处的挫折"，而不是颠覆性的挫败，那么孩子是可以一步步消化这种失望感并重新认识和接纳父母。在这种情况下，孩子能够看见父母的缺憾，也能看见父母的好处，不会因为对父母极度失望而放弃他们，可以继续认同和敬重父母。但如果父母很难被积极投射或者很难继续被理想化，孩子受到的是压倒性的挫败，那么其自体将面临崩溃与瓦解的危险。

爱情的投射有些类似于孩子的理想化投射，一般来说，我们终将收回对伴侣的积极投射并回归到现实中与这个失望之处相处。这个过程如果顺利，感情就发展到新的层次，成为联结更加亲密的彼此。但如果熬不过理想化的破灭，那么感情也将破裂。而在来访者这，男友背叛，这就不是个人投射的小挫败，而是倾覆性的失望，理想化投射被迫全部撤退、迅速撤回，感觉世界都坍塌了，三观都跌破了，给自己造成无法承受的伤害。这大概是爱情中最不堪忍受之伤。

既然这段感情破裂，那么，来访者还要继续在下一段感情中继续这样的投射游戏吗？像一个婴儿一样坚持认为在某个地方，有那样理想的对象和完满的爱情？是什么样的人一直需要一个理想自我的投射，需要一个理想的化身？是不是正是因为她认定自身是有缺憾的，所以才需要依附于一个理想化的他者才会觉得完整无缺。也许这次颠覆是一件好事，让我们不再用执着于理想的化身，就能把更多的精力投注在自己身上。

爱情的目的不是追求理想化，而是追求自性化。自性化是荣格提出的概念，指的是个体在成长的过程，通过整合意识与无意识，成为一个完整的人。热恋中，我们会将自己的灵魂（阿尼玛）和精神（阿尼姆斯）投射出去，把异性的理想意象都投射到对方身上；恋爱受挫时（不一定是分手），我们又会将这种投射重新收回。这个时期给了我们重新规整自我人格的机会，将理想的意象、丰盛的资源、积极的潜能在内部发生整合，完善自我的各个部分，最终达成自我实现。

家庭疗愈篇

　　原生家庭是我们温暖的港湾，也可能是我们的痛苦根源。不管离多远，它都在牵动着我们的神经、影响着我们的生活。学会与原生家庭分离与和解，是自我疗愈的重要一步。

姐姐总是不理人

姐姐以前经常都会给我打电话，可现在，我们能说的话寥寥无几。我主动找她聊天她都不会搭理我，主动把话题抛给她，她也不接，好不容易回句话就把我怼得很难受。每天就只一个人闷闷地玩手机，她是有心理问题吗？我真的很担心她，可我又不知道该怎么做？

来访者不能理解姐姐突然的转变，担心姐姐出了心理问题，很想帮助姐姐，希望姐姐开心。她对姐姐的那一份关心和用心，令人感动。此外，她还想求助的内容是能够很好与姐姐相处。来访者害怕这个突然变得沉默和冷漠的姐姐，没来由地冰冷态度让她受不了，于是她只能用"心理问题"合理化姐姐的行为。如果姐姐有心理问题，或许还好理解，不然难免心里失落，她希望能够回到曾经的美好和谐时光。

"你认为姐姐为什么会有这么大的变化呢？"我问。

"是工作压力大吗？"来访者自问自答："或许是吧。以前她刚工作的时候时常打电话给我问我够不够钱用，不够就问她给，还说等我放假了，带我去玩。可是后来慢慢地她也不给我打电话了，也不关心我的生活了，我想肯定是工作上遇到什么了吧。唉，我要怎么和她交流呢？"

"那你想过用什么方式吗？"

"我不知道，一直以来对她的依赖程度挺高的，觉得姐姐就应该对妹妹好，宠着妹妹，但我每天都以一个小孩的形象出现在她面前，她又会觉得我老是无理取闹，说到底，还是我太不成熟了，估计她觉得和我说话太无聊了吧。"

看得出来，来访者非常在乎姐姐，很希望她好，希望她融入到一家人的生活中来，可是她又很无力，无法左右她。越想亲近她，越会用小孩子打岔的姿态去吸引她的注意力，看似没心没肺，内心却充满渴望。就像孩子用捣蛋的方式想让爸妈多注意到她，多陪她玩一下一样。来访者其实已经在想办法走近姐姐、取悦姐姐，但越是幼稚的表现越是让姐姐远离。

姐姐在外打拼，一方面确实会更成熟，另一方面也确实存在诸多压力。回到家就无需注意自我形象，卸下面具与防备，想说话就说话，不想说话就不说话，想好好说话就好好说话，不想好好说话就不好好说话。这也是现代人的典型表现，只是这个人，在这个家，是来访者的姐姐。

"我知道"，来访者继续诉说："对于我姐姐而言，她上有一个哥在读研，下有一个小妹也在上大学，只有她一人出去打工，心里难免会有不平衡，有情绪也正常。我应该多体谅，可我还是希望她能够像以前一样一家人有说有笑、互相关爱。"

来访者的话让我向她的心更走近了一些，她的内心对辍学打工的姐姐是有愧疚感的，她并不是心安理得地享受姐姐打工给她换来的读书生活。姐姐的冷淡很容易让她理解为对自己有意见，所以她无比期望姐姐有一个良好的情绪状态。为自己，也为姐姐。

其实，来访者无需太过自责，姐姐辛苦打工的同时也获得了另一种人生。要相信姐姐是爱自己，也愿意为自己付出。而我们要学会的就是延迟满足，不急于报答。当我们学业有成，拥有了足够的实力，再行回报。相信到那时，姐姐也会无比欣慰。

另一方面，姐姐在家人面前的表现就是最轻松真实的状态，这正是姐姐对家人放心的表现。我们不用埋怨她爱答不理，我们也不期望她强颜欢笑。尊重她的状态就好，我们的包容和接纳就是对她最大的支持。

来访者对姐姐的了解还停留在过去，若想走近姐姐，那就需要重新去认识姐姐，听听姐姐的故事，探探姐姐的生活，看看姐姐的喜好，找找共同的话题。

同时，还可以试着用一个成人的姿态与她交流，也许她更可能回应。毕竟姐姐需要的不再是去照顾一个小孩子，而是有人真正和她在一个频道。如果让她一直觉得自己是幼稚的，那肯定是没法交流的。用一种真诚一致的方式与姐姐沟通，表达对姐姐的关心与担心，还有自己真实的渴望。也许姐姐一开始会抗拒，但坚持这样的表达，姐姐的内心会松动，会被拉回来。她能看到，妹妹真的长大了，既可以为她分忧，也可以与之并肩前行。

当然我们也不用一门心思放在姐姐身上，姐姐有她的想法，也有她的人生。虽然我们不能完全知道她身上发生了什么，但是可以相信姐姐她会照顾好自己，而我们负责照顾自己就好。天下的姐姐们也会希望我们"管好你自己吧"！

这样的来访者也有很多，他们总是为家人而来，也许是为姊妹，也许是为父母，也许是为祖辈。他们总是对家人怀有真挚的爱，这样的爱令人动容，也难免心酸。人与人之间，哪怕再相亲相爱，也需要保持边界。每个人都为自己的人生负责，也许就是对彼此最好的礼物！

我不想放假回家

"又要放假了，可我一点也不期待。我很害怕放假，不想回家，真巴不得永远不放假就好了，这样我就永远不用回那个家。可是不回吧又不知道还能去哪，我爸又要催我了，说我放假不着家！"

大学放假，很多同学都是归心似箭，为何来访者反倒不想回呢？她的家里发生什么了呢？原来来访者的爸妈在她小学时就离婚了，她一直跟着爸爸。本来爸爸对她还挺好的，但初中后爸爸再婚了，一切就变了。

"你是反对爸爸再婚，害怕继母夺去爸爸对你的爱吗？"我不禁问道。

"不不不，我不反对他再婚，"来访者立马否定："我只是不喜欢他和这个人结婚。这个女人特别的假，当面一套背后一套，当着我爸的面对我嘘寒问暖的，和我单独在一起的时候又是另一副嘴脸。我爸不在家，她连饭都不给我做，还叫我做给她吃，但她和我爸就说成是她做的！几次三番我就再也受不了了，去告诉我爸，想让他知道这个女人的嘴脸。我爸半信半疑就去和她理论，然后他俩又吵起来。最后我爸被她说服，又来教训我搬弄是非，然后我又和我爸吵！这样的生活大概过了大半年，之后，之后就不吵了。"

怎么突然就相安无事了？这其中发生了什么？

"有一次，我爸和我说：他夹在中间很为难，再不想听我向他挑拨离间。他希望我能和后妈好好相处，别给他添麻烦！"

爸爸竟然这么说?! 我无比震惊。

"可能我真不是个好女儿吧，给他添了这么多麻烦。"

"那你怎么说？"

来访者无奈地摇摇头："他都这么说了，我还能怎能说？为了让他俩关系好，这之后我再也没有和我爸提过任何一个字，哪怕再委屈都没再说过，不管是关于后妈的还是别的事情我都没再和他说。"

那一刻我不知道该说什么。一个孩子，为了父亲的幸福，牺牲了自我的话语权甚至是家庭的立足地！

当爸爸说出那番话，这个家已经不是她所留恋的那个家，甚至不是她的家，她深深地感受到一种被抛弃感。比起继母的"两面派"，父亲的话更让她寒心，仿佛自己是一个惹是生非的坏小孩，给他制造麻烦。她对父亲有怨气，可即使如此，她还是选择与继母和平相处，只为让父亲舒心和幸福。这表面太平的背后有多少自己的吞声忍气？此外，她不再用任何事件来"麻烦"爸爸，甚至在学校受到排挤、学业退步、情绪压抑，她都绝口不提，在爸爸面前维持一副万事大吉的样子。父亲原本是要成为孩子的靠山，给孩子依靠和支持，承担一个父亲的责任。然而，孩子一次次的对父亲有期待，期待他的理解与保护，却一次一次被辜负，一步一步走向失望。面对新家庭的矛盾，父亲应对能力有限，最终问题解决之道落在了孩子头上，孩子反倒像家长一样去体谅和保护家庭。在这个家，是孩子在为之负重前行，还爸爸一个岁月静好。哪怕是现在，爸爸都从未了解过孩子的想法，很可能还陶醉在一家人母慈女孝其乐融融的幻象中呢！

你永远不知道一个孩子愿意为自己的父母作出什么。很多家庭，孩子爱父母远远超越父母爱孩子。孟子曰："孩提之童，无不知爱其亲者。"电影《你好，李焕英》也形象地表达出天下的孩子都想让自己的父母过得好这样一份纯真的愿望。

这个父亲承受不了新建家庭的冲突，选择让孩子保持沉默，他的诉求情有可原。可他只是从自我的角度出发，忽视了孩子的感受。特别是爸爸的所作所为让孩子感觉到他不是一个可以求助的对象，以至于单亲的孩子无依无靠，独自一个人承受成长中的坎坷与伤痛。每次看到这种被原生家庭所伤的来访者，我就会生发出强烈的反移情，很想为孩子痛诉一下这些父母。但我知道如此不节制的表现对来访者并无帮助，只是在个人发泄罢了。

她需要被看见，看见她的委屈——不被爸爸理解的委屈；更要看到她的努力——为这个家所做的努力。她所说的不想回家源于一种深深的孤独感，而不是像爸爸抱怨的那样"放假不着家"。其实她很想回家，也很爱这个家，她只是找不到归属感，她也不想回去虚情假意地生活。而且从某种层面来讲，她仍然在委屈自己，主动退出，是想给爸爸他们两口子挪位子腾空间。

当来访者被看见，她流下了辛酸的泪水。她第一次知道：原来她为这个家做了这么多，原来她竟是一个这么好的孩子！

你就是这么好啊！可是，我还想说：孩子，你可以不用这么好，也可以不用做这么多，这本就不该是你所承担的。这本就是你的家，何曾你反倒成了一个外人？你有权利回家，也有权按照一个成人的方式去面对这个家庭。青春期的时候，我们只会用激烈的方式去维护主权，而今我们能更有力量和智慧地去捍卫自己！

"老师，我明白了，"来访者露出了轻松的笑容："这是我的家，其实没有那么可怕，我爸也欢迎我回去。我真心希望爸爸幸福，既然他们关系好，我也为他开心——我可以回家了！"

我也相信来访者能够安心回家了。当她被看见，成长中所有她的委屈也都化为对父亲的真心祝福，虽有不顺也都化为自我内在的力量！

没有人真心爱我

"我不想回家，那是我妈和继父、还有我弟他们三口之家，不是我的家。他们才是核心家庭，我在那里待不下去。我感觉这个世界好假，没有人真心爱我、真心对我好！那个家我是不想回去了，可是我现在还需要他们养着。如果我不能自食其力，那能怎么办呢？"

"你家里人，我是说，你妈还有你继父他们对你不好吗？"我不免心存疑惑。

"他们对我挺好的，可以说是百依百顺、备受宠爱。"

我很惊讶，竟然家里人疼爱自己，怎么又被她说成没人爱呢？

带着我的疑问，来访者讲述了自己的故事。大概在来访者三四岁的时候，父母就离婚了。爸爸想要儿子，但她是个女孩儿，于是就天天和妈妈闹，要把她送走。妈妈不让，爸爸便打妈妈，后来爸妈就离婚了。她无比痛恨自己的父亲，家暴、赌博、出轨等，五毒俱全。离婚后，妈妈为了打工养活她把她寄养在外婆家，直到在她七八岁的时候妈妈与继父再婚才把她接到身边。继父对自己特别好，简直宠上天。后来继父和妈妈有了两人的孩子，还是对她很好，从来不会打骂她，都是能满足就满足。用来访者的话说就是"我就算是要天上的星星，估计他都会帮我摘下来！"

来访者的成长经历令人心酸，有一个这么糟糕的生父，可谓特别的不幸。可是幸运的是她有一个疼爱自己的继父。继父对自己好，这不是好事吗？来访者怎么还不乐意呢？

来访者回答："我继父是因为爱我妈所以爱屋及乌。"

看来来访者不相信继父的真心。"是的，继父对我也就是表面工作罢了。"来访者继续说，"自从我弟弟出生，我就觉得，他们才是一家，我是个外人。他们可以想骂就骂、想说就说、想怎样就怎样，我不行，没有人说我，我也从未和他们置气和争吵。我很羡慕我弟弟，这才是正常一家人的样子。我这样才显得很刻意和虚假。"

不相信继父，那总要相信亲妈吧？"我妈对我好，是因为内疚。她那时候一个人在外面打工把我寄养在外婆那，但是外婆也有自己的孙子，哪里顾得上我？我就成了一个没人管没人要的留守儿童。"

妈妈对自己好不是再正常不过吗？为何是出于内疚呢？她又如何知道妈妈对自己的好是出于对自己疏于照顾的内疚呢？来访者回复："是她自己动不动就提到那些往事，总是说要弥补我。那不是明摆的吗？"

原来如此，来访者把父母对她的爱都看成是有原因的。继父爱她一半是假仁假义，一半是因为爱妈妈；妈妈爱她是因为内疚，小时候没照顾好她。就算妈妈没有表达出这份愧疚，她也依然会这样看待。她非常的理性，不愿意用情感去感受他人，不愿意用良善去看待他人。估计是早年的创伤让她开始封闭自己的内心，不再轻易流露情感。更可能是她害怕再次面对先被接纳、最后又被抛弃的局面。

我们可以发现，来访者对他人的信任感很低。埃里克森认为，个人一生中有八个发展任务，而第一个关键任务就是信任感与不信任感，信任感是在出生后的第一年形成的，当然不止于这一年，而是在人生发展中持续要完成的课题。要形成信任感的首要条件就是婴儿的基本需要会得到满足。在生命的最初，婴儿始终需要养育者的积极回应，给予他们满满的关爱和妥妥的照料。这个时候，婴儿开始形成关于自己和他人的信念，如果他们的需要都得到充分的满足，那么就会对父母对他人对世界形成基本的信任感。如果养育者对婴儿的信号少有回应或不被善待，那么他将无法形成安全的依恋和基本的信任感，以至于损害个体的社会知觉和情感能力。

在建立信任感的生命初期，来访者却遭遇父亲的恶劣对待和家庭的暴风骤雨。这给她造成了创伤。连亲生父亲、连最亲近的人都这样对待自己，那么这个世界还有谁可以信任？还有谁会真心对待自己？她还能相信谁？依靠谁？所以她的信任感没有得到很好的发展，以至于对他人的好都持着怀疑的态度。信任感不足的不是他人，而是自己。父母若是知道她如此曲解自己的心意想必会无比伤心，然而更不幸的是她将错过真心爱自己的人，会降低她内在的幸福感和安全感，无法与他人形成亲密而稳定的联结。

来访者不愿接受继父过分的疼爱，但假设继父对她也是任意批评、教训，她就真的喜欢吗？其实，她所排斥的不是继父的爱，而是自己继女的身份。她那份愤怒也不是指向继父，而是自己的亲生父亲。她也渴望能有一份收放自如的亲生关系，而不是过着寄人篱下的生活，就如小时候寄养在外婆家。继父其实深谙家庭中爱的序位，重组家庭就是应该把继子继女放在首位，然后才是亲儿亲女。这样才能给这个家带来爱的平衡和感动。

来访者说她羡慕弟弟，那么弟弟呢？他是不是也在羡慕来访者呢？羡慕她得到更多的宠爱。她回应说确实是这样。既然如此，可以试着体会爸妈的真心，勇敢地相信这个世界是有爱的。有人在真心实意地爱着自己，不管出于什么原因，爱就是爱，不是虚假与伪装。爱屋及乌也是爱，弥补也是爱，若不是爱，继父不会将自己排在首位，妈妈不会有补偿之心。勇敢地相信，还要坦然地接受，这就是你的家，不存在寄人篱下，不存在仰人鼻息。亲爱的姑娘，你就是受欢迎的，你就是值得的！

我从小就有各种毛病

"我从小身体就有各种毛病，不是这里过敏，就是那里发炎，从未间断过，搞得我现在总是很焦虑，总担心自己身体又要出状况。我要是咳嗽就会担心会不会是肺炎，我要是瘙痒就会担心会不会是皮肤病，我都要烦死了！"

来访者神色紧张，一副忧心忡忡的样子。很多人生病多了就会习以为常，再有什么问题都不至于过度焦虑，但是来访者却似乎没有习惯，神经过敏、忧思过度。现在不仅是身体本身存在困扰，害怕身体不舒服更成为他的焦虑之源，严重影响了他的生活，吃不好睡不好，每天都处于紧张不安中。

"你爸妈的身体如何呢？会出现这样的情况吗？"我想了解他是否存在遗传。

"我妈妈她也是一身的毛病，肩周炎、颈椎病、关节炎还有鼻炎、皮肤病，就和我一样。"

"像你一样"，我强调："那你妈妈会像你一样焦虑吗？"

"我妈倒是司空见惯了，佛系得很。但是我爸，他身体上倒是没啥毛病，但好像是一个焦虑体。听我妈说，我爸年轻时候也是时常失眠、焦虑、易怒，有点像我现在这样。"

"好像你们一家都小毛病不断啊！"

来访者不好意思地笑了。

来访者的情况很有意思，生理上的问题像妈妈，小毛病不断，心理上的情况却像爸爸，焦虑失眠，把爸妈的问题都延续下来了。不是父母像他一样，而是他像父母一般，如出一辙。这可不只是遗传这么简单，估计有深层的心理因素。

"你在学校会想家吗？"我问了一个跳跃性的问题，可是在我的内心是很连贯的，我有了一个假设需要求证。

"会啊，我每次来学校的时候总是不适应，问题也更严重些，总想回家。不管在学校遇到什么问题，一回到家就一点都不焦虑了，全好了。"

"所以你得的不是什么焦虑病，而是思乡病，看来你是想回家了。"我不禁总结分析道。

来访者眼睛放光："好像是啊，我记得我高中时候得了痤疮，我自己到处找医生，吃了许多药都不管用。我妈听了给我在当地找了一个医生，医生给她开了药，她让我按方抓药，我吃了当天就好了！"

我不禁惊叹："还真是思乡病呢，妈妈的话就是灵验！"

来访者听后就像一个孩子般单纯地笑了。他的行为也像一个学步的小宝宝，到外面玩一阵儿又回到妈妈身边依偎一会儿，待安全需要满足后又可以蹦蹦跳跳地去满足探索需要了，如此反复。

乍一听，我们可能会从厌学上去理解来访者，以为他是为了逃避学习而启用症状。但我们不能一概而论，本案例其实与厌学无关或关系尚浅。我在问那个"是否想家"问题时就已经有预想的答案，多年的咨询经验让我猜测来访者是不忍与父母分离的。回家是来访者的身体症状的解药，只要回家，症状就会缓解，其实就是离不开家，离开就容易出问题。症状是他的代言人，为他表达想家的念头，为他回家与父母待在一起提供了一个充分的理由。这是来访者与父母保持联结的一种方式。不管分开多远，症状总在呼唤自己回家，告诉自己"我是父母的孩子，我需要父母"。回家为情感充个电，又能继续安心地探索世界。

来访者已经成年，但内心与父母并未分离，不管有多大，还是和父母是同属命运共同体，从生理和心理上与父母保持一致、同病相怜。症状就像一根丝线，牵系着孩子对父母的忠诚、思念与依恋。这涉及成长的主题，来访者还没有完成分离个体化过程。

婴儿一开始的时候是和母亲处于共生阶段，待进入幼儿期，就逐步与扶养者走向分离，学着自主探索世界，这是他们走向独立和个体化的开始。如果家长这个时候还把他们绑在身边，孩子就失去了探索实践的机会，失去操控感、安稳感和愉悦感，长大后可能会有问题。来访者很可能在这一阶段没有完成分离个体化的任务，仍然存在与父母的共生情况。来访者从小身体就不好，一直需要家人的照顾，也许因此错过了独立成长的机会，过度依赖和信赖父母，无法与父母分离。

这样的大学生还有许多，有些学生第一年高考先背井离乡去了一个遥远的学校，又因为各种原因而休学、转学或退学，在校各种糟，在家无限好，其实都是没有在内心完成与父母的分离，舍不得或者不放心原生家庭，最终通过各种心理或生理问题名正言顺地回归。

来访者很信奉长辈的话，每次和长辈谈完都会感觉很有用，不管这个人是老师还是其他权威，而对于同辈或其他人却不是很相信，这也和来访者与父母关系良好有关系。这本身是个好事，是来访者将对父母的感情正向移情到其他长者身上。

既如此，咨询师可以运用这个便利推动来访者的改变。一方面利用咨询师的权威让他领悟他需要独立而尚未独立，另一方面要强化他身上独立的部分。虽然回家对他来说是最好的疗愈，但其实他每次都在主动寻找办法自我解决，虽然他总是会想家，但他也想在学校多坚持。他是有独立需要的，但要能够冲破对父母的依赖，承受自主蒙受的丧失，增强自我掌控感，用自己的独立之意志和顽强之力量赢得父母的信任和放手。

　　不管是前面的不想回家还是这篇总想回家，都反映出我们对家的深深眷恋。家在那，我们的根就在那，不管有多远，不管多少年，那都是我们的生命的源泉和永远的港湾！

我简直太不孝了

"我最近总是突然会出现恍惚和晕乎的状态，感觉就要昏倒一般，很虚弱很不真实。然后我就去看了医生，也没检查出什么。可是我还是不放心，担心自己的身体健康，我还很着急，本来就感觉学习紧张，现在就更加紧张了，身体这么差还怎么抓紧时间学习？"

"最近发生了什么吗？"我想了解他动不动发晕的原因。

"没发生什么啊？"他一脸茫然。

我还是不相信无缘无故的生理症状，于是让来访者继续自我探索。

"可能就是我神经比较紧张吧，总是会觉得自己没有珍惜时间，有课的时候还好，没有课的时候就会很慌，觉得浪费了时间。"

原来与精神紧张有关，来访者是一直都很焦虑，还是近期才如此呢？其实他以前并不这样，那是什么时候开始变成这样的呢？有什么诱发刺激吗？

来访者想不出来具体的刺激事件，可能就是这个学期一开始，突然发现自己一直以来比较荒废青春，觉得要抓紧时间了。

这个学期开始？那之前呢？暑假呢？

暑假？他突然一愣，似乎想到了什么。是什么事呢？他想起来，本来暑假他计划去旅游，但父亲在上个学期末的时候被查出重病，是癌症。计划被赶不上变化，父亲生病了，他们就只能待在家里。而自己在家也没有好好照顾父亲，主要的看护责任都落在妈妈肩上。在家待久了还烦躁的很，有时候还和妈妈发脾气。

"我真是太不孝了，我爸都这样了，我没有照顾他，还埋怨他打乱我的计划，还和我妈发脾气。到学校了，我的全部心思也都是在自己身上，很少给家里打电话，只关心自己的学习、自己的身体。老师不提醒，我竟然都忘了爸爸得癌症的事情！"说着说着，来访者强烈地自责起来。

父亲得了癌症，来访者的关注点却在自己身上，甚至都忘了这茬，这听上去的确很不合适啊！

但我不这样看。

"看上去你漠不关心爸爸，其实你心里是惦记着他的。"我这样告诉来访者，他疑惑地抬起头看着我。

其实，得知爸爸重病，他也是不知所措的，总希望做点什么却什么也做不了，只知道肯定不能在这个时候出去游玩。计划被打乱，他是有埋怨，但这背后却是不愿意接受父亲的病情，希望"父亲没有得病就好了"！到学校后，他突然就想抓紧时间学习了，其实是家庭的情况让他突然间长大了。他既不能帮爸爸治病助他康复，也不能帮妈妈赚钱供养家庭，他能想到的最好办法就是做好自己，过好自己的日子，珍惜时光、努力学习，不给家里添麻烦。所以他总是督促自己努力，而当自己无所事事的时候，就会特别容易焦虑。家里都这样了，自己不仅不能为家庭减轻负担，反倒连自己本职的那点学习都做不好，还要让家人操心，叫他如何不自责？学习是他最后能为这个家做的事，他真不希望自己是如此的不孝。所以说，虽然关注点不在爸爸身上，其实心思却全在他身上。

听我一番分析，来访者眼眶湿润了，他触摸到了自己的内心。这是一个略显任性的男孩对父亲对家庭纯粹而深厚的爱，无法言传，也不习惯言传，只是用另一种方式来表达。

一方面，他启动了否定的心理防御机制，在心里否认爸爸生病，仿佛不去接触和了解，爸爸就安然无恙一般。父亲癌症这么大的事怎么可能让他冷漠至此？离奇表现的背后自是有深深的掩饰。从他遗忘的程度便可知，他是多么不愿意面对父亲得病这一事实。他不相信父亲就这样病倒，在他心中，父亲还是那个健康挺拔的家庭顶梁柱！

另一方面，他依然牵挂着父亲，记挂着母亲，但是他无法言表，于是身体帮他表达。面对父亲癌症这一不幸结果，他潜意识能想到的爱爸爸的方式就是在症状上和他保持一致，于是他莫名其妙地头晕恍惚，类似一种生病的虚弱状态。表面上他的眩晕是由于担心学习而神经紧张所致，更深层的原因是他想通过自己身体的不适和痛苦，达到与父亲的同病相怜，与家人同甘共苦，甚至替爸爸（当然还有妈妈）受苦受罪的目的。妈妈同样是辛苦的，家庭发生变故，这个家重担就压在妈妈一个人身上，既要赚钱养家，又要照顾爸爸，很是辛苦。他嘴上抱怨妈妈，心里则心疼妈妈。

来访者对这个家是有深爱的，他用自己独特的方式和家庭保持联结，表达对爸妈的爱以及对家庭的忠诚。他其实考虑得很周到，潜意识很有智慧，他有清晰的界限，没有过度承担家庭责任，他知道做好自己就是对这个家做出的最大贡献。但是，他也无需太着急，允许自己放松与松懈，允许自己做不到、做不好。我相信，从他"突然长大"开始，他就已经走上了一条与曾经不一样的励志之路。只要在这条路上，不要着急，爸妈也会因看到自己的努力而感到欣慰。

最后，作为一个大男孩、一个成年人，该面对的还需面对，该表达的还得表达，回避只会增加亲人的失望和个人的自责。表达对父亲的关切、对母亲的关心、对家人的心疼，甚至还可以表达自己的担忧与决定。与家人在一起，互相关爱、互相支持、抱团取暖，共同抗击病魔，渡过难关！

奶奶去世了

"我的奶奶心梗去世，我感觉自己的天都塌了，为什么要这样对我？我最亲爱的奶奶怎么就走了呢？我接受不了！我现在根本不敢一个人睡觉，整晚做噩梦。而且我也特别害怕，动不动心跳加速、手心出汗，心脏也隐隐作痛，总担心有不好的事情发生，我不知道自己到底怎么了，我甚至有轻生的念头。"

来访者经历了巨大的丧失，听着她的故事，我的心也微微发疼，似乎能够体会到她那种痛彻心扉的感觉。亲人的离去是很大的创痛，尤其是一直抚养她长大的奶奶，这定然是无法承受之重。来访者身上几乎涵盖了一个丧失者可能出现的所有感受和现象：痛苦、害怕、悔恨、遗憾等等等等。

首先，来访者承受着巨大的悲痛。她的心脏隐隐作痛，担心自己的生命安危，这是向丧失客体认同的表现。奶奶是心梗去世的，她的离去带走了她生命中的一部分，激化了她内在的死亡本能，让她想随着奶奶而去，于是会有类似心梗的体验，表现和奶奶一样的症状，甚至会有轻生的念头。经过评估，她的心理危机尚在轻度范围，只有一闪而过的轻生念头，并没有强烈的自杀意念，更没有任何自杀计划或行为。她说"真想和奶奶一起死了"只是对内心痛苦和对奶奶不舍的极端表达，不是顽固而持续的死亡意图，来访者自己也知道她不会这样去做。所以我没有进行转介，继续开展心理咨询工作。

来访者的心痛也是与丧失的客体保持联结，期待自己也遭受到那份痛，与奶奶一起受苦受难。这也是一种自我攻击，似乎在用痛惩罚自己。此刻，唯有痛才是正当的，痛才让她舒坦，不痛的话，估计她会有更强烈的自责与悔恨情绪。恨奶奶已去，自己却独活，心痛就是在代替她表达对自己的责备和愤怒。

来访者对奶奶的深情令人感动，这是怎样的一份深爱才会有如此深深的身体联结啊？！

同时，奶奶的去世也是第一次将死亡的话题带到她生命中，打破了她的生活秩序和心理平衡，激起她强烈的死亡焦虑。这是一种对生命终将消逝和完结这一事实产生的恐惧、纠结、困扰、不安等复杂的思想和情绪。意识到亲人或自己终究有一天会从这个世界上消失，来访者无法理解和接受。她感到生命的无常、脆弱和渺小，内心总有隐隐的不安，对未知充满恐惧，总担心有不好的事情发生。

死亡的不可逆、命运的不可违与生命的不确定在一瞬间抛至来访者眼前，这将让她有一段时间感觉到脆弱、无助和迷茫。没关系，我们可以慢慢来，慢慢去消化。

来访者首先需要和奶奶做一个告别，接受她的死去。她可以为自己设置一个告别仪式，把对奶奶的思念与祝福，把自己对奶奶的任何情绪，不管是爱还是痛苦遗憾无奈甚至愤怒悔恨等等都表达出来，可以用写信的方式，然后在一个特殊的日子，比如清明节、中元节、忌日等，根据具体时期就近开展，将信念给奶奶听，最后按照中国传统的祭奠方式，将信燃烧，将祝福带到另一个世界，送她离开。

来访者除了要做好与奶奶的告别，也不能封闭自己。她需要与家人待在一起，互相支持。把内心的恐惧和悲伤向家人倾吐，寻求家人的关怀，汲取家人的温暖，让家人的关爱陪伴自己度过这段最煎熬最脆弱的日子。

　　此外，我们还要学着拥抱自己，默默地感受奶奶的爱。奶奶虽然走了，但她曾给自己的那些关爱与温暖不会随着她的陨落而消失，而会一直留在我们的生命中。我们因为她的爱而长成现在美丽善良的样子，也会因为她的爱而继续勇敢地走下去。这是他们活过的意义，奶奶的爱与暖将化作内在的资源继续滋润自己，助力自己继续前进。

　　静静地回顾和奶奶在一起的美好时光，感受奶奶带给自己的股股暖流，用爱为我们驱散恐惧。奶奶是自己最亲爱的家人，她不管在哪里都会继续呵护和关怀自己。在我们面临危险与困难时，都会给自己最坚实的保护和支持。逝去的亲人一定用他们的爱护佑我们，为我们驱走内心的恐惧。让我们有爱为伴，与爱同行。

　　最后，奶奶的过世也给了自己一个机会去认识死亡、看待生命。我们如何看待生活？如何理解生命、如何感受自然、如何接纳死亡？死亡是另一种形式的存在，逝去的亲人他们为宇宙化育而来，又回归宇宙，化为万物，星星、泥土、空气、甘霖……围绕在我们身边，陪伴我们，滋养我们。而我们也终有一天回到大地的怀抱、回归祖先的根系。就让我们坦然地面对死亡、拥抱生命！

　　亲人的死亡还教会我们生命的难能可贵，让我们懂得什么是生命中最珍贵的事物，督促我们在有生之年及时去保存与珍惜。逝者已去，我们的生命中还有许多值得我们眷恋的人与事，让我们一起去珍视！

奶奶在我高考前去世

"我奶奶在我高考前一周去世的,当时我家里没有告诉我,怕耽误我高考。直到考完我发现不对劲,问'奶奶去哪儿了',他们才告诉我,那个时候葬礼都全部结束了。我不知道说什么,我心里有一股气,但是说什么都没用了。奶奶就这样走了,可我连她怎么走的都不知道!我真是太不孝了!"

这已经不是第一次在咨询室里听到这样的故事了,亲人在高考、中考、考研甚至期末考试前去世,为了防止孩子受到影响,全家人选择秘而不宣,直至考完才说。而这个时候亲人已经下葬或火化,别说最后一面,葬礼都没有参加,整个事情都没有参与,一个人就这么凭空消失了。

我有些震惊,但似乎又可以理解家长的做法,毕竟高考在我们社会的概念里就是头等大事。我突然很想扪心自问:如果我孩子的重要亲人在她高考时候去世,我会怎么办?我的答案竟然也是瞒!理由是:我们假定孩子会因此情绪波动、会受到影响,而亲人的逝去已经无法挽回,高考或者别的什么大考却似乎是决定人生命运的仅有机会,在这个节骨眼不能被任何事情所干扰,更何况是生离死别这样的大事,所以就会选择瞒!

但转念一想,这样真的好吗?高考确实是个大事,可是亲人去世难道不是大事吗?隐瞒之中其实有大大的隐患!深思之后,我决定还是选择告知，越是重要的人越要说，不然孩子一生都无法释怀。我们时常对逝去的亲人有一份天然的愧疚感，后悔没有好好照顾亲人，遗憾没有珍惜和亲人的最后时光。假设我们当下不被告知，而是事后知晓，会加深这份愧疚，还会有对隐瞒者的愤怒，恨他们为什么不告诉自己。你以为是对他好，但在他看来，这不是好，这是一种剥夺和伤害。

首先是对当事人知情权的剥夺，他连自己最亲最爱之人去世的消息都不知道，可想而知有多愤怒！我们选择当时不说是认定他们承受不了，那么什么时候才算是可以承受呢？事后告知就能承受了吗？事后告知带来的震惊与伤痛很有可能更会摧毁孩子！此外，这也是对当事人哀伤的剥夺。对于丧失，人需要哀伤，这是不可或缺的环节。而参与葬礼事宜就是参与哀伤过程的旅程。当我们在这段时间放下其他事务而把自己完全的沉浸在哭泣、哀悼、祭拜中，我们的悲痛充分得到宣泄，我们哀思得以充分表达，我们与逝者得到充分的链接，同时也与逝者进行充分的告别。完成了道爱、道歉、道谢、道别的全过程，我们才能走出丧亲之痛，从而放下过去，重新开始。而如果我们被剥夺了这个过程，这个哀伤的过程就是匮乏甚至是缺失的。这样我们的内心就会固着在这个地点，形成一簇解不开又碰不得的情结，或过分隔离，不让痛苦释放，或过分悲伤，许久都走不出来。

被隐瞒者有一种无法掌控自己人生的体验，恨家人的善意隐瞒，更恨自己的无知无为。恨自己在至亲去世之时毫不知情，更恨自己因为所谓的人生大事而错过最后的告别！去他的高考！去他的大事！生死面前，一切皆小事！有什么比挚爱亲人更重要？有什么比失去他们更重要？有什么比纪念他们更重要？越是重要的人，越会有深深的悔恨。哪怕高考成功了，在他的内心，他都始终不快乐。如果不经处理，也许一生都笼罩在无可诉说的沉郁之中。说什么？有什么好说的？别人都是为自己好才这么做的？可是自己的遗憾与苦郁又有谁懂得？又有谁可疏解？他甚至会毁掉自己的成就，以期与逝去的亲人产生连接、保持忠诚。亲人如此境遇，自己又怎能独善其身、独享幸福？

我们的社会总是拿高考说事，"奇葩说"节目有一期探讨过"决议离婚的夫妻，要坚持到孩子高考结束吗？"这个题目，其中也隐含着"高考大于天"的深意，仿佛一切事宜都要为高考让步，奋斗这么多年不就是为了这绝地一击吗？当然，父母考虑孩子在特殊时期，将离婚事宜推后，可以理解。然而，婚姻不是生死，在我看来，其他的事情爱怎么瞒就怎么瞒，亲人去世，我仍是建议不要瞒。

我们之所以瞒，除了害怕孩子特殊时期承受不起，还是由于不懂如何告知。这是一个大学问，涉及到生命教育，考验着父母的智慧和力量，我简要言之。

首先，要大大方方。藏着掖着、吞吞吐吐反倒让孩子坐立不安、焦虑不宁。孩子和亲人之间是有些心灵感应的，也许你开口的那一刻，他就已经猜到了答案，不需要我们解释太多。其实他内心已经做了一定的心理准备，特别是久病不起的亲人，他时刻准备着那个时间点。当那个点到来，对于孩子来说也许是"尘埃落定"。

其次，要清清楚楚。告知真实的死亡原因，而不是含糊其辞。信息越清晰，他内心的猜疑越少，从而可能更安心地接受。再次，要允许孩子的情绪。孩子可能因此而悲痛万分，允许他暂别学业去宣泄情绪。父母用温暖与坚定的港湾给孩子一个抱持，告诉他们亲人虽去、爸妈还在。同时也告知孩子，这段时间爸妈需要处理丧事，无法像往常一样周全地照料他，但内心是和他在一起的，希望他理解。

最后，由孩子自己决定是否参加葬礼。如果他决定暂缓参加，那么需要事后再举办一个小型的个人化的告别仪式，说出"谢谢你""对不起""我爱你""再见"这11个字，完成道谢、道歉、道爱、道别的"四道"的流程。最后的最后，如果一定要瞒或者已经瞒了，也需要采取补救措施，务必重视此事，尊重亲人在孩子心中的分量，而不是"过了就算"。请在事后陪着孩子完成这个告别仪式，处理情绪、和解过去。

　　最后我告诉来访者：请不要责怪自己，虽然奶奶去世的时候你没有在她身边，但我相信她能感受得到你对她深深的爱，她是带着你的爱与不舍离开的。她没有什么遗憾了。我们也可以找一个时机去祭拜她，和她做最后的告别，送走她，让自己也没有遗憾。

我从来没有梦到妈妈

　　"我妈妈去世3年了，我却像个没事的人。她去世的时候，我也好像没什么感觉。前几天我爸打电话来说，他又梦到我妈了，很想她。他经常梦到我妈，每次都和我讲。但是这么多年了，我好像却从来没有梦到过她，我真的太不孝了。我现在的心情好糟。"

　　人的一生中总是面临不断地丧失，这是生命中无法承受之痛。看见来访者痛心疾首的样子，真的好想抱抱她。可能我的反移情很快就有了吧，似乎很快就进入了她母亲的角色，想要把她抱在怀里，安抚她受伤的心灵。这样痛哭流涕的孩子，怎么可能是一个不孝的孩子呢？

　　待她平静，我们开始探讨更深的问题。她说失去妈妈没什么感觉，为此，我问她："失去妈妈对你意味着什么？"来访者回答说一开始没感觉到什么，慢慢地感觉到生活中少了牵挂和思念。

　　原来，来访者的妈妈在她高二的时候因车祸去世，去世前一周妈妈给她打电话问她在学校过得好不好，她当时没好气地说"没事不要总是给我打电话"，一周后妈妈就突然车祸去世了。来访者感到特别的后悔，痛恨自己如此烦躁，当时没能好好跟她说话；责怪自己如此冷漠，竟然自顾自地过了这么多年，却从来都没有想过她，从来都没有梦过她！

"妈妈生前肯定对你很好吧？"我柔和地问道。

"嗯嗯，"来访者的眼泪无声地滑下："她性格很温和，对人都很好，对我也很好，经常给我讲故事、带我出去玩，只是高中住校后就见得少了。妈妈对我那么好，可是我怎么这么冷漠无情呢？我为什么梦不到妈妈？！"

来访者陷入深深的自责中，从最后一句发自心底的呐喊看出，她怎么会是自以为的那种冷酷无情之人呢？她怀有对妈妈深厚的爱啊！她很想妈妈能够入梦来，希望在梦中见到自己的妈妈，重温过去的温情时光。

失去妈妈对于来访者有多重的痛苦，妈妈离去本身就让她有丧失之苦，未能在妈妈生前好好对待她的后悔之苦，未能在妈妈身后怀念她的愧疚之苦。这多重的痛苦都堆积在内心，无处疏解。她的父亲还会和她倾诉痛苦，她却无处倾吐。在父亲面前还要表现得若无其事的样子，像个没事儿的人一样活着，把自己武装成一个冷血的女儿，不仅是由于她不愿面对丧母之痛，也是因为不想让父亲为自己担心。她不仅要承受自己的丧亲之苦，还要承接来自父亲的丧妻之痛，像一个成熟而理性的长辈一般，聆听他、安慰他、体谅他。

父亲有释放之处和排解之道，所以父亲虽痛却能更好地走出。如今父亲已经在找对象了，而她却始终停留在原处。她不能理解，这么爱妈妈的父亲却可以开始新的感情。

我不能接受，除了自己的妈妈，我不会接受别的妈妈！

针对父亲重新找对象一事，她斩钉截铁地说。如此决绝的她怎么会是像她以为的那样无情无义呢？其实她从来没有忘记过妈妈，她一直在心里思念着妈妈，甚至在爸爸要找对象的时候，她也绝不允许任何人替代她心中妈妈的位置，这是她唯一的妈妈，虽然人已逝，但她从未与妈妈分离，从未送走妈妈，妈妈就封存于她的隔离带中，附带着复杂的情感一起凝滞在那年那日。

我对她说："虽然你没有在嘴上说想她，也没有梦到她，可是你内心深深地惦记她，为她难过、愧疚，这正是对她深深的爱啊！"

来访者痛哭，我没有放过机会，继续推动她的情绪："如果妈妈能够听到和看到，她知道你现在这个样子，你觉得她有怎样的感受呢？这是她愿意看到的吗？她愿意看到怎样的你？她希望你如此愧疚吗？她是不是甚至会恨自己那么早就离开了，没能陪伴你成长？没能带给你更多的幸福与快乐？你觉得是你的愧疚感更甚，还是她的愧疚感更甚呢？"

来访者哭得更厉害了，在一阵阵哭声中，我相信她逐渐地放松了情绪，也放过了自己。

来访者由于重要丧失而存在创伤，但这份创痛并未表达出来，而是用一种隔离的方式被排除于意识之外，仿佛那些事情没有发生，那些痛苦不存在，只有这样才能保证正常的生活。否则这痛苦太重、打击太大，来访者很可能因承受不了而崩溃和自伤，这是当时的她在自我保护。只是这些未曾释放的痛苦并未真正的消失，而是逐渐嵌入到她的人格层面，人格上变得沉默与沉郁，让她身上总是笼罩着一种怎么也无法驱散的悲伤，怎么也快乐不起来。

来访者问题的关键点在于情绪的释放，完成没有完成的四道——道谢、道歉、道爱、道别，才能彻底地走出郁结，达成与自我的和解。在咨询室里，我协助她表达了对妈妈的谢意和歉意，说出了深埋心中多年的爱、愧疚、留恋等种种情感，并最后表达了对妈妈的祝福，和她告别。完成了这些步骤，来访者算是真正地送走母亲了。到此，她也可以像爸爸那样，无怨无憾，带着妈妈的爱与善，开始新生活了！

爸爸是精神病

"我爸爸有精神疾病，从我记事起他就有了，时好时坏的，好的时候可以正常地说说话，差得时候疯疯癫癫胡言乱语的，生活自理都成问题。因为他，我们一家都被人瞧不起，日子好难。直到近些年药物控制得好，发病才越来越少。唉——!"

父亲是精神病，简单一句话背后透露出巨大的难题，可想而知来访者的境遇。一方面她从小受尽冷眼，每天都可能面对周围人的指指点点，内心因而脆弱和自卑；另一方面，长期的精神疾病让父亲丧失劳动力，加上治疗费用昂贵，来访者的家庭经济负担也相当重。

父亲是女儿心中的一座山，然而这座山却不能给女儿依靠，反倒给了她诸多的悲伤和痛楚。每每看到父亲发病的样子她又是烦躁又是心疼，却又无能为力。听到周围人的闲言碎语，她也只能默默承受。此外，来访者还需分出余力心疼妈妈，只因妈妈扛起整个家庭的重担，她为妈妈难过，为妈妈委屈，还需要身体力行去帮衬。来访者的生活真是太不容易了，过早地承担起不属于她这个年纪的重负。可以说，这一切和她父亲的情况是脱不了干系的。

我不由自主地询问来访者她对父亲的感觉，她责怪自己的父亲吗？她是否也同其他人一样看不起自己的爸爸？

　　来访者平静地回答："完全说没有也是自欺欺人，特别是爸爸早年发病的时候真不敢相信这竟是我父亲？！有时候也会想不通为什么会有一个这样的爸爸？父亲清醒的时候也时常叹息和哭泣，希望自己早点没了，省得拖累了大家。"

　　如果父亲真的没了，你觉得日子会更好吗？

　　只见来访者眼眶泛红，泪水涌出，缓缓说道："其实曾经出现过爸爸失踪的情况。有一天爸爸突然迷路了，一整晚都没有回来，我们都好担心，到处找他不见。他第二天才回到家，当时我一见到他就失声痛哭。爸爸也跟着我一起哭，还安慰自己说，以后不会这样了。"

　　其实你很爱父亲，也很心疼他，我指出。

　　来访者不住地点头，哭得更厉害了，边哭边继续说："我妈妈负责打工和干活，而我爸就在家带我们。我有什么话都和他说，也不知道他懂不懂，感觉他是会懂的。他会静静听我说话，也会偶尔回应几句。其实我和他的关系比和我妈还要近。"

　　爸爸其实并不是一无是处。

　　来访者再次用力地点头。来访者对爸爸的情感很复杂，会有埋怨，有怜悯，也有依恋，虽然他是精神病人，但他们之间其实有很深的感情联结。

　　来访者的爸爸有他存在的意义，他不是比许多爸爸更强吗？很多家庭有一个缺席的父亲，或者身不在，或者心不在，或者身心都不在，从未给予孩子真心实意和高质量的陪伴。而来访者的父亲虽然不能赚钱养家，虽然精神不正常，但在药物控制下的那些正常时刻也给了她真挚的爱与温润的暖。还有那些酗酒的、赌博的、家暴的父亲，更是家庭的灾难和子女的祸害。我们不是为了在比较中安慰自己，而是还给该父亲本来就有的承认和感激。

　　父亲在，家就在，这是他存在的意义，哪怕他是个精神病人，哪怕他不能为家庭付出，但是他在那，和家人好好地在一起、好好地生活，就是父亲为这个家作出的最大贡献。

精神病人通常是很单纯的人，他们应对不了复杂的世界和人心，而只能处理简单的情感。因此，他们给别人的爱与恨也是最纯粹的。父亲不仅在来访者面前是慈父，在妈妈那儿也是铁憨憨，他纯纯地爱着家里的每一个人。被这纯粹之爱所滋养长大的来访者，她的内心也必然是柔软的、良善的、谦逊的。不是说精神病人养育出来的孩子就是有精神病人，相反，只要我们规避了精神疾病可能存在的负性影响一面，并在有限的条件下为孩子创造积极养育和良性互动的环境，也能在泥沼中开出鲜艳的花朵！

来访者无需因为父亲而自卑，没有足够完美的父亲，也没有足够健全的家庭，这些磨难给我们带来的是感恩的品质和坚强的品格！来访者比普通的孩子更懂事，更懂得生活的艰辛，更渴望简单稳定的生活，更珍惜生命中最重要的人和事。

在此，我也为来访者对父亲的爱所感动，她和父亲说话，何尝不是出于对父亲的一份爱呢？父亲给了她温暖，她也给了父亲陪伴。在这样双向的爱里，父亲宁可顶着"窝囊"与"疯子"的恶名也要坚持活下去，只为还孩子一份真心，给孩子一个完整的家！

我也相信，经过这次咨询，来访者更能正视自己的家庭，更能坦然自若地面向未来的生活！因为在她的背后，既有母亲的负重前行，还有父亲的温暖臂弯！

我不敢乱花钱

"我是个很节约的人，从来不敢乱花钱，或者说，我也不知道要怎么花钱。人家都买很多东西，我好像也没有什么需要买的，只要那些基本的日常所需用品就好了。"

很多大学生都存在经济困难，我估计来访者也是此类困扰，但是他连忙反驳我："不不不，我父母会给我钱的，我不差钱。"有钱花而不花，那的确是够节约的。这是一种好品质啊！

"不不不，"他再次反对："不是节约的问题，怎么说呢，就是父母给我那些钱并不让我觉得开心反倒很有压力。"

这又是为什么？父母给钱不好吗？父母愿意给钱，说明他们是愿意付出的正常父母，会满足孩子的基本需要，而不是那种在金钱上克扣孩子、用金钱控制孩子的严酷父母，以至于让孩子陷入为钱发愁、为钱低头的境地。来访者家境良好，想要多少钱都不成问题，某种程度上实现了经济自由。然而他真的实现自由了吗？

来访者的父母是生意人，在他童年的时光，家里正在创业的关键阶段，父母拼了命地赚钱。父母总是强调赚钱不易，传递给孩子的理念是要节约，不能浪费，钱要用在刀刃上，不该花的不能花，不该买的不能买，但在父母那里似乎没有东西是该买的。每次他要买什么东西都会被质问许久，买了之后也会被教育良久。虽然父母并不会严厉指责他花多了钱，但是频频传递出对花钱的心疼与对赚钱的焦虑，这让他感觉到这个家是只能赚钱不能花钱的，花钱是一种罪恶，有需要是一种罪恶。

哪怕现在生活富裕了，父母给足了生活费，他也难以逃脱那种花钱的罪恶感。他在精神上完全没有实现独立，这些钱就如烫手的山芋，根本不敢用。有些人愁没钱，他却愁花钱。他拿了钱以后不知道要怎么为自己消费，那些钱到了他手上失去了价值，不能用物质购买服务，高级的需要？好像没有必要。

他把钱全都存了起来，到了期末回家时还留存了一堆钞票。"你都不用花钱的吗？"父母一方面质疑孩子的行为，一方面又得意地向外人宣称："我孩子好懂事，从不乱花钱！"来访者也正是用这样的行为讨好了父母：我是一个懂事的好孩子，我不会乱花钱，不会给家里造成负担。

"我宁愿他们给我买些实质的东西！"来访者说道，他宁可父母给他的不是钱而是一些实质的用品，那些他想要却不敢买的东西。如果那些东西不是自己花钱买而是别人买给他的，那么他心里就好受许多，自我的愧疚感也小了许多，不用承担浪费的罪名，可以更坦然地享用。

我宁愿不要那些钱！这声声呐喊的背后还透露着爱的缺失，这些缺失的爱与陪伴让他觉得自己不配得，一个有爱的孩子才敢嚷嚷自己要什么，才敢任性地买买买，而一个缺爱的孩子内心是怯懦与自卑的，没有资格花钱买到那些有价值的物品，只配得到廉价之物，只能满足最基本的需要。到最后连自己的需要都给忘了，不知道自己除了温饱外，还有更高一级的需要。那都是别人家小孩所能拥有的层次，自己就这个水平，就不要心存奢望。他一直想买个好一点的智能手机，但又告诫自己说不需要，其实他哪里不需要呢？他的旧手机早已淘汰，他急需一台新款的功能齐全的智能手机，满足他日常的学习、生活之需。但是他舍不得买，于是告诉自己和别人"我不需要"，他用"我不需要"来合理化自己吝惜的行为。

我也认识遇到过其他的来访者，她与这位不同，她家境贫寒，从小穷到大，也形成了"心穷"的模式，不敢花钱，不敢买想要的东西，哪怕是渴望已久的东西，哪怕是对自己的奖励，她都不敢。她每次许诺自己完成一个小目标后就奖赏自己一个心仪的礼物，可是待到那天到来，她还是舍不得，还是觉得不够格，于是继续压制自己，再等等吧，等到实现下一个目标的时候再买。于是就一次又一次地无限延后，无限延迟满足，到最后都丧失了满足的快乐和生命的激情。

所以心穷与否和家境没有直接的关系，而与父母的金钱观和花钱方式有关联。一个人和钱的关系其实反映出的是他与父母的关系，一个不敢花钱的人根源还是在于父母对自己太过于严苛，以至于无论在物质上还是精神上都无法体验到丰盛与富裕！

来访者的内心有缺失，父母之所以给他钱花，也是想弥补当年创业时期对他的亏欠，无论在经济上还是生活上乃至心灵上都疏于照顾。然而已经形成的模式却很难改变，已经形成的缺口也很难填充，多少钱都填补不了这份缺憾。唯一能够弥补一二的也是加倍的爱与暖，而不是金钱。不是把钱丢给孩子就完事，而是需要配套的关爱。在他那里，仅仅有钱，而无相应的情感支持，那就是徒增负担、一文不值，他始终学不会享受购买的快乐。

爱自己的一个表现就是愿意为自己花钱，能够用金钱的购买力为自己服务，没有顾虑与担忧，尽情地体验自我照顾的幸福与快乐，就像内在的父母在抚育内在的自己。我们不妨试一试，用爱疗愈自己抚慰自己，你值得被最好的对待！

我无法接近我的爸爸

"这么多年我和父亲的关系都不怎么好，如今我想和我爸搞好关系，但又无法接近他。那天我爸无意中碰了我一下，当时我如触电一般迅速跳开了。我都没想到自己反应那么大，然后我爸就神色暗淡，我有点不好意思，但是也没有继续解释什么。"

"爸爸很可怕吗？"我忍不住问道。

"他以前确实挺可怕的，经常打人，但他现在已经不再是那个年轻气盛、强势霸道的样子，去年他得了一大病，做了手术，一夜之间人苍老了许多，也瘦小了许多，但我也不知道为什么，就是不愿意靠近他，离得远越远越好。"

"那他以前具体是什么样子的呢？"

小时候，来访者的父亲对自己颇为严酷，动不动就会遭遇拳脚相向一顿毒打，身上经常青一块紫一块的，以至于他对父亲充满畏惧，从来不敢靠近他，躲得远远的。哪怕父亲只是双目一瞪，他都会吓得浑身发抖。天天在被那种巨大的恐惧笼罩着，他都不知道自己是怎么过来的！如今，那些悲惨的场面和那些具体的事件他基本忘得差不多了，但身体里却依然储存着那份恐惧。这提示来访者可能存在一定的创伤后应激障碍，一个人面临异常强烈的精神刺激后，在较迟一段时间后发生的应激相关障碍。来访者处于高度的焦虑状态，极力回避任何能引起这一创伤性记忆的场景。正如"一朝被蛇咬，十年怕井绳"，虽然父亲不是蛇，却如猛蛇般让自己胆战心惊。即使现在父亲苍老了许多，他仍然无法放下内心的恐惧，不敢接近。

这让我联想到另一位来访者，她求助的也是肢体接触问题。她不能让男友触碰自己，连手都不能摸，男朋友一碰她，她就内心紧张，浑身不适，异常排斥。她也不知道是为什么，她挺喜欢男友的，但就是不能让他碰自己。之后经过很多次的分析和沟通，我们才领悟到，原来她大约在五六岁的时候曾经被邻居哥哥猥亵过，当时那份痛苦和耻辱太深于是被意识所遗忘，但那种被伤害的感觉和对异性的恐惧感却被深藏在潜意识中。

身体的反应其实就是最真实的态度，身体是有记忆的，哪怕意识层面都已经遗忘了，但潜意识还是帮自己记住，在长大后回避类似的场景，以保护自己，当然也可能过度保护。哪怕在很安全的情况下，我们都可能反应过敏。

来访者内心残留对父亲的恐惧感，想靠近又无法走近，想修复又无法和解。那么想要与父亲走近，还是得消除这份恐惧感，而消除恐惧的前提是与父亲达成和解。这个父亲说的不是真实的父亲，而是内心的父亲，是父亲的表象。如果内心父亲的形象仍然是可怕的、恐怖的、凶恶的，那么即使现实的父亲足够苍老、羸弱、和善，洗心革面、焕然一新，没有力量伤害自己，他也看不见，他也不相信，他也放不下。而这份不放心，一方面是创伤太重的后遗症，从另一方面说，他还没有真正原谅父亲。

虽然时过境迁、父亲老矣，他不想追究，嘴上说着想与父亲走近，但骨子里还是对父亲有情绪。除了恐惧，他对父亲还有愤怒、怨尤甚至憎恨。他并没有完全放下对父亲的责怪，他仍然有一部分痛恨父亲的所作所为。他不甘心就这样谅解父亲，那些伤害不回想则已，一回想全都历历在目，叫人心痛。

可是，父亲年迈了、虚弱了，他恨又不能光明正大的恨，"凭什么轮到自己可以反击和报仇的时候他就老了？凭什么我还要照顾他，我还要体谅他啊？为什么他现在变成这样了？为什么他突然就这么弱了？"来访者说完这段话便放声大哭起来，他是在为自己悲伤，也在为爸爸难过。他无比心疼曾经弱小的自己，也无比心疼眼前弱小的父亲。这痛哭在释放自己压抑的情绪，在为过去哀伤，也在为当下哀痛。他很不想看到父亲这个样子，他宁愿父亲还是那个耀武扬威凶神恶煞的样子，宁愿父亲仍然可以撸起袖子揍他，而不是现在这个弱不禁风的样子。从他的哭声中，我们听到了他对父亲深深的恨，还有深深的爱！他希望父亲健康强大，他希望父亲仍然是那个高高在上、年富力强的"光辉形象"。

痛哭之后，他似乎在一定程度上放下了对父亲的怨恨，他终于看到了那个真实的父亲，也看到了自己真实的情感，原来他深爱着父亲，原来他如此渴望与他亲近。与此同时，在那一瞬间，他的恐惧感也骤降了，他意识到让他充满恐惧的是内心那个手无缚鸡之力的纤弱小孩，而非当下年轻力壮的小伙。就在这一刻，他真正长大了，他开始与父亲达成和解，可以放下这些恩恩怨怨，靠近父亲了！

我父母太优秀

"我父母很厉害，都是国内知名院校的硕士毕业。他们是我的榜样，我比他们就差远了。我只是个普通大学的学生，我也想赶上他们，考一个重点学校的研究生，但也不大可能了。我身体不好，经常不是这里疼痛就是那里发炎。所以我也没什么想法了，只要不至于太差就好。"

"他们的优秀给你什么感觉？"我提了一个问题。

"就是很荣耀啊，有几个父母是这么优秀的！"来访者眼睛冒光。

"的确是很优秀，还有别的感受吗？"

"其实有时候觉得压力挺大的，一对比就感觉自己好差，一辈子都赶不上他们。"

是啊，来访者的父母十分优秀，不仅优秀，还很有能力，能够帮助她摆平很多事情，比如中小学时候的择校，比如给她找一份工作。然而这份父母的优秀却给她带来很大的压力，她非常地努力学习，想赶上父母，想赢得他们的认可、接纳和欣赏，但怎么样都超越不了，一次一次地败下阵来，于是她感到一种深深的无力感和挫败感。

父母一开始也对她抱以巨大的期望，然而失望多了慢慢地也就接受了现实。父母也不想给她那么大压力，于是告诉她：我对你也没有什么期待，你这辈子差不多就行了。可是这样的言辞，更容易让她理解为是对自己的一种不满意、不信任和看不起。

挫败后是一种深深的愤怒——指向胜利者的愤怒。她被父母打败了，内心对父母有很大的情绪。但由于父母又那么爱护她，并没有指责她，以至于这种情绪无法发泄。于是她只能将这种无法摆脱的憋屈通过其他的方式去宣泄。来访者找到了一个武器打败父母，那就是生病！

父母看上去是无所不能的，而只有生病让父母毫无办法。父母为她寻遍了全国各地的名医、吃遍全国各地的名药，但仍然没有解决她一身稀奇古怪的毛病，虽不是致命的毛病，却是磨人的永远无法根除的层出不穷的毛病。这件事情给了父母沉重的一击，在她的疾病面前，父母是无能为力的，有一种深深的无力感，这种感觉与她永远超不过父母的无力感如出一辙。而且她的疾病从小到大从来都没有止息过，这就给父母制造了一个长期的艰巨的考验，父母始终被她这种状态所牵制和影响。这不就是来访者的潜意识的攻击性吗？她就是要让父母体会到她所体验的感觉，那种永远都战胜不了、永远都摆脱不了的无助与挫败。

你们不是无所不能吗？看来你们也有搞不定的事情。我就是要看到你们受阻，看到你们受挫。看她父母搞不定，虽然她也会心疼和不忍，不希望父母为她操心，但是骨子里她仍怀有一种胜利者的姿态，终于有一件事情可以让父母为难了，终于有一件事情是父母没有办法做到的，她终于在这件事情上打击到了父母。不论在什么事情上，父母都可以帮她搞定，所有的事情父母都可以安排得妥妥的，唯独这个生病他们束手无策。父母在生病这件事情上失去了掌控感和控制感，自恋与自尊都受到了打击。

生病不仅是来访者对付父母的一个法宝，也为自己赢得了巨大的好处。这样的话，如果自己不成功，她就可以把责任推在自己得病这件事情上，而不是归因于自己的能力不足。这就为自己赢得了一个天大的好借口，不是自身能力有问题，而是个人身体不允许。

抱着这样的心态，她的这个疾病是很难好的，她从疾病中获益。疾病成了她的一个保护伞或者说保护壳，在自己没有办法成功或者前进的时候她就可以退缩到这个壳里，继而将自己的愤怒、委屈、忧伤都发泄到这个壳上。她需要这个壳替她背锅和受罪，她放不下病人这个面具。

通过分析，似乎把来访者看得有点虚伪。其实不是，我只是希望她看到一个真实的自己，那个无计可施却只能剑走偏锋的自己。在她的内心有着深深的伤痛和屈苦，她不是不努力，不是不懂事，她也希望能够用实力证明自己、迎得肯定，但是父母这座山太难攀登了，有时候真巴不得父母没那么优秀，这样自己就有机会扬眉吐气了。那父母优秀反倒是个错了？当然不是，父母可以优秀，但不能向孩子投射出"我行，你不行"这样的人际模式，哪怕是温和而非霸道的投射也不行！孩子会照单全收，以至于束缚自我的潜能。父母要传递出"我行，你也行"的姿态，让孩子感受到被欣赏和被信任，慢慢地开辟新路，找到自己引以为傲的资本。

同时，来访者自己也要看清真相、善待自己。生病虽然达到了攻击父母的目的，但是痛苦的还是自己。走出父母的庇护圈，屏蔽来自父母的投射。那些"我行，你不行"的无形暗示都不是事实，而是父母自恋的需要，我们也无需为了满足父母的自恋或保持对父母的忠诚而牺牲自己。

我们与父母不是一个竞争的关系，更不是非此即彼的关系。谁说要走父母一样的路？不管父母多么优秀，我们都可以拥有与之不同的卓越，达成"你行，我也行"的双赢。你没有考上名校，没有出类拔萃，但你依然足够美好。你努力、你励志、你孝顺、你良善，我们还有很长远的未来，足够去走自己的路，创造自己的全新人生！

我恨父母帮我做决定

咨询室里的声音 ▶

"高考时我爸妈给我报了这个专业，我很不喜欢。当时他们就逼我，说这个专业怎么怎么好，我只能依了他们的意。三年了，我从来都没有开心过，本来以为可以得过且过，熬过四年拉倒。可马上大四了，看到大家都在准备考研和找工作，我竟然不知道自己何去何从！专业不行，能力差劲，突然发现我真的大错特错了！选错了专业，就选错了人生，我觉得这辈子就这样完了，不会开心，不会快乐了，只有痛苦。"

"选错了专业，这辈子就完了吗？"

来访者存在诸多非理性的信念，比如认为读了一个不喜欢的专业这辈子就毁了、完蛋了。我忍不住想把咨询目标建立在调整认知和转变心态上。

"不然呢？"来访者痛心疾首："就算我考研换成了别的专业，我也不会有什么好结果。我完了，从当时填志愿开始，我就完了。我不会好好学，我浪费了这么多日子，考研也没希望了！况且我考上了又怎样，我能像人家本专业的人一样学得好吗？我也不知道要学什么，没有什么我特别想学的东西。这都是我父母造成的！我恨他们，恨他们从来不考虑我的感受，恨他们总是帮我做决定，从不为我着想，只为自己开心，他们就觉得我应该学这个，不应该学那个。我对我父母完全不敢有半点违抗，我一旦有一点反驳，我爸就会很凶地骂我，我妈就在旁边帮腔。我很怕我爸，不敢说一个不字，什么都是听他的。以前的事情都是小事，听就听了，但专业是个大事，是人生一辈子的事，我这辈子就这样了。真想不通，怎么会有这样的父母，总是逼孩子做他自己不愿做的事情？"

我想搞清楚他所说的父母"逼"他是什么意思，他说就是说父母不停强调这个专业有多好，让他学。然后我解释说，我所理解的"逼"是威胁：如果你不怎么怎么做，我就怎么怎么做。那么父母的行为应该不是叫逼，顶多叫"诱"。

我又问道："父母引导你选环境专业，你是否拒绝了？"他一下子就火了，认为我和其他人一样，在指责他，他吼道："就是因为自己的不拒绝，所以就选了这个专业，父母没有一点错，父母哪里错了呢？他们又没有逼我，只是在引导我，都是我自己选的，我选了这个专业，我自己活该！父母是为我好，我有什么资格说他们呢？都是我自己的错，我自己选的！"

来访者的怒吼把我怔到了，我清醒过来，我并没有理解到他内心深深的痛苦，只是站在自认为的理性角度上探讨问题。这让他感觉我就是他父母的帮凶，我的态度和别人没有什么两样。事实上，来访者此时此刻并不需要分析和探究，只需要深深的接纳和理解。

他对于父母的愤怒情绪已经积累到顶点，一碰就着。在激烈的反应和措辞中，我们能够看到他对父母有着极大的反感和痛恨。从小到大都是他的父母替他作决定，而他都是顺从父母的意愿，虽然在这件甚至很多件事情上，没有明显的"逼"的成分，却比"逼"更残忍。明摆的逼还可以反抗，但是打着"一切都是为你好"的大旗所实施的诱导，却让人在亲情和权威的双重压力下无力反击。即使你反击了，也会用更厉害的招数逼你就范。他太委屈了，连被逼都要说成是自我愿意，何处倾诉？何人理解？如果他不发出强烈的抗议，咨询师差点都要和别人一样把责任推到他身上了。来访者虽然在咨询室中表现出较为强烈的攻击性，但其实他在家庭中只是一个被动的承受者。

待来访者平静下来，我抛出了几个问题。

1.假设父母帮你选的这个专业正是你自己想选的专业，你会好好学吗？

2.假如这个专业是你自己选的，你会好好学吗？

3.你有自己想学的专业吗？

4.是不是父母选的任何专业，你都抵触？

来访者思考了良久后告诉我，他并没有想好要选什么，但如果是自己选的专业，他会好好学；最重要的是，不管父母选的是什么专业，他都不会好好学！

看到了吗？来访者在用不好好学来反抗为自己做决定的父母，他不能用语言来表达抗议和拒绝，那么就只能用身体或行动表达，这个行动就是把自己的学习毁掉。他宁可毁掉前途、毁掉自己，也要用实际行动和后果告诉父母：你们给我选的道路错了，你们错了！来访者希望用这种激烈的方式提醒父母，期待他们自我反省和认识错误，并且告诉自己：我们错了。网络上流行的一句经典的语录："父母在等我们道谢，我们在等父母道歉。"来访者在等待父母真心忏悔，但也许他的父母还在等着他的满心感激吧。他何尝不知道自我毁灭的痛苦和不值得，可是又有什么办法？

听我这么说，来访者痛哭。

来访者身上有多强的愤怒，就有多强的自我意志。那颗想要做自己之心从未放弃，如今更是再也无法压抑、喷薄而出了！他用自我毁灭的方式向世界发出最深层的呐喊，希望有人听见他的呼救后帮帮他！

来访者已经执拗地在一个自认为错误的道路上走了近三年，本以为可以接受这个既定的结局，可是内心那个"不甘心被安排"的声音无论被压抑多久都会卷土重来。那么，哪怕经历了再多的弯路，此时此刻我们觉醒了，我们都能重新开始。

待来访者情绪缓和，我再次抛出最开始的咨询目标，处理来访者糟糕至极和以偏概全等不合理认知。认为"没选好专业就断定这辈子完了、废了"显然不是事实，人生总有弯路，人生还有无限的可能。

我问他：你是愿意用三年或者四年的弯路来换取未来走自己的路？还是愿意保持"都是父母的错"这样的观点并按照父母的安排一辈子走着自己不喜欢的路？

答案显然是前者。

来访者愿意自我反省，他逐渐认识到自己的偏激。虽然他不想和父母联系，但是这种反抗还是反映出强烈的联结，还是没有彻底地远离他们。他也认识到还有其他的可能性，更重要的是他清楚地知道：今后在择业择偶等重大事件上要尊重自己的内心想法，坚持自己的主张。

这样的弯路与教训是惨痛的、也是值得的，来访者当务之急是找到自己心中喜欢的专业。这些年他只知自己不喜欢的，却不知喜欢的是什么，他把时间与精力都耗在与不喜欢的东西相抗衡上，没有更多的精力去寻找和发现心中真正所喜。那么，是时候找到自己的方向和打算了！

至于如何摆脱安排坚持做自己，我们将从下一个案例中来探讨。

如何才能自我决定？

"我从小到大的生活都是父母安排的，我也没觉得有什么。但是现在我会发现我连最简单的事情都不知道自己做决定，比如明天穿什么衣服，我都会打电话询问我妈。看着同学们都可以自己做决定，我也很羡慕，很想像他们那样。"

"你喜欢父母帮你做决定吗？"我不禁问道。一个模式被固定下来肯定有它的便利，那么父母帮忙做决定肯定给过来访者诸多的好处。

来访者表示以前没觉得有什么，反正父母帮自己都安排好了，好像也都挺管用的，就习惯于这样了。其实来访者很享受被安排的过程，不用思考、不用费脑，省时省事、省心省力，父母乐意、自己顺意，何乐而不为？可是她毕竟长大了，不可能一辈子在父母的羽翼下，总有自己的主张和想法；而且她也慢慢地感觉到一丝丝的不妥，父母的决定有时候并非己愿，也希望能按照自己的意思来，只是自己也不知道该做什么，反正父母说的都对，就干脆顺从了。

我让来访者思考，为什么父母喜欢帮自己做决定？

来访者思考了一下回答说："他们不相信我能有作出正确选择的能力吧。"

那你觉得自己有正确选择的能力吗？

211

"不知道,应该没有吧。我从来都是顺从父母之意,所以我不知道自己能做选择、会做选择。比如高考填专业,我也怕我选的专业是个冷门。找对象,我也怕我找的不好。不仅我怕,他们也担心。"

如果你自己做决定,父母会如何?

"不会怎样吧?"来访者沉静了片刻:"我记得高考填志愿的时候我想离开本省,差点填了外省的学校。然后我爸妈就说,外省怎么怎么不好,我一个人在异地会受不了的。还是在本省好,离家近,好照应。我想想也是,虽然我挺想去外省看看的,但还是按照父母的意思留下来了。"

当你听他们话的时候,他们会怎样?

"挺开心的啊!"来访者回答:"我想起来了,当时他们一听我要报外省的学校就有点紧张,等我最后顺了他们的意,他们就松了一口气,好像很满意的样子。"

看来来访者的父母并不乐意她自我决定,经常会说服她,只要觉察到她有一点点的不同心思就会苦口婆心地劝说,来访者很信任父母,因此也很容易被拿下。也许来访者小时候也反抗过,但是她能敏感地捕捉到父母的不开心。为了不违拗父母,干脆出让自己的决定权和自主权。这样皆大欢喜,只是她的个人能力却越来越弱,也缺少由自我掌控带来的成就感和愉悦感。

那你想按照自己的意愿生活吗?

谁不愿意呢?来访者表示,但是她担心自己的能力不足,也担心自己走不出被父母安排的习惯。

既然如此,想要把握自己的人生,掌握自己的权利,还得靠自我的成长。首先要学会自我作主,主动承担自我的责任。不是一上来就是在重大事件上做决定,那样很容易被怀疑和否定。我们要从一件件小事上开始践行,比如就业上我们仍然可以尊重和参考父母的意见,但是日常穿衣饮食是决计不能让父母插手的。从小事上积累自我决定的成功经验,当大事来临才可能更沉着睿智地应对。

自我决定是一种关于经验选择的潜能，是在充分认识个人需要和环境信息的基础上，个体对自己的行动作出自由的选择。自我决定意味着自我负责，无论什么样的决定，一旦作出就不能惧怕后果，哪怕后果不理想也不可归咎他人。假如又想伸张意志，又没有勇气承担相应的后果，那是很难自我作主的。如李子勋老师所言："父母选择什么，自己就选择什么，这其实也是一种选择，是一种狡猾的选择，可以不用负责任，做得不好的话都是父母的错，和自己没有关系。"就像上一篇的来访者，痛恨父母为自己选择专业，宁可自我毁灭，也要证明父母的错误。那么学会做选择，首先是要学会承担责任。从小事开始做起，积极参与生活，做自己生命的主角。

当父母看到自己有这个能力，不需要代劳，他们才可能逐步放手，而我们也才可能逐步成为自己生命的主人。

另一方面，要学会承受长大与独立带来的愧疚感。弱化孩子的能力，或者这也是父母控制子女的一种手段，让孩子永远都需要他们。他们一边强化孩子的依赖，抱怨"孩子什么都不懂，多大了都让人操心"，一边又生怕孩子独立——独立会让父母失落。孩子太忠诚了，于是把自己伪装成永远都长不大和什么都不懂的样子。

那么，这一部分也需要好好处理，冲破父母投射过来的"弱小"自我。一方面要让父母放心，我们长大了，能独自处理问题和应对生活了；另一方面，也要让父母安心，我们长大了，但长大不等于远离。我们仍然爱父母，关心他们、尊重他们，承认他们的智慧和经验。在我们需要的时候，依然会向他们求助和求教。

最好是和父母达成良好的沟通，告诉父母自己的决定，赢得他们的支持，让他们协助自己独立成长。而在这个过程中，我们也在帮助父母成长。我们学着自立，父母学着放手，我们都在学会成为一个彼此尊重的独立个体！

我宁愿受苦

"我家里出事了，我爸妈辛苦挣来的钱被我亲戚骗走了，大概有 20 万吧。我爸感觉一夜之间白了头，我妈也一病不起。看到他们这个样子我真的很心疼，我真希望自己能代他们受苦，我真希望灾难降临在我头上，我甚至想折寿，也不希望看到他们这么艰辛和痛苦的样子。"

我发现很多女孩都有一种宁愿自己受苦受难不愿亲人受一点伤的想法，很是菩萨心肠，自己也不排除在外。曾经很小的时候我也有这样的信念：只要我的家人活得开心幸福，我宁愿承受一切苦难。小小的我就立下如此的重誓，承担如此的心理重负。结果呢？我苦着，家人也依然争吵着、争战着、争斗着，无休无止。回首来时路，总会对那个内心无比沉重与苦痛的小人儿充满无限的怜爱与同情。那是一个小孩子能承受的吗？那是一个小孩子应该去承受的吗？孩子天生有一颗善良而敏感的心，愿意为了自己的家人而自我牺牲。正因为如此，女性根据其角色定位长大后更容易内化这样的"无私奉献""甘愿付出"的性格，是不是中国传统文化给女性打下了太深的烙印，使得每一个女性身上都有一个"女娲"的影子。当然男性也有很多，那些责任过度的男士都有此情结，巴不得把天底下能受的不能受的苦都受了。

　　你以为把所有的苦都受完了，苦难与灾难就不会降临到亲人身上了？你以为你受苦了，家人就不会争吵、得病、贫穷？你以为你受苦了，家人就安康了？好像是自己和家人在玩跷跷板，自己在这头，家人在那头，而"苦"就是这跷跷板上的运动物，当"苦"滑到自己这边时，家人那边就没苦了，用自己超重的苦去撬起家人。只要家人"高高在上"，宁愿自己"忍辱负重"。悲情吗？伟大吗？也许吧，作为孩子是可以理解的，这是孩子良好的心愿与真切的呐喊。但如果一个成年人仍固守这样的信念的话，那就是自大、天真、妄想。我宁愿受苦，也不能替对方受苦；我宁愿受苦，也无法改变对方的苦；我宁愿受苦，也不代表对方就会不苦；我宁愿受苦，也无法改变世间万物的自有规律和生命轨迹。也许对方要受这样的苦，也许对方能受这样的苦，也许对方爱受这样的苦，也许对方明知没必要受这样的苦却不得不受这样的苦！这是对方的生命之路与心灵之旅，代劳就是侵扰对方的生活、剥夺对方的成长。只有等他们自己的心至了，自然会脱离苦海。再者，痛苦和幸福是毫不相干的两个变量，而不是一个变量，不是我们所认为的如跷跷板一样此消彼长的关系，受苦与享福不能等价交换、不能替代补偿。真实的情况是，痛苦不会干扰幸福，幸福也不会拒绝痛苦，痛并快乐着正是常态，有些苦海不用急着摆脱。

　　我只能说"我宁愿受苦"这样的救世主行为除了真的受苦外，达不到拯救他人的目的，这是个双输的结果。不去过好自己的生活，在命运面前逞什么能？也许你会反驳：谁不愿意过好日子呢？谁愿意去受苦呢？那是无奈之举，不是不愿意，而是不敢。看到家人正受着苦，自己哪里好意思去享乐？于是一直带着一种自我毁灭的倾向去生活，舍不得吃舍不得穿，强迫性地延续苦难；即使好运之神降临，也无视之、放弃之、捣毁之，主动把自己的生活搞得一团糟，要有多惨就有多惨。可是如果你都不能过好自己的日子，那你的家人会甘心情愿地过好日子吗？也许你受苦的同时，你深爱的家人也抱持着"我宁愿受苦"的信念正想替你受苦呢！

每个人都没想过好自己的日子，都把自己的日子过得很苦很累。其实，苦累是会传染的，快乐也是会传递的。你受苦受累，你周围的亲人也会跟着受罪，成天像笼罩在南方的雾霾天中，愁容满面、没有出路；而你过得开心，你的亲人也如受到阳光的辐射般健康快乐，而在你的带动下去反思和追寻生命的质量。所以想要你的亲人不苦，不是你去受苦，而是恰恰相反，首先你得自己不苦，自己过好了，才算是真正的善意与美德。我们可以选择零痛苦和百分百幸福！

善良如你，也许该将"我宁愿受苦"改为"我立愿不苦"，甚至"我祈愿幸福"！

我想摆脱父亲

"我爸爸对我总是很凶，动不动就骂人，我从小就是被他骂大的，我不懂怎么会有这样的家长，总是以辱骂孩子为乐。可是最近，我发现我脾气也越来越大了，我发火的样子简直和我爸如出一辙。我一心想摆脱他，可是好像不管我怎么努力都摆脱不了他。"

来访者痛心疾首的样子，着实让我于心不忍。可我们还是得深入探讨他的问题，了解他如何形成这样的模式。

你说你很努力地想离开他，你都做了什么努力呢？

就是我选了一个很远的地方读大学，再也不想见到他。

来访者一方面他憎恶着父亲，恨他恶劣地对待自己，也恨他的强势，他很想摧毁和打击他。可是这种恨会让他有内疚感，"超我"告诉自己不应该如此。骨子里他不敢反抗和打败父亲，于是只有选择离得远远的。这样既可以保护自己，也能避免与父亲起冲突，不至于违背孝义。可是哪怕离得再远，父亲仿佛都在，自己竟然也表现出他的样子。这下好了，一辈子都摆脱不了他的阴影了，想想都觉得沮丧。

很多孩子都发誓绝不要像父母那样，却越活越像他们一样，那种形象、那种姿势、那种语气，简直一个模子刻出来的。明明不想认同，结果却偏偏一致，为何会这样？

这不仅是耳濡目染的结果，也是认同的结果。认同是无意识地将他人之长纳为己有，并作为自己行动的一部分加以表达。其过程是主体先认同客体的言行，并将客体的品质和特质吸纳为己有，像客体那样行事。这种转换需要特定的情境——客体的在场反倒不利于认同的发生，只有客体不在场的时候才会产生认同。来访者在父亲身边时，内化了父亲的言行举止，但并不会表现出来。只有父亲不在身边，他所学到的模式和习惯才会展示出来。这是对父亲对原生家庭的一种忠诚，用一致的表现来证明出生，证明自己就是父亲的儿子。当他不在身边时，还用同样的性格模式纪念他，与他保持联结。然而这种联结与认同又让来访者更加无力与无奈，有一种逃不脱的宿命感。

单纯地像父亲还不是最让他难受的，最痛苦的是他还要伸手向父亲要钱。这一点上更是让他依赖父亲，无法与父亲脱离。他痛恨经济不独立的自己，实质上是痛恨自己的能力不足，因为自己不够自立而始终受制于父亲的掌控。每次向父亲要钱，他都给得不情不愿，还指责自己不赚钱、花太多、没出息等等。来访者平时可以对父亲不理会或者没好气，可要钱的时候却不得不低头、不得不服软、不得不承受委屈。

看上去来访者对自己在经济上依赖父亲很是反感，却仍然必须向父亲讨钱，表面是排斥父亲，其实还是忠诚于父亲。父亲认为他没用，那他就没用好了，父亲认为他离开家没法活，那他就没有自立能力好了，只有这样才能让妈妈觉得自己是正确的，没有让父亲"失望"。只有让自己不够好，才能继续受父亲资助和控制，才能与家庭保持非独立和非分离的状态。

其实来访者作为一个大学生要独立并不难，要赚钱也不难，虽然可能赚得不多，但补贴自己是足够的。可是他低下高傲的头颅去伸手要钱，不就是对父亲投射过来的"弱小自我"之认同吗？为了迎合和认同父亲，他情愿卑微和弱小。

其实来访者对父亲是没有死心的，他骨子里对父亲的情绪异常强烈，情绪越激烈，联结越深刻。不管是正面的还是反面的，都有着千丝万缕的联系。

强烈的情绪里蕴藏着复杂的感情，他一方面恨着他、排斥着他，一方面却深爱着他、向他认同。他无穷的愤怒也是源于未被满足的无尽渴望，他渴望得到父亲的一个歉意和一份接纳，期待父亲能用另一种方式对待自己。期待被认可的渴求像一个魔咒贯穿他的生命。

"你无比期待父亲的认可，哪怕一个肯定的眼神、一句简单的赞美。只要父亲有那么一次正面和积极的回应，你就知足了，放下了，原谅了，也就不再希求用激烈的情绪来表达自己未满足的需要了。"

听到我的解释，来访者失声痛哭，这是来访者内心深处一个稚气小男孩的哭泣，他用最纯粹的心声在呼唤爱。

认识到自己恨背后的爱，他便无需再用激烈的方式去对待父亲了。很多时候，我们不是讨好就是指责，唯独忘了用真诚一致的方式去沟通。过去，我们只能憋屈，如今我们除了指责，还能勇敢表达自我。如果父亲能够认可自己，尚好；如果他仍然做不到，我们也可以自我认可。当我们放下对父母必须如此的执念，选择自我认同与自我疗愈，也就与原生家庭达成和解了。

我只愿父母过得好

"我也不知道该说什么，我从小到大都生活在一个言语暴力的环境中，父母一直争辩不休、吵得你死我活。我不想理会，却总被拉扯进他们的战争。他们对我也是这样，从来都是各种指责与辱骂，记忆中就没有对我好好说话的时候。我不知道我的家为什么是这样，我好难受，一想到这些就受不了。"

来访者一言难尽的样子让我感觉到他内心的沉痛，总是说不想再提了，可是一提起就收不住，看来真是被这个家伤到了。对于这个硝烟弥漫的家，他很是无力、充满失望。他不懂一个家为什么会是这样，不该是给孩子遮风挡雨吗？为何是暴风骤雨呢？父母不能给自己保护，还总是把他置于恐惧之中，以至于他从父母那收获到的是懦弱的性格、退缩的行为，还有周围人同样蛮横的对待。

他最难受的还不是父母无止境的打压和谩骂，还有他们的双标行为。父母口口声声教育孩子要有涵养要有好脾气，原来必须好脾气的只有他一个，父母怎么发飙都不为过，只要他表现出一点点情绪，他们就会更怒火中烧、一顿炮轰。

他像其他的孩子一样对于这样的家只想远离，他甚至希望自己从未活过或幻想自己重新活过，只期忘却这些不愉快的过往。

"每次父母这样对你的时候，你是怎么想的？"我问他。

"每次父母打骂我或者双标的时候，我都会想，被如此对待的滋味不好受，我不能这样对别人。"

听到这回复，我震惊了！

从父母那受到语言暴力，他想到的不是自哀自怜，不是以暴制暴，而是在与人交往中不要像他们一样强势、虚伪、冷漠。他考虑的不是自己而是别人，或者说他体验到自己的不快是为了考虑别人！来访者真是太不容易了，不能用别人对待自己的方式对待别人，但是又要承受来自于父母或别人如此的对待，怎样都是自己委屈。未被他人温柔以待，却要求自己温柔待人，提醒自己有修养、懂忍让，这是怎样的一份善意与担当？

可是这样的内心世界却无人知晓，无人看见，甚至于他的这份体谅与善意还要被人评价为软弱、老好人、讨好人格，继续被人欺负！可是我想告诉他，我看见了，我为他这样的行为所动容。他可是最有力量的，他扛下了这么多人的暴力情绪和恶劣言行，默默地为社会消解了这么多的情绪垃圾和污浊空气。他这是在用自己的一份绵薄之力为这个世界作出贡献。谣言止于智者，负能量止于来访者。

"你告诉过他们吗？"我问来访者："其实你长大了，可以和他们谈一谈的，告诉他们你曾被如此糟糕的对待。"

"说过啊，我告诉他们了，他们的做法有问题，他们对我造成了伤害，有用吗？他们还不是老样子？还不是为自己的行为做狡辩！"

"真的吗？你真的把和我说的这些话都告诉他们了吗？"来访者没有说话，我继续说："其实你每次说都是有所保留的，你害怕他们接受不了，还是给他们留了面子的。"

来访者一声长叹，合上双眼。我知道我点到了痛处，他始终是顾忌着父母，担心他们难堪，没有把心底最深处的埋怨和痛楚倾吐出来。就像他小时候一贯所为，爸妈不分青红皂白咒骂他，他还要为此道歉，唯唯诺诺的背后是对父母的一份体恤，让他们觉得自己做得是对的，以维护他们高高在上的尊严。

可是这样，所有这些还是得自己承受了，父母还是不懂！他们还是不可能改！

"改，我早已不指望了。"来访者平静地说。

"那你指望什么呢？或者说，你期待父母变成什么样，希望他们如何与你交流，你才会觉得好受些？"

来访者沉默了一会儿说："我希望他们关系好！他俩过得好就好了！"

我再次震惊了，默默承受一切的来访者到头来不是要为自己争取些什么，不是要提出个人诉求、满足个人期待，竟然还是考虑父母处得好不好、过得好不好！

是啊，父母过得好，是多少孩子的期待！父母啊，你们是孩子的天，只有你们好了，这个家就好了！你俩关系处得好了，你们的情绪才会平和与愉悦了，才能给这个家带来温情与生机。不然，所谓的温暖的港湾不过是冷酷的冰窖。

我希望我们的父母能够听到这样的呼唤，经营好自己的婚姻，就是为孩子所提供的最好成长环境；父母关系亲密、夫妻相处融洽就是给孩子最好的礼物。

来访者不需要父母对自己多好，甚至不需要他们的理解和道歉，只希望他们能处理好自己情绪，经营好自己的日子。来访者不仅心怀善良，他还很有智慧。他的话也告诉我们每个人都需要对自己负责，过好自己的生活。家庭成员也不例外，保持每个人的界限，尊重彼此的边界，而不是侵犯他人的空间——他的生活已经被严重侵扰了！

看到来访者，我终于明白，为何他在那么糟糕的环境下都能成长得如此之好。虽有悲伤，却更有坚韧的力量；虽有迷惘，却更有清醒的头脑；虽有痛恨，却更有对这个家深深的爱！有这些资源，我相信，在未来的日子里他也将走出那些不幸的过往，保持与原生家庭适度的距离，达成与父母的和解！祝福你！

接纳自我篇

　　个体不止有与他人的关系，还有与自我的关系。每个人归结到底还是需要与自己相处，自我和谐才能有生活的和谐，自我接纳才能接纳外在世界。

我总是失眠

"我最近总是失眠，翻来覆去地，怎么样都睡不着，好不容易睡着了，天不亮就会醒。都持续一周了，好难受啊，越想睡就越睡不着，运动、喝奶、泡脚、数羊都用过了，就是睡不着，脑子里总是想好多东西，怎么样都睡不着。"

失眠，估计这是很多人都曾有过的经历，为失眠问题来求助的来访者也不在少数。失眠是一个极为痛苦的事情，是我们极力想要回避的场景。在此，我想讲讲如何应对失眠的问题。

人的大脑神经有一个兴奋或者抑制的状态，如果神经处于兴奋状态，那么他就不会抑制，如果神经处于抑制状态，那么他就不会兴奋，二者是非此即彼的关系。那么这意味着什么呢？当我们到了夜间将要睡眠的时候，我们就要将神经调节到一个抑制的状态。

也许你会说我并不兴奋呢，我老早就平静地躺在床上了，但是我还是睡不着，这是怎么回事呢？我所说的兴奋不是指你的肢体动作、运动水平——虽然这些也会引发大脑的兴奋，我所指的个体的神经的兴奋状态。虽然我们都上了床、闭了眼、表面风平浪静，但假设大脑仍在思考、情绪仍在激越，那么大脑是没有平静的，我们仍然处于一个高度兴奋的状态。神经如此活跃，怎么可能睡得着呢？

与自己相抗衡、告诫自己不要想，这其实就是大脑的活动，说明你本身就处一个高度运转的状态。与此同时，一方面告诉自己不要想，另外一方面就会有一个更强大的声音与之抗衡——"我就是忍不住要想啊"，这两种声音相对抗的话，整个人就会陷入到更加兴奋的状态，那么就更加难以入睡了。

那么对于失眠，我们要怎么办呢？那就是要学着用森田疗法：顺其自然。因为神经的兴奋，它会有一个发生发展，逐渐进入到高潮，最后演变至衰退乃至消亡的过程。那如果我们躺在床上神经仍然很兴奋的话，就需要顺其自然，让它亢奋、让它活跃，不对抗、不控制，慢慢地它就会自然走向衰减和消亡。假设我们关注它和干扰它，那就是在巩固兴奋状态，自然就没法入眠了。

所以说，首先当然是减少这个运动性兴奋，睡前一个小时左右就开始进入睡眠的准备阶段，少饮食、少运动，减少生理的唤起，从而减少因生理的激活而导致的神经兴奋。

第二方面就是直接减少神经方面的运转和兴奋性。也许你会说：我就是会不自觉地想事情，考虑问题啊，怎么减少呢？

一般来讲，个体特别是大学生有着旺盛的精力，这些精力需要释放。我们每天的能量是均衡的，白天如果释放完毕，那么晚上就自然没有多余的精力。所以我们要让白天更多的宣泄这个能量，而不是在白天的时候昏昏欲睡或者闭目养神。你可能会说，"我昨晚没睡好，第二天浑身乏累肯定要补觉啊，再不济，我静坐休息也可以啊！"这其实是一种糟糕的策略。虽然你头一天晚上没有睡好，但第二天白天时绝对不是你补觉或者休息的好时机，我们反倒强打起精神过完这一天。如果白天睡了，那么精力尚存，晚上继续亢奋，继而失眠；闭目养神虽然没有睡着，但是部分大脑仍然得到了休息，于是到了晚上，还是继续失眠。

当我们打起精神过好这一天，充分地去创造、去创作、去耕耘、去生产、去运动，把体内过多的能量和精力释放掉，把这个兴奋劲给宣泄出去，那么到了晚上，我们的神经自然而然就会转到一个相对抑制的状态，哪怕你想动你都可能动不起来，这个时候就是适合睡眠的最佳时机。如果白天没有让精力得到足够的释放，那么，夜晚我们就还需去完成这一步骤。

此外，我们要和床铺尤其是枕头形成一个比较良性的条件反射。就是说枕头要给人留下"倒下就睡"的暗示作用，而不是说我躺在床上，跟枕头接触了很久，但还是睡不着。这样的话，枕头就成了一种负面链接。这种链接的模式就会让自己害怕上床，害怕睡觉，害怕与枕头接触。所以我们一定要跟枕头有一个比较好的关系，当我们看到枕头，催眠的效果就来了，就想亲近它，枕着它入眠。

那么如何形成这样一种暗示效果呢？最主要的就是如果你还没有困顿到一定程度的话，就不要上床，愣是上了床，也不要倒下来躺着。并不是说只要我躺着，我就能睡着了；只要我闭眼、数羊、带眼罩、带耳塞、自我强迫、意志努力等等，我就能睡着了。其实并不是如此，就像我刚才讲的，你的神经还处于兴奋状态的话，你是睡不着的。只有在极度疲劳极度困倦的时候才是你上床的最佳时间，当你触碰到枕头的那一刻，你可能就会有一种条件反射，好困好困啊，真的要入眠了。

也许你会说，我还是担心自己睡不着，还是没有办法顺其自然呢，顺其自然后还是睡不着怎么办？对于这个问题，我们要去探寻担心的原因。我们之所以会担心失眠，之所以对失眠这件事情非常的介意和在乎，其实不仅仅是失眠本身给我们带来身体上的难受、心理上的痛苦，更多的还是担心失眠会对身体造成伤害，会影响工作效率。很多人会认为自己只有每天要睡足 8 个小时才能保存个人充足的精力，只有每天保证充足的睡眠才能够拥有一个好身体、健康长寿。

事实上，有研究发现，头一天晚上没有休息好与第二天的工作学习效率没有必然的联系。睡眠是否足够充分与身体好坏、健康状态也没有绝对的关系。很多的科学家，他们每一天的睡眠平均就是 3—5 个小时，但他们始终保持旺盛的精力和高度的创造力，而且他们也普遍高寿。到底要睡多少并没有一个统一的标准，有些人需要 8 个小时，有些人可能 5—6 个小时就可以了，长期失眠的人也许你骨子里就是个科学家或者艺术家呢！

所以我们莫要过于担心睡眠不足会影响身体，严重失眠当然可能影响身体，但是焦虑情绪才更可能是对身体不利。你越有这种担心，反倒越有可能受到这种心理暗示，而把自己的身体暗示差了。

失眠本身就和情绪息息相关，若不是情绪波动，大脑如何会停不下思考，神经如何会止不住兴奋？而后思维继续诱发情绪，以至于思维和情绪交相影响，恶性循环。所以失眠本身不是问题，失眠背后的焦虑等情绪问题才是根源。一旦失眠，还请关注自己的情绪，是什么需要没有得到满足？能够用什么方式缓解？当我们能够更好的关照自己的内心，维持情绪平和，失眠的困扰自然迎刃而解。再者说，失眠也不是什么大事，接纳自己的失眠，睡不着就睡不着好了，平常心就好。越是平常心，越是好睡眠。

你觉得我凶吗

"老师你觉得我凶吗？我感觉有的时候眼神很凶，打球的时候啊，生气的时候啊，我会感觉自己的眼神不大对，很怕自己露出这种眼神。"

我不明白，来访者长得挺文气的，之前见面的时候还问我他是不是太阴柔了，这回见面又问我他是不是太凶了，这是怎么回事呢？我当时还反馈说，你很中性，虽然温和但绝不阴柔，这回我又要保证说，你很中性，虽然清冷但绝不凶狠。

那你还是觉得我阴冷！

我已经很小心和精确地措辞了，可还是被他打败了！我算是明白了，甭管我怎么说，他都会觉得自己有问题。那还是别和他拉锯了，且听他怎么说。经过探讨，我们了解到，他接受不了自己又阴又凶。阴是他女性的极致一面，软软弱弱、冷冷淡淡的；凶是他男性的极致一面，目露凶光、心存恶意。这两面他都排斥！害怕自己男性阳刚的一面，却又不能接受自己女性阴柔的一面。

来访者是一位男生，当然希望他人对自我性别身份的认同，这一点是极好的。他心目中完美的男性形象是阳光健美的，他也希望被认为具有这样的特征。但是他又主动使自己丧失雄性的特征，害怕表现出争强好胜，

229

害怕有愤怒情绪，归根结底是害怕自我的攻击性。

他害怕别人评价自己凶，这种凶让他觉得自己很邪恶，很强势，很不友好，会伤害别人。可能他曾经被男性的这部分伤害过，于是把雄性等同于伤害性，并抗拒这部分。然而失去这部分又感觉自己没有竞争力，很容易被人欺负，是太"娘"的表现，因而被自我所排斥！

来访者太难了，他对自己的态度很矛盾，不能接受自己的性别特征，这其实也是不能自我接纳的一种表现。只想留住阳刚而摒弃强悍的一面是不太可能的，阳刚的背后有一个强大的雄性荷尔蒙的支撑，才会由内而外散发出坚定而自信的气度。

但是他把荷尔蒙都等同于邪恶的一面了，荷尔蒙过于发达确实也可能存在那样的现象。但他并不是那种穷凶极恶之人，他的愤怒与攻击性都是正常范围内的，都是为社会所接受的，所以不存在"面目可憎"的情况。

来访者希望自己是足够良善、童叟无欺的，他不理性的"超我"不允许自己哪怕一点的不完美和不美好，偶尔流露出一点愤怒就自认为是邪恶的、凶狠的。其实，我想告诉来访者：邪恶不等于你、愤怒不等于你，这不仅是你雄性的一部分，也是你本我中的一部分。而雄性的这部分与本我的这部分有所重合。你不会被这部分所淹没，也不会被这部分所控制。你生命中还有很大的一部分，还有自我和超我两种人格成分，这些所有的部分加在一起才是整个的你。

他需要去相信，他的自我和超我会帮助自己化解和调和这些不完美。不管这些欲念有多么强烈，只要不出来搞破坏，都可以允许存在。而且他的自我和超我也会保护自己，不会让它们肆意妄为。无需太担心他们的出现，相信自己能平衡好内心的各种冲突和欲望。接纳自己的各个部分，而非厚此薄彼。本我需要疏导而非压抑甚至切除，完全剔除本我的部分会让我们丧失快乐和需要，只有本我、自我、超我"三我"协调，人格才能很好地整合与发展。

不仅需要"三我"整合，还需要雌雄统一，个体才能协调发展。一个完整的人，内心就是雌雄同体的；一个中性的人，才是最胜任未来的社会的人。柯勒律治说，伟大的脑子是雌雄同体的。这种大脑能引起共鸣、互相渗透，天生具有创造性、情感性和审美性。正常而又舒适的存在状态，就是这二者和谐共处、精神合作。

来访者本身就具有这样的特点，这是得天独厚的优势。我之前也以为他过于柔弱，得知他也会横眉冷对也会目露凶光也会争强好胜，我其实是为他叫好的，这就是他内在雄性力量的呈现，这不正是他想要的这部分吗？其实他有呀！

欣喜地看到这部分、坦率地承认这部分，而不是加以掩盖和斩断，而是将本我和雄性中破坏性和攻击性的欲望升华为社会所认可的建设性力量，并将之与女性的部分相整合、相融合，用这两部分分别为自己服务，他必然会成为一个更加完整与丰富的人！灵活地动用男女性思维和性格特征，该温和的时候有女性的温暖，该强悍的时候有男性的阳刚，用雌性的智慧去融通关系，用雄性的力量去创造成就。

其实他所理想的"阳刚健美"的男性形象何尝又完全是一个雄性的形象呢？这里面既有雄性的健硕与威猛，又经过了内在雌性的中和，最后呈现出理想的男性形象。

性别角色也不是刻板的，我们需要用一种多元化视角去看待性别，这样也才能更好地接纳自我、自在地展现自我。

我不想说话

"不知道为什么总是不开心，将近一个月了。也没有什么原因，就是很低落。昨天我一个同学还找我说话，我其实自己也挺烦的，还得去安慰她。我做宿舍长，她们经常不搞卫生，我提醒她们，还是不动，最后还是我去弄的。好像都不是什么大事，但我现在就是提不起劲，也缓不过来，人也变得冷漠很多，不喜欢参加集体活动，不喜欢人群。"

没发生什么事，但就是情绪低落、提不起劲。像这样的来访者，我们经常会很想探究到底有什么刺激事件，但是却很难探明，连她自己都不知道为什么会这样。

来访者身上的这些事似乎都不是什么大事，确实不是什么大事，不就是扫个地、打个饭、安慰个人，没什么大不了的，但只要是不符合自己心意之事，那就是压在身上的一层又一层包袱，长年累积则如千钧之重，再往上加压就是压死骆驼的最后一根稻草。于是来访者在无形中累积了较多的情绪，委屈、憋闷、烦躁，等等，但这些情绪却从未有一个宣泄的出口，不能向外，则只能向内。但这些事又似乎微乎其微，连愤怒都找不到理由，连抗拒都说不出口，连倾诉都不值一提，最终形成一种莫名的苦闷氤氲在体内，排解不出去。

我们从中也可以看出，来访者对来自外界的请求和要求照单全收，哪怕自己不情愿，也会习惯性压抑自己，用"算了吧""没什么"来合理化自己受到的伤害和委屈，屏蔽自己的真实需要和感受。本来一句简单的拒绝就可以轻易解决的人际麻烦，在来访者这里却是巨大的无形压力，似乎无从反驳。心理的界限就是这样不知不觉地被侵入，回过神来的时候自己的领地已经所剩无几，唯剩下一声叹息。

在这样的过程中，来访者的性格也变得压抑、消极和退缩起来，逐渐变得什么话也不想说，什么人都不想理，把自己收起来。来访者在人际关系中一直扮演着一个付出的角色，自我封闭就是由于个人界限和权益被侵犯了太多，以至于再没有力气继续扛下去。沉默是沉默者的通行证，这其实也是她一种自我保护方式，就像蜗牛蜷缩进蜗壳里才能保护自己柔软的身躯。只要她有一点力气，不管她多不愿意，她都会去做，而只有自己彻底无力了，甚至抑郁了，才能心安理得地不再付出，不再照顾他人的感受，不再以他人为先。她用症状表达了自我的心声，满满都是拒绝的态度。

来访者要学会尊重自己和关照自己，拒绝他人看似细微却不合理的要求，尊重自我边界，不代劳，不揽责，他人的错误与己无关，他人的痛苦我们能够感同身受已是难能可贵，无法去帮对方承受或者消除。你或许觉得"不就是个小事吗？举手之劳自己做了算了"，可是你为何不想"不就是个小事吗？人家自己做也可以"，为什么你会觉得人家自己没有责任做的事咱们却有责任去帮忙？为什么你会觉得他人的需要会比自己的需要更重要？更有必要得到满足？

深入了解，我们这位来访者是有根源的，她是家里的老大，底下还有弟弟妹妹，小时候她的任务就是帮助爸妈看护弟弟妹妹。父母对她的教育就是："你是大的，永远要记得照顾小的。"所以在家里她都是要以弟弟妹妹为先，有什么好吃的好玩的都是优先他们。如果哪一次她先顾着自己，就会被爸妈指责，说她自私自利、不懂事、没有一点姐姐的样子。一路走来，很多事情都是一个人独自承担，无处依靠，更遑论求助。在大家眼里，甚至她自己心中，哪里有什么委屈可言？那都是应该做的。

类似这样的来访者不在少数，他们形成这种不懂拒绝的模式有各自不同的原因，但都在成长过程中个人的权利没有得到足够的尊重，个人的边界任意一个人可以闯入和打破。那时候的自己太小，也无力反抗，于是自己也觉得那是正常的。而当我们长大，则会觉得不对劲，那种不对劲就是自我意识的觉醒，自我维护的开始。从现在开始，尊重自我的边界，并坚定地捍卫之，任何时候都不为晚。逝去的不可追，未来我们可以勇敢地表达，为自己争取。

学会做自己不是一蹴而就的事情，我们需要坚持，从最简单的事情开口。不需要一步登天，挑战高难度，一棒子拒绝和回避掉所有的输入，那很难。就从很小的事情开始，当体验到拒绝给自己带来的清爽和好处，收获了成功的经验，再逐步升级。记住，你的情绪是唯一的标准，一旦他人的请求引起你情绪不适，那么这件事就值得商榷。也许你依然可以选择答应，但也要知道那不是你的分内事，你可以有自己的态度。之所以怕了别人就是因为感觉他人都会侵入自己的领地。一旦能守住自我的空间，自己决定对方的进出，人际关系就再不是洪水猛兽。

自我成长是一辈子的功课，此外，针对来访者情绪压抑的状况，当务之急，她还需要宣泄情绪，排解内心积压已久的负面情绪，否则继续堆积，很可能会出现严重的抑郁。当情感流动，冰封的热情就会出来，不再冷淡与冷漠。当然，当能自如做自己，情绪也会更加积极，整个人也将更有活力！

我很容易紧张

"我很容易紧张，我不知道自己为什么那么容易紧张，一走到人群中就无比的恐慌和紧张焦虑，紧张得心跳加速、浑身发抖，特别害怕自己说错话、做错事，很想改善这种情况，可是却不知道怎么办。"

来访者谈到自己很紧张，说着说着眼泪哗啦啦地流下来，整个人状态很不好，很伤心难过无助。看来紧张着实带给了她巨大的心理压力，以至于恐惧得哭出来，心理退行到更幼稚的某个年龄段。

可是不对，她说的不是紧张嘛，但是她表现出来的情绪却是伤心，彻彻底底的伤心。尽管害怕会把人吓哭，可是在咨询室里，她是足够安全和放松的，显然不是紧张到哭，甚至可以说，她此时此刻就是纯粹的悲伤，与紧张一点关系都没有。她是如何从紧张过渡到伤心的？来访者表示紧张的时候就会感到很难过。紧张时不应该感到焦虑和担忧，为什么会是伤心和难过呢？

来访者思考了片刻说："也许是觉得这样的状态不好吧。"我明白了，来访者其实是不能接纳自己的紧张，她认为紧张是不应该的。在她看来，不就是这么一件小小的事情吗？这么点小事都能紧张，这么点紧张都克服不了、战胜不了，实在是太没出息了！所有的人都能正常表现，为什么自己却无比紧张，为什么自己这么没用？于是这种紧张就转化成对自己的不满，强烈的自责导致那种伤心和痛苦。

在来访者的概念中，紧张是一种不被允许出现的情绪，是一种柔弱和无能的表现。她不能在大众面前紧张，那是非常丢脸的事情，她因为这种情绪或者这种性格而感到羞愧。

她觉得自己没有办法控制，越控制就越紧张焦虑慌乱。既然如此，为什么不干脆让自己紧张好了？在这里，紧张是原生情绪，伤心则是一种衍生的情绪。原生情绪是指你对事件本能的反应，是我们无法改变的最真实的感受，衍生情绪则是指自己对该原先情绪加工过的感受。原发情绪之后，如果你不去干预，它就自然而然会有一个发生发展高潮和消亡的过程。而如果你去跟它对抗，它可能就会固化下来，并演化到别的情绪上去。

抱着接纳和好奇的态度，让自己充分体验、感受紧张，与紧张同在，看看紧张能把自己带去哪里？是不是真的就无法承受、无法应对、无法共存？也许我们能看到紧张也并没有那么可怕，也许我们也能发现紧张背后的根源。

紧张是再正常不过的事情，根据我们后面的了解，来访者本身这种在大众面前讲话的经验就不多，那么当她处于这种情境下就必然会出现紧张。除此以外，还有更深的原因吗？可以很容易猜到，来访者可能有一个严苛的父亲或母亲。小时候在跟父母的相处过程中，父母对她高标准严要求，于是她在父母眼里是不够格的——这也做的不好，那也做的不好——经常受到各种批评和指责。

那么她长大之后，就自然而然会将早年对父母的感受移情到其他人身上。她开始担心来自周围人的负面评价和不善目光，她很担心自己哪里没有做好而遭致他人的批评，很容易被他人的言语所左右。这并不能说明他人是准绳、他人是真理、他人是法官，只是表明是她把评判的权利交给了别人。如果我们总是依周围人行事的话，你会发现这也做不了，那也做不了。有些人的无心之举却成了束缚自我的枷锁。比方说此时此刻，你要把东西放到左边，他就说你为什么不放在右边，当你放在右边的时候，他又会说，你为什么不放在左边？很多小事情堆积在一起，慢慢地你的自我空间越来越狭小，自在行事的可能越来越小，完全受制于人，不能做自己。

不能做自己是一件非常悲伤的事情，接着又因为不能做自己而更加责怪自己，从而加重悲伤和无助。所以，我们要把这个权利收回给自己，他人没有任何资格对自己说三道四、评头论足。坚持自己的底线，坚定自己的行为，只是按照自己的心意行事并没有做错什么。保持这样的这种底气，坚信自我的感受和智慧。但是，尽管他人没有资格如此做，却常有人不自觉地喜欢对我们指手画脚，那么我们要有一个心理准备：他人一定会用言语点评或干预我们的生活，与其怀疑和担心，不如想想如何应对。反正防不胜防，不如做好应战。

在我们没有办法做到如此坚定，仍然会在乎他人眼光之时，那么就让自己去紧张吧。因为那就是你最真实的感受和情绪，它无法控制，而且它本身也是行为的结果而非行为的原因。它的形成有综合性的根源，如果我们责怪它、谴责它、割断它，让它为我们背负罪名，那么根本问题终将无法解决，那些莫名其妙的恼人情绪还是会改头换面卷土重来。所以，还是要看见并解决紧张背后的综合问题——个性特点、应对模式、消极经验，努力给自己创设表达的机会，增添成功的社交经验，形成新的反应机制，才可能真正的做到不紧张。这条路仍然曲折而漫长，我们一起面对！

我很自卑

"我很自卑，和别人相比，我真是太不行了，没有什么拿得
出手的东西。人家四六级早过了，我还在痛苦地背单词；人家都
得三好学生或者奖学金，我却从来没有得过任何奖励；人家都找
得到对象，我却没有女生喜欢……"

来访者倾吐了一堆自己的劣势，反反复复强调自己自卑。其实自卑不
是单一的心理现象，它在大学生中不在少数。因为自己哪方面的不足而自
卑，因为自卑又继续埋怨自己，认为自己心态差，满满都是负能量。

针对这种普遍的现象，我有几点想法与大家交流：

每个人都有一定程度的自卑感。

你以为只有自己自卑，也许那些你所认可的牛人骨子里也忐忑不安、
自卑肆虐呢！遇见过很多来访者，他们不停地哭诉自己自卑，我以为他们
素质很差呢，但仔细一了解，他们不但水平不差，还很突出。他们当中不
乏综测排名前列者，不乏某方面才艺突出者。他们不是矫情，是真的惶恐
不安。所以不要以为别人都是心理素质极佳，心态极好，唯有自己自怨自
艾、悲悲戚戚，其实他人心里也胆怯，也担忧能力不足，也担心不进则退。

其实，人类骨子里就是自卑的，为什么这么说呢？人类的祖先，他
们处于社会发展落后、生产力水平低下、科学知识荒芜的情况下，面对洪

水猛兽，赤手空拳的他们通常是很难应对的。他们需要群居，需要抱团取暖。哪怕合力对付，也干不过变化多端的大自然。所以，在这样一个恶劣的环境和未知的世界面前，他们显得力不从心，由衷生发出一种自卑感，觉得自己微不足道。于是，自卑刻在了人类的基因里，养成了对天地最原初的畏惧感和敬畏感。

适度的自卑是一件好事。

自卑会带来一种心理补偿功能，让我们寻求自我超越。心理学家阿德勒说自卑是人类社会发展的动力，自卑感可以作为促成努力和进步的契机。如果我们自认足够完美，我们可能会止步不前。反而因为弱小，我们才努力去发明创造、追寻梦想；因为不足，我们才奋力去拼搏去弥补。自卑给予我们生命源源不断的动力，激励我们不断地前行，不断去追求自己所缺失的那一角。在一次又一次的自我进取中，我们突破了原有的自我，获得了一个又一个成功。

拥有适当的自卑感让一个人看起来是谦逊的、友善的、平和的，而一个不可一世、无法无天的人可能就缺乏了谦卑心与敬畏心，让人反感与排斥。对自己不在行的领域我们要心存敬畏、心怀谦虚，了解个人局限，秉持自我节制，有所为有所不为，这也是培育高贵人格之所需。

过分的自卑不如过度的自信。

虽然膨胀的自信很有风险，因过高估计自身而导致失败，但过分的自卑却可能让自己自我否定和自我厌弃，最终陷入抑郁与自毁的深渊。

仔细看看，来访者比很多男生还帅气许多。我们往往以为长相好人会更自信，其实并不完全如此。很多人在帅哥美女面前自惭形秽、望而却步，但其实很多相貌堂堂者都很心虚，而且他们找的对象也许相貌平平。科学研究发现，丑男倒有一个自信的基因。于是这个世界赐给丑男一个法宝——自信，这是这个世界给丑男的仁慈，让他盲目自信、恣意自信、迷之自信。按《脱口秀》演员杨笠的说法，就是"他明明那么普通，却能那么自信"。他们也曾在成长过程中因长相丑陋而受尽打击，但那些打击都在强大的自信基因面前不堪一击。对此，我不带任何偏见，我只想说明，其实自信固然与优势条件有关，但有时候也与实际情况无关。我们的自信可以不用建立在任何条件下，"我什么都没有，我就是可以自信"。生而为人，就是最大的自信资本。长得不好看怎么就不能自信了？作为一个人，如此鲜活的生命，如此完美的缔造，还有什么不值得荣耀？

我还想说：自信不需要理由，宁可盲目的自信，也好过谦恭的自卑。人类最原始的形态就是盲目自信，你看一个小婴儿，他哪来的能力与优势？可他就拥有全能自恋之感。当他抬起高傲的头颅，自信地一笑，仿佛整个世界都在他脚下。当然我不是教大家要像婴儿般全能自恋、唯我独尊，适度的自恋是健康的表现。哪怕是虚假的自信，也会让一个人春风得意，看上去有能力、可办事，于是拥有更多的愉悦、获得更多的机会，从而也可能会有更多的成就和收获。很多丑男就依靠自信的力量步步为营，最终建功立业、赢得美女青睐。因为我们还真的会认为自信的他充满无限魅力，并且相信他有这样的能力。而这些又给了他们更多的自信，从而从成功走向成功。

最后，如果我们没有被赋予盲目自信的特质，那么最好的是，我们能够客观地评价自己，不过高评价，也不过度贬低。也许我们是不够帅气、优秀、杰出，但我们起码是一个普通人，是这个世界上千千万万个普通人中一员。我们不能把普通人等同于劣等人。很多人把能力平平等同于"不行"，把没有优势等同于"差劲"，然后灰溜溜地告诉自己："我很自卑"。就像这位来访者，他其实是芸芸众生中的一个普通学子，却把普通等同于糟糕，因而自卑，其实他是不能接纳自己的普通。

接受自己是一个平凡的人并不容易，这是需要智慧和勇气的。生而为人，四海之内，我们都是普通的一员。带着生命本身的美好价值，带着自我欣赏的眼光，接纳自己的不完美，接纳自我的平凡。能够做好一个平凡的人，也是伟大的！

我很软弱

"我是很软弱的人，总是受到别人的欺负，受欺负了又不懂得反抗，每次内心都很不舒服，很想爆发，但临到头还是会忍下来。忍完了还会替别人找借口，别人也不是故意这样对自己的。也许就是这样，别人下一次还欺负自己。可是长此以往，我也感觉这样不对，有时候真是很恨自己，恨自己没用，为什么总是一个受害者的角色？"

我也是一个性子比较软的人，来访者的这个议题，我有些话想表达。软弱的人会很难过，因为会受到欺负啊，或利益受损，或心理受伤，然后就会自我责备：我为什么会这么软弱啊？我怎么就不知道去争取，去捍卫，去反击啊？于是软弱之人不仅会因为软弱受欺负而难过，也因为自己这种软弱的性格而更难受。

于是，我发现了一个有趣的现象：人们会因为软弱而难过，因为软弱而痛苦，因为软弱而自卑，但是你很难发现有人因强势而难过，因霸道而自卑！有点意思吧！强势就不会有这样的现象，最多因为强势有那么一点点内疚，但绝对不会说因为强势而伤心，因为强势而自怜，因为强势而自感不好。相反，会有这样一种可能：强势的人，他会觉得，因为自己强势还挺得意，还挺骄傲。我把别人骂哭了、怼赢了，或者说，我今天又占了谁的便宜了，他反倒会庆幸得很，有种高人一等的感觉。这可能是一些校园霸凌的心理机制：被欺负的人他会越来越痛苦，越来越懦弱，无处可诉，只能独自舔伤口；而欺负别的人，他就越来越得意，越来越自恋，标榜自己很优秀、很厉害。

由此，我们会发现，软弱的人要改变是很难的，在他身上有重重牢笼囚禁着他，无法驱散。当你软弱的时候别人都会说：你强势起来呀！你干嘛不强势呢？他们不是包容你的软弱、同理你的委屈，而是继续用"向攻击者认同"的方式强化一个道理：你不该软弱！解决软弱的方式就是转入另一种姿态——只要你和他们一样强势，或比他们更强势，你就没事了。甚至连强势的人自己都会觉得你不该这么懦弱，他因别人的懦弱而获利后还要指责别人的懦弱，似乎在说：活该你软弱啊，你要不这么软弱，我就不这么对你。

软弱的人有三重牢笼三重苦。第一重，因软弱而失去利益或受到伤害；第二重，因自身利益受损而怀疑自我的性格；第三重，因软弱的性格而被他人瞧不起的痛苦。长此以往，就会形成一种固化的人际投射。软弱之人投射出好欺负的样子，他人接收到了信号就会不同程度地欺负他，受欺负后就愈加蜷缩和畏惧起来，更加给人一种软弱可欺的样子。

很多的家庭教育也是如此，小孩子在外面或在学校受到欺负的话，有些家长就会说："他打你，你不知道打回去啊！你为什么这么怂？为什么那么多人不欺负就欺负你？是不是就是因为你好欺负？"这样的回应让孩子得不到接纳，他习得的道理是：软弱是不好的，是不被允许的。家长以为用这样训斥的方式孩子就会强硬和厉害起来，然而恰恰相反，这只能让孩子再次陷入被动与怯懦的处境，只因家长此时也处于一个强势的状态。无辜的只有这个孩子，不管在哪里，他都是最软弱的一个！

大家不觉得奇怪吗？你本来是想要孩子强悍起来，然而，你也加入到强悍的队伍，用一个高高在上的姿态教训孩子，这不是变相地欺负孩子吗？难道就只允许你欺负孩子，就不能别人欺负孩子？自己的孩子自己打得骂得，别人就不行，听上去好有道理哦！其实这是强盗逻辑，把孩子当成自己的私有品，任意对待！真正的逻辑应该是：别人不行，自己更不行！若不是父母经常性地对孩子实行专制，孩子也不会将"强势的父母—弱小的孩子"这样的内心人际结构投射到其他人际关系上，以至于人际中时时处于劣势。

从小时候的教育我们就知道，这个社会对于强势的人，会更加的赞许，对于懦弱的人会更加的否定。社会的规则如此，认为强势是会褒奖的、传承的、鼓励的，而软弱是不可为的，不可行的、不可有的。这样的价值观需要纠正，要让弱者能够生存，有立足之地。

不行啊！也许有人会立马反驳，"人善被人欺，马善被人骑"啊！不，软弱不是善良。不把善良当软弱，善良里有软也有弱，但更有力量。善良之人会让我们在面对恶势力时横眉冷对，会让我们处于不公不正时变得刚毅与硬核。软弱的对立面也不该是强势，而是强大。内心不强大的人，即使佯装强势也是纸老虎，遇见更强势的立马变成缩头乌龟。

那么，软弱者，如何自救？

首先，承认自己的软弱。其实，软弱一点无妨，软弱的人童叟无欺、牲畜无害，比蛮横无理、趾高气扬的强势之人可爱多了。软弱的人也给别人提供了诸多的便利与福利，与其患得患失，不如一笑而过。反正给都给了，不如给得潇洒一些。这也是在塑造自己豁达的个性，解除这第二重苦。

其次，做人要有点底线。强势要有底线，软弱也要有点底线。不要一味的忍让，这不仅仅是一个捍卫自我的问题，更是对自我的负责。就如蔡康永所说："有什么忍不住的就不要忍，那个显露的是我们对生命的热情，容忍会导致不在意，不在意会使我们失去活着的滋味。"无条件的忍让与软弱，最后会习得性无助，失去生命力。请给自己设置一个底线，把柔软留给值得的人，把柔弱留给值得的事，而不是在滥用"软弱"中消泯生命的热情。

　　最后，专注于提升自我。减少让你耗竭的社交，那些腌臜的人际不要也罢。尽管做你自己，反思软弱背后的恐惧感，通过各种方式提升自己，饱读诗书、增强阅历、心理疏导，有那么一天，你会到达一个前所未有的层次，站在制高点俯瞰那些自以为是的人在你脚下张牙舞爪。当你自我成长到一定程度，你内心的缺失越来越少，富足越来越多，此时你也将足够强大，无欲则刚！

我没法接受自己

"老师你看到了吧，我很矮，比那些矮个的人还要矮。我不知道怎么办，我这样毕业了也找不到工作，没有单位会要一个我这么矮的。我很自卑，我感觉我的人生无比灰暗，我这辈子就这样了。"

来访者的确矮小，有点营养不良的样子。来访者对身材极其不满，没有办法接受这样的自己，这是由客观原因引发的强烈自卑感，她自卑得有理有据，她的不合理观念也显得十分合理。她诉说自己生活中种种困扰、找工作面临的种种困难，我都无从反驳，用现在的流行语就是"说得好有道理，竟无言以对。"

这样的来访者往往伴随一个很坚固的内核，不管你怎么劝慰她，"东边不亮西边亮""世界为你关了一扇门，就为你开了一扇窗"，"失之桑榆，收之东隅"，都没法达到劝慰和安抚之效。你越和她说"你还有很多优点"，她越有千万个理由与你对抗。因为在他们的眼里，这些都是自欺欺人的话，扭转不了事实。就像这位来访者，这些心灵鸡汤改变不了她矮小的事实，也转变不了世人审美的标准。矮是没办法逆转的，哪怕穿上"恨天高"也弥补不了多少。

身材矮小还不仅仅是审美问题，对个人的就业和发展也产生了巨大影响，很容易遭致歧视和冷漠，从而剥夺了很多宝贵的机会。所以来访者对公平公正的诉求比任何人都强烈，迫切渴望尊重与理解。

确实太不容易了，这可如何是好？我几乎完全卷入到来访者的世界里了。我也是矮小一族，也曾一度自卑，她的感受我再理解不过。在劣势之下，我也通过自己的努力挣得了立足之地，既然我可以，那么她也可以。于是我进行了一番自我暴露，以期用我个人的励志经历激励她。

我越说越激动，但她给我泼了一盆冷水："你不是我。"我一愣，我如此感同身受，她怎么还不满意呢？

旋即我开始自我反思，我在咨询室里一直是很温暖亲和的形象，怎么就在这个来访者面前不淡定呢？我迅速有了答案，当她讲到自己的种种不容易，我的反移情就已经出现。我如此认同她的不合理观念，也是源于触到了我的痛点，我也曾因为矮个而承受了各种委屈与无助，于是借她之口来发泄。随后，表面上我是"以己推人"，用自己成功的经验激励她，其实是在自我勉励和自我疼惜。我因两人共同的特质而陷入到自我框架中，并没有看到她这个活生生的人，她的独特性，她的一路艰辛。在她看来，我比她还高许多，哪怕我只是比她高一公分，那也不是她，无法体会到她的感受，我所说的话也就成了"站着说话不腰疼"。

来访者的问题正击中了我的盲点，那对她就没有办法了吗？怎么破呢？她怎么才能接受自己的无法改变的短板呢？

于是，我把这个问题抛给了来访者，我让她设想："如果有一天自己可以不再在意身高，那么将会发生什么事情或者满足什么条件？"

来访者表示想不到，于是我继续启发她："假设发生了一个奇迹，你不再在意身高，那时发生了什么呢？"在我一再引导下，她想到了三条：找到一份满意的工作，受到他人的尊重与肯定，有一个无条件爱自己的人。如果满足了三者之一，她可能会放下这些纠结，接纳自己的状态。

我看到了希望，看来这一切还是有拥有诸多可能的。三个条件其实可以归于一条：无条件的接纳与肯定，这是来访者深层的需要。而当我也放下了自我关注，进入到她的内在世界感受她，她也真正看到了我的尊重，从而在一定程度上放下了非理性思维。

她无比渴望尊重与接纳，源于她小时候曾因矮小而遭家人嫌弃的经历。这让她心寒不已，家人都看不起，谁还能接纳呢？

"如果小时候你的家人爱护自己，即使矮小，状态会不一样吗？"来访者表示会不一样，即使矮小，也会更自信，不会那么自卑和觉得丢人。

是啊，我看到过太多这类来访者，身体有各种残缺或不足，他们都特别自卑。但如果周围人能够爱他们，那么他们也能接纳自己。我们这个社会需要给予他们更多的善意，而非歧视；给他们更多的容纳，而非排斥。

他内心缺失的还是爱。爱才是驱散一切阴影的光芒。不管我们是形象不好还是身患残疾，不管我们是自卑自怜还是逃避退缩，如果我们能够接收到这样一份无条件的爱，那么这就是巨大的治愈性力量。我自己就是被这样一种无条件之爱所治愈，我的两个小棉袄，她们爱我如生命，在她们眼里，我就是最高大的——我是她们最伟岸的港湾。

我相信来访者总会找到一个这样的人能够爱她如是，事实上本来就有这样一个人，她的好朋友就是坚定地在她身边，支持她、接纳她、肯定她。未来，她也可能收获更多这样的爱与接纳。当然，我们也不能消极被动、怨气满怀地等待他们的到来，而要主动去修炼自己的内功，让自己的内在变得更加美丽，美丽到他人可以忽略自己的外表。心理学家阿德勒曾提出"自卑补偿"，一个人生理或心理的缺陷，可借由自己的努力而得到弥补或代偿。就让这份缺憾推动自己去追求自我补偿与自我完善，到那时我们也将获得自我超越与自我实现。再说一句"站着说话不腰疼"的话，也许有一天我们还将感谢自己的不完美呢！不完美，才美！

我们善良的人……

　　"我是一个善良的人，我希望人家知道我是善良的，比如人家有蚊子靠近了，我会去挥手赶走蚊子，人家咳嗽，不管男女，我都会去拍拍背。善良是我的座右铭，我要坚持。我要对每一个人好，不管他们怎么对我，这是我的原则。我们善良的人却不被人理解，不被人喜欢。我对别人好，可是人家却不对我好，我没什么朋友。我们善良的人为什么要遭到这样的待遇？"

　　听说过自诩漂亮的，自夸善良的还说第一次见。就像听到自夸漂亮者，忍不住多看对方一眼，以确认她是否真的漂亮；听到自述善良者，也忍不住多了一个疑问：她真的善良吗？自诩善良不会让人信服，反倒激起了怀疑。而且来访者还反反复复地强调和感叹："我们善良的人……"我不禁要问："你们善良的人的，你们是谁？"来访者回答说就是她以及很少的几个人。我不禁追问："其他人都不善良吗？""其他人也是好的，但是不能叫善良，他们很多时候只考虑自己。不像我，总是考虑别人。"可见，在来访者心里，已经把自己置于"圣母"的位置了，"圣母"之下，难有善人。把自己推向道德的神坛，其他人都是劣等。来访者有多善，尚且未知，但是她自恋，是真的。陶醉于"我们善良的人"之后是自我价值感的夸大，是"独一无二"感的迷恋。

对于这样的来访者，我的互补性反移情"噌噌噌"往上冒。反移情是咨询师把对生活中某个重要人物的情感、态度和属性转移到了来访者身上，包括一致性反移情和互补性反移情。一致性的反移情是咨询师的情感感受可能跟来访者的感受比较一致，而互补性反移情中咨询师出现了和来访者不一样但可能和来访者身边的人一样的情绪。按捺不住要表达，于是我一针见血地指出：其实你这样标榜自己善良已经是不善良的表现了。来访者急于辩解：我们善良的人总是不被人知道，所以我要让人家知道我是善良的。我明白。可是，标榜自己善良，首先就已经把其他人置于不善良的地步，这样旁人当然会很不舒服。把恶投射给了别人，善留给自己。普天之下，就你善良，其他人都是恶人，谁会觉得舒服呢？还不得躲得远远的？

更主要的，当你标榜自己善良，而认为其他人不善良，那么说明你内心还是不够善。因为善良的人是足够包容的，她眼里都是美好与善意，而没有或少有丑陋。她的眼里只会看到更多的美好与良善，她更加宽广，而不是更加苛刻。佛心自现，内心足够善，才能看到善，内心存有恶，才会看到恶。把内心不想要的恶的品质都投射给了别人，也许就是大恶。当然，咨询师的反移情不是用来发泄的，而是为了帮助来访者看到自我的模式，尤其是这种模式在人际互动中是如何呈现的。我的反移情，不正是来访者朋友的反应吗？怀疑、厌烦与排斥，有可能就是来访者"善良标签"下适得其反的结果。

你可以说"我这么漂亮"，那是自信甚至自负，但标榜"我这么善良"，听着总觉得怪怪的。只因漂亮一目了然，而善良不易发现。我们太想让人发现了，于是自说自话。但也正是由于善良的品质不易显现，需要时间来证明、需要事实来体现，所以自说自话除了徒增反感，并不会被人相信。由此可知，来访者的人际关系也不可能会有多好了。

互补性反移情表达出来后一致性反移情生发出来，替来访者委屈，为来访者心疼。来访者不停地标榜自己的善良、自己的好，不停地喊口号讲标语，如此用力的去证明自己，就是希望被认定为善良的、热情的、友好的。我不禁发问：被看见，她是有多稀缺？被看见，她是有多渴望？也许，她真的已经做得足够好，但是没有人给她一个肯定的眼神，甚至还指责她做得不够；也许，她真的足够善良，但是没有人给她一个温暖的怀抱，甚至还污蔑她虚情假意；也许，她真的付出了足够多，但是没有人给她一个真诚的感激，甚至无视她的努力与真心。既然没人看见，唯有自我肯定；既然没人传颂，唯有自我宣传。这"不知廉耻"的自我标榜行为背后藏着多少的未被满足的基本需要，藏着多少的未被看见的心酸期待？

最后，我调整了自己，告诉她：我知道你是善良的，你帮人驱赶蚊虫，你帮人拍背止咳，你还做了很多很多，我都听见了，我都知晓了，我都看见了。

我是过敏体质

"我是过敏性体质，很容易皮肤过敏，不是这里红斑就是那里一个疙瘩，总是痒痒的刺刺的不舒服。治好过一段时间，但好景不长过一阵子又发作了，如此反反复复。难道我一辈子都摆脱不了这种折磨吗？"

身体过敏的学生并不少见，有些是真正的过敏体质，有过敏源，而有的却莫名其妙的，查不出原因，但就是容易过敏。不管是哪一种，难受是真实的。因为过敏，这个不能吃，那个不能碰的，哪里有什么舒适可言？你问她什么时候会好受些，她便说只有不过敏的时候；你问她什么时候症状会减轻一点，她便说什么时候都一样；你问她有没有虽然过敏却稍微好过一点的时候，她便说没有这样的时候；你问她什么时候可以将过敏抛在脑后，她便说永远都忘不了。看来真是被过敏折磨得够呛，以至于怎样都接纳不了过敏这件事，到了必除之后快的地步！

那怎样才可能接受呢？

除非不是她自己！

真决绝！除非不是她自己，那给她换一个人如何？于是我问："你愿意和一个怎样的人换身体呢？或者说你愿意拿出点什么去换取一个好体质呢？"她不语。"缺一个胳膊或者少一条腿可以吗？"我小心探问。

"为什么一定要缺胳膊少腿？我就不能完全是正常的吗？"

"并不是说非要身体缺少点什么，但是你得失去一点东西才能得到一点东西，不是吗？失去别的也可以。"物体都是等价交换的，想要获得一些东西总要付出一定的代价，付出努力也可以。

"没问题，我换！"她满口答应，表示愿意和残缺的人换，因为即便有残缺，却少了痛苦。原来如此，来访者其实是害怕痛苦，因为不想要痛苦，于是也想把过敏连根拔除。过敏这件事就是这么磨人，不是大毛病，也不会有致命性，但就是有没完没了的折磨。

"好，那可说好了啊，真换了哦！"此时，她沉默了，真到了让她换的时候，她却退缩了。她确实不愿意承受这种黏人的折磨，但她也清楚地知道比起那些残疾和大病，她实在是幸运很多。

"为了根除身体的这个小毛病，你真愿意用自己宝贵的东西去换取吗？"我继续趁热打铁引导来访者发现自身的优势和生命中值得珍惜的东西，她逐渐领悟到生命中还有很多宝贵和完好的东西，所有这些都值得珍惜，不值得为一个过敏过度忧思和烦恼。

但是，仅仅是领悟到这点还不足以让她平常心对待，一旦过敏来袭，她仍然不能淡定。于是，我引导她尝试着把过敏当作一个客人，尤其是"不速之客"，她不请自来但终究会离开。就像"大姨妈"，每个女生都很熟悉，当她没来的时候就好好过自主的生活。当她来了，她可能会占据你的身体，把自己当作主人，迫使你满足她的需要。而你可能会有一些憋屈和烦躁，由于要照顾她的来访而不得自由做自己，没有办法想吃吃、想睡睡、想玩玩。但是很多女孩却不会排斥反倒把"月经"当成是常态的，甚至是身体的一部分，因而可以很好地招待和对待她，喝温水、揉肚子、强营养、多休息等等。等过几天，她的需要得到满足，便自然离开了。而你对她的照顾，也反过来福报到自己的身上。

等下次过敏到访，不是反感地想着"你又来了"，而是微笑相迎"哇，你来了"，不妨请它进来，它就是你身体的一个访客甚至是一部分，好好招待它，待它心满意足后定会还你一番清净。

来访者表示这个说法很新鲜，愿意一试。

不妨一试！当你真正愿意与它共存，那么即使它来了，你也不会觉着被侵犯和打扰了，你的内心依然是静谧与平和的，而你对它关照也终究会回报给自己，也许过敏就越来越少，体质越来越好，情绪就越来越妙呢！

其实，过敏也有心理意味，与心理状态息息相关。调查显示，焦虑、紧张、愤怒等情绪会更容易让人出现红疹、瘙痒等皮肤过敏症状，这种现象被称为"情绪性过敏"。来访者容易过敏，一开始确与生理因素有关，但早已治好，却仍然反反复复发作，这便很可能与精神因素有关。由于精神紧张、过度担心、心情烦乱，使得身体总是呈现出各种症状。情绪诱发症状，症状又进一步败坏情绪，恶性循环，不得安宁。那么需要斩断这个链条，不再让这个循环继续下去。

事实上到最后，当她心情平复下来，她终于想起来，其实在她心情舒畅的时候，也许过敏还在，但对她已没有多大的影响；当她被其他事情吸引时，她也几乎忘了过敏一事。而一旦心情烦躁，就愈加觉得过敏无孔不入无可忍受、无法摆脱！所以，无需继续与过敏相抗争，而是多多关照自己的情绪，及时排解压力、调节情绪，保持平和的心态，坦然面对症状的来去，不来，吾幸；来了，我命，顺其自然，处之泰然，定能不为所困，获得身心的轻松与愉悦！

我讨厌一种声音

"我讨厌一种声音，是从喉咙里发出的，就是'咳——'这样。我一个朋友就是这样，经常发出这种声音。我很烦他这样，经常叫他别发出这种声音，可是说不通。有一次，我在复习，突然他很大声的在我脑袋后面发出长长的一声'咳'，我整个人都爆炸了，直接上前揍了他一拳。我知道我很过分，可是我真的受不了！"

来访者在咨询室里表演了那个讨厌的声音，很重的清嗓子的声音，像要咳嗽又还没有咳，像要吐痰又没有吐，听起来确实挺不舒服的，但不至于反感至极。

我的第一反应是：是不是疫情之下，人人都变得敏感，以至于一听到类似咳嗽声就开始排斥和恐惧？

并非如此。

来访者所处之地的疫情较小，形势较安全，而他本人对于疫情也没有那么过敏，不至于有过分的担忧和紧张。撇去了疫情的特殊影响，我们就要按常理来探索了。

我的第二反应是：是不是因为讨厌这个人才讨厌他的声音？

正好相反。

来访者不是不喜欢他这个人，单纯就是讨厌他的这个声音，因为讨厌这个声音，慢慢地连带着讨厌这个人了。来访者之前和这个朋友的关系挺好的，当时没觉得他经常发出这样的声音，也就没有特别的排斥。但近期感觉这种声音尤其频繁，于是尤为反感。

于是，我的第三反应是：是不是因为来访者近期情绪烦躁所以对各类声音特别敏感？

来访者也提到他在准备复习考试，这个特殊时期是不喜欢被人打扰的。所以难听的声音一起，内心就会涌起各类无法言明的烦躁情绪。是他心里烦，所以眼里烦，很多事情便无法心平气和的看待和接纳。解决了"烦躁的情绪"，也许就能解决这个"厌恶的声音"。这个答案有一定可取性，但似乎不全是。细问之，我了解到：来访者可以接受其他任何的声音，就是不能接受这个声音，哪怕别人不能接受的比如吧唧嘴或者其他尖利刺耳难听的声音，他都可以接受。那么这个声音，或者说这样的发声方式让他难受和厌恶肯定有他个人的深层原因，需要和来访者进行探讨。

那么，我的第四个反应是：是不是因为来访者曾经听到某人或某地发出过类似的声音？他的讨厌到底来自于哪里呢？有什么原因呢？

我向来访者表达了这样的疑问。

来访者表示就是莫名讨厌，怎么也想不起来在哪里听过或者为什么讨厌的原因。来访者处于一种焦灼的情绪中，很难沉静下来联想。于是我让他闭上眼睛、呼吸放松后，再让他重现这种声音，并用心体会那种感受，答案浮出水面。

他提到好像以前有过这种经历，仔细想了一下才想到是他舅舅有过类似的声音。外公外婆去世的早，舅舅是家里的老大，长兄如父，妈妈是由舅舅带大的，所以妈妈都是听舅舅的，连带着自己也是听舅舅的。舅舅是一个很严厉的人，喜欢管人，对他要求很严格，虽然不会发火，但经常会呈现出很严肃的表情和很严厉的声音——从喉咙里发出的一声"哼"的声音。每次来访者做点出格的事或犯点小错，舅舅就会用力"哼"的一声并板着一副脸，来访者就会变得特别小心翼翼和紧张兮兮。这种"将火未火"的声音充满着威严感和恐惧性，好像用这样的声音来提示暴风骤雨的到来。这个深沉的难听的声音像一种预警，似乎在警告自己"你小心点"，这样的不怒而威、不言而明的状态让来访者感觉紧张、害怕。他把这种恐惧感改头换面成"烦躁"的复杂情绪，名为"烦躁"，实为"恐惧"，以防御那种害怕的感觉和阉割的焦虑。他痛恨的不仅是这个声音，更痛恨被那种"家长作风"或"大男子主义"所操纵和恐吓的感觉。

朋友的那种"咳"的声音仿佛让来访者回到了小时候在舅舅身边心惊胆战的日子，他把对舅舅的愤怒和反感移情到了这个朋友身上，于是对之武力相向。之前，舅舅有绝对的权威，他不敢反抗，而今，他的朋友比舅舅温和许多，他俩的关系也好很多，于是就把很多被压抑的负面情绪发泄到朋友身上。

在咨询师的"大胆猜测、小心求证"后，来访者找到了问题的根源，激动的情绪缓解了许多。他不仅不需要去责怪这个朋友，相反要感谢这位朋友提供的安全情境，供之移情、与之宣泄。正因为这个同学的存在，他才有机会认识到成长中的未修通的情结和一点就炸的情绪按钮。当我们潜意识的按钮上升到意识层面去领悟，就能修通卡住的情绪能量、接纳自己无法接纳的东西。下次再听到这个声音，是不是就轻松平和多了？

我为父母考研

"我爸爸妈妈让我考研，既然他们让我考，我就去考，为了他们，我愿意去做这些。只要能让他们开心，我就会去做。我平时对朋友都是这样的，很为别人考虑，都会顺着别人的意。可我的人际关系却并不怎样，我不明白，我这么考虑别人的感受，人家怎么就不念着我的好呢？"

听上去来访者是一个懂事又孝顺的孩子，善于考虑别人的感受而压抑自己的需要。如此投人所好，几乎要把她当讨好人格了，可我还想多了解一些。于是我问："你自己想考研吗？"

"我不太想考，但只要能让他们开心，我就去考。"

"那么如果让父母开心的同时自己不开心了呢？"

"他们开心我就开心。"

"那考研的话你自己开心吗？"

"我开心啊。"

"那父母让你考研，你不是并不愿意吗？"

"我愿意啊，其实我挺赞同的，考研也挺好的。"

"那我是不是可以说，其实考研是你自己的意思，是你自己想考。"

她点头。

最后，我下了一剂猛药："那既然是你自己想考，为什么又要说成是为了父母考呢？"

来访者无言以对，随后同意我的说法。为什么明明是自己的需要却不敢表达，偏偏说成是为了别人？是为了显示自己高尚和伟大？来访者并不是那种没有自我主见的人，完全认同和顺从父母，把父母的想法当成是自己的。她其实有自己的想法，只是刚刚好个人意愿和他人要求重合了，于是她投机取巧地把自我意志偷换成照顾他人感受。

她在人际中这种以好人自居的状态当是不少，明明是自己的意愿，非要说是为了别人；明明自己也得益了，还要诉说自己有多惨，有点"得了便宜还卖乖"的意思。这类来访者标志性的话语是"你看我都是为了你""你看我为你做了这么多"……是不是很耳熟？像不像一些父母的口头禅？这类群体，做孩子的时候，说是为了父母，等到他们做父母了，又说是为了孩子。

这类来访者和讨好型的人有区别。讨好者一般不会这样做，你让她说出她都做了什么，她都会羞于出口。而且刚好相反的是，讨好者明明是为了别人，嘴上还会说是因为自己，无需别人为自己负责。她不会标榜自己做了什么，而只会在内心里祈盼别人感激，有一种"我不说你也懂"的期待。一旦别人不知感恩，讨好者内心会受伤。但即使受伤，也是自己默默忍受着。而来访者这类情况是偏偏要说出来，通过这样的语言引导，可以启动他人的内疚感，规避自我的责任感。就像这位来访者，如果她没有考好，那么这就不是自己的错，而是父母的责任。是父母让自己考的，可以怪罪到父母头上。而在其他的事件上，用"我都是为了你"来引发他人的亏欠感，于是更可能感激她，并在下一次她需要帮助的时候回报她。一旦别人未有回报，他们会比讨好者更有底气和力量，某种程度上是敢于维护自我和表达不满的。

既然我能看穿她的意图，那么旁人也是一样。可想而知，她的人际关系也不会好到哪去。你做了什么没做什么，大家都心知肚明，不会因为你的"说"而看得更清，也不会因为你的"不说"而视而不见。既然大家都能看穿，那么我们大可不必再用老一套做法骗人骗己。我虽然有点"不怀好意"地拆穿她的真面目，但并不是为了自我发泄，而是希望她能够直面真实的自我。

我希望她知道，在这里，在这间咨询室，她无需顾及形象、无需自我标榜，而可以放开做自己，展露最真实的一面。不管这一面是虚伪的还是丑陋的，都可以被允许和接纳。何况，她的这些表现，着实谈不上丑恶。更重要的是，我希望她能动用内在的资源，即自我的力量，活得更勇敢担当一些，更真诚一致一点。对于那些只知索取不知回报者，我们完全可以划清界限。这样，她的情绪会更愉悦，人际也更受欢迎。当她有需要，无需借他人之口迂回的表达，而是大大方方地宣布：这就是我想做的！这就是我想要的！

我为什么不会生气？

"我想知道我为什么永远都不生气？我的愤怒都去了哪里？不管别人怎么对待我，我都很平静，哪怕别人说了很过分的话、做了很过分的事我都不会有什么反应，别人都说我脾气好，如果是他们遇到这样的情况，他们早就火冒三丈、大吵一架了！我是真的脾气好吗？还是出了什么问题？"

多少人求之不得的情绪控制能力，来访者不是已经具备了吗？为什么反倒觉得奇怪呢？到底是发生了什么呢？原来她因为在人际关系中经常受到一些不公的待遇，被欺负或者被人占便宜的这样的一些情况，小到天天帮人打饭取包裹，大到被人占用了成果，如自己写的论文被人拿去投稿时挂了第一作者等等。本应该愤怒的场景，她却没有表现出任何的情绪。甚至不仅没有外在的愤怒形式，连内在都好像找不到一点愤怒的样子。为什么要生气啊？有什么好生气的？不过是咎由自取。

"咎由自取"这四个字也许传达了她的心理状态。当她受到了冒犯或者侵扰，她虽不生气，却存在别的情绪。那么是出现怎样的情绪？情绪将如何演绎？事情一出，她第一反应是麻木与懵懂，怎么会这样？怎么会发生这种事情？转而就会自责和伤心，为什么自己会受到这样的待遇？是不是自己没有做好？为什么每次受伤的都是我？

某种意义上说，这是不是意味着来访者虽然没有对别人生气却对自己生气？责怪自己没有做好，没有维护自己的权益，找自己的原因，找自己的过错。

她之所以不会发火，是因为每一次情绪来了，她都会在情绪升起的那一刻就把它强压下去。在她的概念里，愤怒是不被允许的，愤怒是可耻和可怕的，一个强大的人不能有愤怒的情绪。她因此而感到内疚，于是把愤怒的情绪藏了起来。那么愤怒的情绪去哪里了呢？向外的愤怒转换为自我攻击！

有些人习惯于愤怒，用愤怒防御内在的痛苦和羞耻，就像恼羞成怒，就是用愤怒来掩盖自己当下的羞愧感和耻辱感。然而有些人却习惯于悲伤，用悲伤来防御内在的愤怒和不满。尤其是当看到一个愤怒的人正颐指气使地凌驾于自己，他们不敢也不愿以同样的方式去回应，有的只是深深的自责与绝望。怎么又是这样子？怎么又被骂？怎么又被坑？怎么又背锅？怎么总是把自己搞得这么悲惨？甚至有时为赶紧平息对方的怒火而卑微地讨好，或者自欺欺人地告诉自己"吃亏是福"。于是他们似乎看上去永远都不会生气，永远都情绪适度，永远都和颜悦色，永远都与人为善，永远都逆来顺受。

她将愤怒转化为对自己的失望，其实这也是对自己的一种愤怒，只是这种愤怒是比较缓和的，是指向内部的，而不是向外发泄的冲动的激烈的方式。

愤怒是需要排解出来的，如果不排解就会转化为自我攻击。一般来说，自我攻击主要是两方面，一种就是对身体的攻击，一种就是对心理的攻击。心理攻击就是自伤自残、自怨自艾，而身体上的伤害就是生病，积压过度的情绪毒素攻击自己身体的某个薄弱处，使得身体出现故障，出现疼痛，出现病患。

所以说，当你看到对方有深深的悲伤时，那么他的愤怒程度已经积累到了一定厚度，悲伤中有与愤怒同等的能量。

所以下一次你说自己永远都不会愤怒，你要好好的思考一下，是有没有把愤怒情绪转化为其他的情绪，如果不转化会怎么样？不转化的话会不会有一种更大的恐惧感？我们在害怕什么呢？

愤怒其实是一种非常原始的情绪，真实地反映出我们的领地受到了侵犯，我们的需要未得到满足。在情绪的重要提醒下，我们可以调整节奏、捍卫自我。愤怒，是最美丽和真诚的一种表现，其实是可以表现出来的。当我们把它压抑并转化成别的情绪的时候，个体就可能会出现心理的困扰。我们需要了解，假如缺失了愤怒这个情绪，那么肯定就是我们自身的某个地方出了偏差。如果连愤怒这种原始的情绪都不被允许的话，那么从某种程度上说，这个人的权利是被剥夺了，那么他将更加愤怒，但他依然不能愤怒，于是会陷入更加悲伤、无奈和绝望的泥沼。此外，愤怒的缺失也会给我们带来更大的偏差，因为愤怒提示我们的个人空间和权利受到侵蚀和损害，然而在悲伤与痛苦的情绪下，我们看不见这一点，而误以为都是自己的错，于是持续地退缩和让步。

我们很多时候不是不愤怒，而是不懂如何愤怒，害怕被浓烈的愤怒影响，破坏两人关系，造成无法挽回的结局。我们害怕本能的破坏性力量，于是干脆把它藏起来。这种顾虑是正当的，说明了我们内在所葆有的良知和节制。然而，我们需要清楚一点，他人能愤怒，我们也能，我们拥有同等的权利。他人的愤怒没有把我们打败，我们的愤怒也不会把对方击倒。

我们需要学习如何适度地愤怒，《蛤蟆先生去看心理医生》一书告诉我们，不是不愤怒，而是用一种比较平缓的方式去逐步宣泄自己的愤怒，就像高压的煤气，不是一股脑地把那个气放掉，而是每次放一部分，逐步的把它放掉。爱自己，从守卫自己的个人权益开始！当有一天我们内心成长到足够强大，就能学会不含敌意的坚决——真正可以做到不生气而坚持自我！而在那一天到来之前，我们尽管不含敌意的愤怒吧！

我为什么总是发脾气？

"我想知道我为什么是这样的性格，为什么这么容易冲动，发脾气？就是我和女朋友交往的时候一言不合，我就会发脾气，然后两个人就会大吵。我不想再这样了，吵来吵去没意思。"

来访者与女友已经在一起两年多了，是他追求的女友，很宠爱她，把她宠成了公主。一开始都挺好的，可是不记得从什么时候起，他的脾气越来越大，经常对女友怒吼，然后女友哭得稀里哗啦的，通常都不理人。他又去哄，直到把她哄开心。

"不知道从什么时候开始？你还记得当时大概发生了什么吗？"我不禁发出这样的疑惑。

"我想想，起因好像就是我女朋友一直以来比较磨蹭，每次见面，都是我等她，她通常都要迟到半个小时以上，我虽然有点不爽，但也习以为常了。有一天是我有点事迟到了几分钟，她就很不开心，数落了我很久，我突然就火冒三丈，她平时迟到那么久也没见她有半点歉意，我迟到几分钟就被她说个没完。每次商量事情也是这样，不管我有什么提议，她好像都不满意，总是要顺着她的意来。总是这样我也受不了啊，后面的火气就越来越大。发完了火我也很后悔，就去哄她，但下一次还是如此，反反复复的。我很想控制自己但就是控制不住，现在这样两个人都

263

很疲惫。"

来访者一开始在和女友相处时，他是主动追求的一方，于是把自己的姿态放低，一味地满足对方的需要并取悦和安抚对方，慢慢的女友被捧得高高在上，可自己因此而越来越卑微，越来越压抑。在爱情中，他不是不可以低至尘埃，他也不是不可以坚持到底，但他的付出也需要被看见，他的辛苦也需要被体谅，而不是一而再再而三的被无视。面对女友越来越重的公主病，他有些忍无可忍，于是借小事爆发出来。

来访者表面是为小事争吵，其实是权利和尊严的争夺之战。每一件小事，他都是劣势，感觉丧失尊严，在关系中毫无优势，于是他愤怒、冲动、攻击，情绪如烈火，一点就着，一触即发。

愤怒是他的法宝，是他彰显自我的唯一举动，当一个人好言软语地讲道理提建议谈需要时，对方不会答应，甚至忽视，于是只有通过这种激烈的言行来表达自我。《非暴力沟通》的作者马歇尔认为："每个人的愤怒来源于其自身，因为你有尚未满足的需要，所以你感到了愤怒。"他的内在需要未得到满足，于是用这种行为告诉对方：我很在乎、我很介意，我希望你在乎我，我希望你听听我的心声，我渴求得到你的一点重视和尊重！

来访者很不容易，这是他唯一可以拿出来与对方抗衡的武器了。尤其不容易的是他好不容易通过愤怒赢得的一点点尊严，最终还是得收回并付出代价，对方会因为他的愤怒而威胁离开，从而诱使他回到那个可怜的受压迫的境地。

现实生活中也有很多这样的人，他们只有在暴怒的掩护下才能表达真实的自我。愤怒表达了个人的边界被侵犯，利益受损害。比如来访者他在这段关系中感受到很多的不平衡，凭什么都是自己"让步"？凭什么都是自己"求和"？可以说每一次事后哄女友都是带着委屈和埋怨的，他并不甘心如此，可不如此，女朋友就不会与他和好。所以看上去他们是和好了，却给未来的相处埋下了隐患，刚宣泄完愤怒，又开始积累新一轮愤怒。于是，来访者从讨好到指责再到新一轮讨好和指责，生命姿态在这两种中不断地循环，他俩的相处肯定就是一个轮回了。

愤怒有很强的自我诉求。暴怒之下，看上去他很强势，其实他是弱势的。他也很无奈，不这样激烈的表达，不足以表达内心的憋屈与不满，但实则为无力的控诉。他没法通过这种方式达到目标，女友还是不懂他，最后还是他自己委曲求全。而且女友那边也觉得委屈，男友以前可不是这样的，什么时候他变了？变得不百依百顺了？那肯定是不爱自己了！于是愤怒不已。

愤怒只会引起更大的愤怒，对于事情的解决于事无补。看来愤怒并不是办法，还是得寻求更为积极的替代行为。有没有什么方式可以在不伤害感情的前提下清晰地表达诉求呢？有没有什么行为可以替代性地表达自我、满足需要呢？这是来访者以及我们都需要去寻思的问题。

首先当然是意识到个人的内在需要，再通过正面的而非侧面的方式表达这种需要，"非暴力沟通"给我们提供了重要的启示和模板。它是一种充满爱的沟通方式，是能让双方感受到善意的沟通方式。其目的不是为了让对方改变自己，屈从于我们，而是希望在诚实与倾听的基础上与人联系，看重彼此的感情，兼顾对方的需要。

非暴力沟通的精髓是：观察、感受、需要和请求。简单而言，就是告诉对方"我看到了什么""我的感受是什么""我内在的需要是什么""我的期待是什么"四步骤。

比如就见面迟到一事，来访者可以尝试与女友沟通，告诉女友："我看到你因为我迟到而生气（观察），这让我也有些愤怒和委屈（感受），我希望你能看见我平时对你的付出和包容（需要），当我偶尔迟到的时候也能被你体谅（期待）。"

不仅是这件事，其他事件也是一样的，都可以采用这种方式尝试沟通。一开始也许会觉得刻意和做作，其实只要扛住别扭，一段时间后就会发现这样的说话方式就是再自然不过的事情。它已经内化为我们的沟通模式和生存姿态，我们整个人都变成真诚一致、温和而坚持。通过这种表里如一、非暴力的方式，相信来访者能够很好地管理自己的情绪，同时也能与女友良性互动、重修旧好。

我要戒掉手淫

"我想解决手淫问题，我觉得我手淫太多了，这样很不好。我早就想戒掉了，很多年了，再不戒掉就不行了。我以后都不想手淫了，或者很偶尔的一次也可以接受，就是不能过度。"

"你说你过度手淫，是怎么个过度法？"我想多了解一些信息。

"多的时候就是每天都有一两次，正常的时候是一周两次。"

来访者的手淫次数并没有超出正常的范围内，他怎么会觉得过度呢？那么他理想的频率是多少呢？他为何会担心手淫过多了呢？

来访者认为是一个月一次，最好是几个月一次。他认为手淫过度会耗费身体，会影响以后的生育能力和精子质量，所以非常担心自己的当前状况。

来访者对手淫行为存在过分的焦虑感和恐惧感。进一步了解到，他小时候缺乏性教育，父母没有传授过性方面的知识和信息，只隐蔽地传达给他的信息是"性很保守、不是什么光明正大的东西"，加上传统上对性的定位，让来访者觉得性是邪恶的、肮脏的、不洁的，这不是个好孩子该干的事。一方面来访者无法接纳性，认为性本身不好；另一方面他不能接受自己的性欲望，他害怕自己的性欲望，为自己的性欲望而感到羞愧。对性的负面评价和对性欲望的排斥是互相联系的。

这也是很多大学生尤其是男生常见的困扰，咨询中常听见这样的隐私问题。很多学生对于手淫都存在错误的观念，缺乏科学的性知识。他们了解性知识的途径就是网络，缺乏正规的渠道，于是我在咨询中的一个重要任务是要普及科学的性知识。

我解释道："手淫是正常的行为。水满则溢的道理我们都懂，精子也是如此，满了就需要流泻出来。能够溢出来就不是过度，一旦过度，自然就溢不出来了。男性会有不应期的，就是生殖器的自我保护机制。用到一定程度，它就不再会勃起了，之所以能起反应，是你还有源源不断的性能量。"

我继续补充："请你相信机体内在的智慧，它懂得自我调节，过度了就会补充能量，就像抽血，抽血多了确实会晕一下，但是人体会有再造功能，会给你补充能量。"

希望借大段的科学解读破除他对性的负面态度，缓解手淫带给他的巨大压力。

但在这个过程中，来访者有一个很固执的硬核，他拒绝接受任何的安抚，只是回复一句话"我就是要戒掉"！传达的态度是：你爱怎么说怎么说，我不想听，我也不想管，就算手淫没问题，我也不要，我就是要戒掉手淫。于是我采用了面质的技术：为何你要这样坚持己见？为何要和咨询师较劲？其实，他不是在和咨询师较劲，而是在和自己较劲，好像是对自己说："我不想听什么科学知识，我就是不满意自己这样，我就是受不了自己这样，我就是要戒掉。"

我继续面质："你这样回避事实和规律是为何？"来访者想了一下回答说是责怪自己不能控制自己。

我明白了：来访者其实是害怕自己的性欲望，害怕自己依赖手淫及手淫带来的快感，责备自己没有控制欲望的能力。他并不是要减少手淫，而是要杜绝手淫、灭绝性欲！这也让我想起某些来访者，他们甚至直接告诉我，他要阉割自己，这二者其实是一个性质，都是害怕被本能欲望所压垮，于是从根源上彻底消灭性欲！

其实，性能量也好、性欲望也好，在这个年龄段，是达到巅峰的，所以也是不易受控制的。男性的性能量到了18岁左右就是巅峰，性生理成熟，你以为是你的性欲在作祟，其实很大程度上是性能量需要去释放和排解，精子多了需要排出体外，不手淫也会遗精。不仅如此，男孩子在这个年龄的时候性欲望也是达到高峰的，手淫是这个年龄段再正常不过的表现。这是正常男生的正常反应。

再次大量科普输出后，我又确切地告诉他："你完全可以不用为此担心的，这是允许的。"

来访者舒了一口气，看样子那颗倔强的心松动了。

我继续和他探讨："你最开始手淫的时候觉得这是个问题吗？"

他摇头。

"那你什么时候觉得这是个问题呢？"

"高二吧，我看到网上说过度手淫不好，像是在过度挥霍，像金钱一样会越用越少的。"

"当你看到过度手淫不好这样的信息后，你的手淫频率有改变吗？"

"没有吧，我想控制又总是忍不住去做，每次做完了又会很内疚。"

"也就是说，在不知道信息之前和知道信息之后，其实手淫频率并没有改变，但是心理压力和负疚感更重了，是吗？"

来访者点头。

大家看到了吗？这里面很有意思，其实知道和不知道并不影响来访者手淫的频率，反倒加重了他的心理负担。这不正说明手淫行为并不是靠控制就能减少的吗？这不也说明手淫本身不是问题，手淫带来的心理负担才是问题吗？是过重的心理压力把自己压垮。

所以，我们要解决的不是手淫行为，而是缓解手淫带来的心理困扰。与其带着痛苦与自责去自慰，不如坦坦荡荡去做。自慰既可以给自己带来极大的身心愉悦感，又是在法律和道德所允许的范围内，是最安全与最方便的释放方式，可以放心为之。

当然我不是倡导手淫越多越好，自慰应以次日不感到疲劳为宜，还需要注意清洁和卫生。更为重要的是，手淫没有错，性欲也没有错，过度沉溺色情却是不妥的，损害身心健康，也影响正常的学习生活。

在这个年纪，我们的性欲望不是通过控制而消除的。张天布老师说："一个人驾驭、调控内驱力的能力反映了这个人的心理功能。而一个人心理功能的强弱不在于他本能有多强大，而在于他驾驭自己本能的能力有多强大。"来访者想要通过"战胜本能"来达到"战胜自我"的诉求没有错，但是"战胜本能"不等于消灭本能，而是要通过转移和升华等途径驾驭本能、延迟满足本能的欲望。将自己的注意力从对性的关注转移到日常的生活学习中，扩大交往、发展爱好，在体育运动和文化艺术中升华和释放性欲望，增强生活的丰富度和愉快感。

性不是洪水猛兽，性能量中包含着巨大的资源和力量，稍加转换和利用，就能升华成为社会所认可的建设性力量！

举杯消愁愁更愁

"我昨晚喝得醉醺醺的，不省人事，事后室友都笑话我，说我疯疯癫癫、大喊大叫的，讲了很多平时没有说出来的话，我觉得很丢脸。我平时不喝酒的，是同学拉我去喝酒，我也不想喝，但喝了几口后就鬼使神差地越喝越多，最后醉得一塌糊涂，一直呕吐，难受极了，做了什么丑事自己也不知道。"

鬼使神差？我抓住了这个词。明明不喝酒的人，是什么让他无法自持地越喝越多呢？当真如他所说，不想喝酒吗？在交流的过程中，我了解到来访者平时是一个沉默寡言的人，善于把心事藏在心底，不喜欢跟别人分享个人的想法。这次本来是同学拉他说心事，没承想自己倒成了那个倒苦水的人，把自己的不顺心和不痛快全都一股脑地倾吐出来。看来这些东西已经在内心积压了太久，实在是憋不住、藏不住，想乘机宣泄。

深入交流也发现，来访者近期的确有很多事情积压在一起，感情不顺、就业压力、个性问题等。特别是感情，他暗恋一个女孩一年多，一直不敢表白。最近女孩疑似恋爱了，他一时之间难以接受，但又毫无办法，既不能向女孩表白，又不能向外人道出，内心无比痛苦，只能自责自艾，埋怨自己的性格，斥责自己是懦夫。本来是同学想借酒浇愁，最后变成了他一个人的宴席，同学的三言两语勾起了他内心的翻江倒海。所以，看似来访者是被动醉酒，其实是潜意识早已蓄谋已久的主动行为。

来访者仍然不能理解自己如此反常的行为，哪怕是喝酒也不至于搞得如此失态，简直太不可思议了！其实，他要的不仅是倾诉这么简单，总的来说，他醉酒的背后有三个层面的原因。

首先第一个原因是他需要用酒精来麻痹自己，让他忘却这些烦恼，当然，这也是一个直截了当且不假思索的原因。他希望自己的意识能够减弱，能够回避和忘却生活中这些烦恼。这些东西实在是太难以承受，他不想再记起，不愿总是在头脑中盘旋。他希望有那么短暂的一刻失忆，能让自己获得短暂的轻松。在意识薄弱之下，他的自控力越来越弱，于是出现越喝越多的现象。

第二个原因是来访者平时生活中过度的压抑，完全没有办法释放内心尤其是本能的一些欲望。只要他的自我在，只要他被意识所控制，他就不可能彻底放松，他就永远会保持一种节制，维持正常和体面，他就永远不能潇潇洒洒、疯疯狂狂的做一次自己。只要他的超我在，他就不允许自己做出格的事和超出社会规则所规定的事，他将永远就是那个中规中矩的好学生。只有在酒精的作用下让自我退居幕后，让本我浮出水面。在酒精的作用下，它可以不用对自己的行为负责，不用时时刻刻注意自己的形象，可以把另一面彻底的释放出来，把憋在心里的话痛痛快快地宣泄出来。让潜意识来工作，他才能暂时的把自我还有超我拿掉，自己不再是自己了，他就能做一些与平常的自己不一样的事情，而免于谴责自己、约束自己。

最后一个原因，由于来访者经历了感情的挫折，又联想到自己这20来年好像都没什么拿得出手的成绩，他一时之间非常的绝望和痛苦，出现了强烈的自责和不满情绪，认为是自己没用，感觉很失败。于是他希望借用过度饮酒，不仅麻痹自己，还去伤害自己，甚至虐待自己。他希望通过喝酒的难受、醉酒后的痛苦来惩罚自己，表达对自己的愤怒和不满。

来访者酒醒后无比悔恨，举杯消愁愁更愁，他为自己的所作所为感到羞耻，那是因为他的意识又恢复了，那个具有道德感的超我和现实感的自我又回来了，回顾自己的疯狂行为，当然是无比震惊和后悔。首先，震惊这方面，我已经和他解释过，他也能慢慢理解自己的行为。其次，后悔吗？真的后悔吗？我问他："老实告诉我，痛饮之后感觉如何？痛快吗？"来访者不好意思地一笑，回答说还是很痛快的。那一刻，他看到并承认了内心的需要。

其实，来访者无需自责，哪怕做了很多平时不敢做的事，哪怕说了很多内心的话，都是自我的真实需要。如果没有这一次契机，来访者迫切的需要没法表达，那么，要么他会采用别的极端形式表现出来，要么他会把自己憋出心理疾病来。来访者也无需羞赧，哪怕大家都拿此开玩笑，但这都是哥们间的小打闹，骨子里，他们都能包容和理解他。

来访者通过醉酒达成了一次自我的清理和释放，这是一个必然，也是一件好事。然而，醉酒的确会伤身，还得寻找替代的行为。既然我们已经了解了自己，也就不再需要掩盖真相、回避欲望，绕过自我和超我的监控。我们可以通过更正当的方式进行自我调节，比如运动，保证安全下的激烈运动，是可以在挥洒汗水的同时抛开烦恼、宣泄情绪、释放压力，让内在的毒素都随着汗水倾泻出来。最好的是，平时就能有定期吐露的习惯，在情绪还没有郁结到顶点的时候就能及时的疏通，也便不需要一次性激烈地发泄，让温和的自我疏解成为一种日常习惯，也就能与自我更和谐的共处。

我总忍不住想搞破坏

"不知道为什么，我内心总有一种想搞破坏的冲动，比如我看到纸就想撕、看到画就想涂、看到门就想踹两脚，虽然这种冲动不常有，但总是会莫名其妙的来，来了就一定要去做，不做就更难受，做了其实也不过如此。老师，你说我怎么会这么奇怪会有这样的想法？我会不会搞出更大的麻烦出来？"

来访者是一个很温顺的女孩，她非常不能理解内心深处不定时涌出来的强烈破坏欲，很想知道原因。她也知道踹两脚或者把纸张撕碎不好，但就是忍不住要去做，不做就浑身不适。她提到有一天突然想喝酒，你以为她嗜酒爱酒？事实上提到酒的时候她一脸嫌弃，认为喝酒伤身，醉醺醺又难闻，但在那一刻就是想去喝酒，一定要喝两口，最好是醉一回。来访者的外表和内心形成较强的反差，外表乖巧、内心狂热，内外出现分裂。我的第一直觉是父母对其不好，以至于其内心深藏了许多愤怒，想通过破坏性的方式来发泄。出乎意料的是，来访者自述其父母对她很好，万千宠爱于一身。那么来访者所言的那个"好"到底是怎样的一种好呢？这个"好"一定要具体化。

在咨询室中，假如我们笼统地问来访者，"你父母对你怎样啊？"他们都会一言以蔽之"好啊，挺好的"。但仔细追问，这个"好"的方式千差万别，甚至讲到细处和深处，会颠覆"好"的意义。原来，来访者的父母会想尽办法呵护她，不让她受一点伤害，更不允许她接近任何如抽烟喝酒之类的"邪魔歪道"。不仅如此，来访者的爸妈也会像很多人的父母一样言行总会有分离，比如在选礼物的时候，口口声声宣称"你看中了什么就给你买"，等你选中的时候，爸爸妈妈又会用他们强大的说理能力头头是道的告诉你"你想买的这个东西不好"，进而引导你收下他们想给你买的东西。重复无数次后，孩子们也放弃了期待甚至放弃了表达，做一个听话的乖乖女。所以，我对来访者心存愤怒的直觉并没有错，当然还有其他层面的东西。

来访者就像一个养在温室里的花朵，被呵护得很好，却禁锢了自由的天性。来访者内心有着未被满足的本我冲动。本我是人格中最早、也是最原始的部分，它遵循"快乐原则"，不顾一切地要寻求满足和快感，是被压抑的非理性的、无意识的生命力、内驱力、本能、冲动、欲望等心理能力。来访者这种原始的破坏欲与攻击欲让自己时刻寻求满足，可是生活中总是被压抑。这个不让做，那个不让做，虽然都是小事，而非大波大浪，但生活原本就是小事情堆积的，小波小折堆积多了却会很压抑。如果一桩桩一件件都不能如己所愿，那么哪里还有自我独立意志之彰显？哪里还有个人自由生活之空间？为此，来访者要适当地满足自己的小心愿，这些压抑久了的原初欲望不会凭空消失，而是潜伏在内心深处伺机而动，时刻寻求满足。哪怕是有破坏性的小心思，只要适当地满足后，就可能放下。正如她自己所说：做了也不过如此。只是没做的时候，那件事似乎有一种无限的魔力与魅力，吸引着我们靠近。内心的小孩其实很容易满足，只要稍微给点甜头就能得到满足，不会无止境，更不会变本加厉。让欲望越演越烈的，不是满足，而是压抑。

因为没有得到，所以会一直蠢蠢欲动，而一旦满足，那个动机水平会立马降低，恢复到正常水平，等到下一轮欲望再升起。这其实就像美国心理学家克拉克·赫尔提出的驱力减少理论。人们内心的需要产生了一种内驱力，内驱力激起有机体的行为，以降低或消除内驱力。例如，缺少食物会产生饿的驱力，它推动个体去寻找食物并产生进食的行为，进而驱力就会降低直至消失。此外，来访者也不用担心自己会做多可怕的事情，除了本我，咱们还有超我的监管，防止做过分和出格之事。正因为这个强大的超我的存在，让她想放肆都不可能。就像她非常清楚酗酒撒欢不对，那是她从小习得的规则，已经内化了的父母教诲。事实上，她从未让自己醉过。她已然形成的端正温良的自我概念不会因为一两个小小的"邪念"而改变。这就是说，只要我们的"自我"足够容忍和调和本我的冲动，就不会被"本我"所吞没或毁灭。

所以，"本我"的小冲动，只要无伤大雅，但做无妨。小饮怡情，小破坏里显示出最本真的可爱，何乐而不为？

为什么一有事就慌？

"我一有事就吃不好睡不着，一有事就坐立不安浑身难受。也就是说，我心里不能有事，一有事就慌！最近我又慌了，好多事情等着我，我要怎么办？"

很多人在生活中都有来访者这样的现象，这是怎么回事呢？试想，有人和你透露个八卦，讲到一半，不讲了，听者，你是不是会给急死？恨不能把那个"绯闻"从他嘴里掏出来；而说者，他是不是会被憋死？有一个令人激动不已的"奇闻"却不能一吐为快，那不是要人命吗？心里有事就有点像说到一半的八卦，让你抓耳挠腮、搓手顿足、火急火燎、不得安宁，因为这事没完！没说完或者没做完，总之，未完成！很久之后，你仍然惦记这那个未聊完的八卦，到处打听，寻求信息。然后被人狂怼："你怎么还惦记着这事呢？"并贴上标签："你是有多无聊！"无聊?!未完成的事件甭管有多无聊都始终在心中翻涌，或深深潜藏，或念念不忘，总像安装在内心的一颗炸弹，不定时地折磨自己。这颗炸弹将恐惧、焦虑、痛苦、无助等情绪捆绑在一起凝聚成"未完成情结"！那可不是无聊，而是生命之重！生命之要！生命之首！

为何未完成事件有如此大的"魅力"？这可以用"蔡格尼克效应"来解释。20世纪20年代，德国心理学家蔡格尼克进行了一项记忆实验，她让被试者做 22 件简单的工作，如写下一首你喜欢的诗，从 55 倒数到 17，把一些颜色和形状不同的珠子按一定的模式用线穿起来，等等。在这些工作中，只有一半允许做完，另一半在没有做完时就受到阻止。做完实验后，在被试不知情的情况下，立刻让他们回忆做了 22 件什么工作。结果是未完成的工作可回忆起 68%，而已完成的工作只能回忆起 43%。未完成的工作比已完成的工作在记忆中保持得较好，这种现象就叫蔡格尼克效应。

人天生有一种追求办事有始有终的动机，对于那些已经做完的事情我们倾向于忘记，因为欲完成的动机已得到满足；而如果工作尚未完成，这种心态便让我们对此留下深刻印象。这就是未完成事件的伟力，这也可以解释为什么很多人一有事就慌，一遇选择就烦，一做决定就瘫，其实都是因为无法待在一个不确定的状态中。什么样的人会特别不愿意待在不确定的状态中呢？我们要看到：未完成情结，既指向未来，对未发生的未知充满恐惧；也指向过去，对已发生的事件难以释怀。期望未来顺利，也奢望过去圆满。当未来的"未完成"与过去的"未完结"重叠，犹如火星撞地球，内心炸弹呈最高威力的爆裂！

一有事就慌，不是没来由的，很可能早年有种下慌张与焦虑的种子。当下的"事"诱发了早年类似经历与体验，曾经的那种恐惧的毒蛇像引信一样钻进心里，点燃炸弹。比如因第二天要招聘面试而睡不着，很有可能是少时考试考砸了，从而留下阴影；也可能是习惯于对考试赋予重大意义，从而种下了逢考必慌的种子。更可能的是，他将"考试"泛化到人生的方方面面，不仅找工作面试是考试，人生就是一场大考，每天层出不穷的"事"就是各种小考，"事"等于"试"，"一有事就是一有试"，每一次选择都是一次考验，每一次决定都是一项考评，每一项任务都是一场考核。因而，一旦有事，那原本只属于考试的焦虑感就浮上心头，看似聚焦当下，实则重温旧创，那最初的恐惧借当前事"还魂"了。如此，第一要旨即直面"逢考必慌"这个未完成事件。当找到最原始的那场"考试"，处理并修通之，也许人生中就没有那么多"一有事就慌"了。处理后你会有一个全新的图示，如打通任督二脉，"情结"散开，那些用来挣扎的能量得以释放，全身通畅。心里一旦有事，就无法聚焦于当下，而是沉溺在心头那件事中，心游离于身，身在此心在彼，活在过去或者未来，就是不活在当下。

因而，破除"一有事就慌"的第二要义就要把自己拉回到当下，充分体验、认识、感受此时此刻。最好的方式就是聚焦呼吸，当你关注呼吸，你不会再发现比生命本身更重要的体验——一呼一吸间，我们感触到身体的柔软与心灵的平和；一动一静间，你将不再受"情结"的禁锢，而是能看见生命中从未遇见的惊喜，从而以更轻松与开放的姿态拥抱生活，迎接每一个新的体验。

人生就是一个不断完成的状态，亦是一个成为人的动态过程。在这个过程中，我们体验到收获与满足，也体验到缺失与怅惘，这份遗憾是我们继续前行的动力源泉。所以，灰姑娘必须在午夜离开才能让王子魂牵梦萦。越是成熟的人越是可以承受不确定性，也即"未完成"，可以搁置，可以悬置，无需及时满足——让子弹飞一会儿；甚至无需满足——得之，我幸；不得，我命！有时候，我们甚至不想圆满，如果完成意味着遗忘，我选择保存那份鲜活的记忆。修通情结，珍藏记忆，畅享当下。

所以，话说一半，花开未满，也许就是刚刚好的状态！

我不知道怎么爱自己

"老师，我看到很多书上总是说要爱自己、爱自己，可是，大家都说得太抽象了，我不知道怎么爱自己！说来说去，我还是不知道怎么做！"

爱自己，多么动听的语言！我们都在谈爱自己，那么爱自己到底是什么？如何爱自己呢？

爱自己不是漂亮的口号，不是笼统的标语，而是具体的人生课题。

爱自己的一切，我的情绪，我的思维，我的性格，我的智慧……我关照自己的内心，体会自己的感受：这是不是我想要的生活？我过得开不开心，快不快乐，幸不幸福？我有没有活出自己？我内心足够自在吗？平和吗？喜悦吗？

我想，以上问题是爱自己的终极之问，是每一个爱自己的人都会去体悟与思索的主题，这是自我觉醒之意识，统领爱之行动。

那么，如何在这个崇高的精神引领下做到爱自己呢？

爱自己是可以接地气的，一个爱自己的人可以看得见。我认为爱自己就从爱自己的身体开始，这是生命修炼的载体。从可视的身体出发，由身到心，由心化行，身心合一，点滴践行。

一个爱自己的人，会把自己收拾得干干净净、漂漂亮亮，自己心里美美的，他人也赏心悦目，愿意亲近。

把自己搞得臃肿、丑陋、腌臜是不爱自己，把自己搞得憔悴、病态、苍老是不爱自己。

不爱自己，就不会吸引到爱，他人就会用你对自己的方式对待你！别人看到你或邋遢或冷漠的一面就不会愿意接触，内心鄙夷，就像自己嫌弃自己，不会有爱的萦绕。

我认识的一女孩，她对自己的身体用了一个很残忍的词——"恶心"，觉得自己的身材、气味、声音都无比恶心，让人呕吐。这是多么不爱自己啊！所以，对于她而言，穿得好看又如何？肥胖、长痘、粗陋又如何？反正这就是我，我就是这个样子，自己看着自己都觉得脏，别人喜不喜欢又如何？这是多么缺爱啊！没有人告诉她，她有多可爱，也没有人告诉她，她本原的样子，无论胖瘦、高矮、美丑，生命本身就是值得爱的！

我们从中可以明白：不把自己打理得体，其实也是一种不配得的心态。有些女孩子认为自己不够可爱，还把自己打扮那么美丽可爱做什么？内心害怕别人的表扬，面对他人的赞扬很是心虚，认为"我哪有那么好，哪里配得到赞美"。当她们把自己打理很漂亮，就会觉得自己很作。明明只有糟糕的"里子"，为什么要用鲜亮的"面子"去欺骗别人？

相反，假设你根本懒得健身、懒得护肤、懒得精致，然后还把形象收拾得光鲜亮丽，这是爱自己吗？

这应该是虚假的爱自己。爱自己是让自己舒服，装扮与健美是取悦自己，而非为了迎合别人。

除了爱自己的身体形象，还要爱护自己的身体健康。爱自己的人会很好的照顾自己的身体，不会暴饮暴食，也不会恶性节食；不会节衣缩食，也不会废寝忘食。爱自己的人会吃饱穿暖，有着健康之美，而非病态之体。

那些厌食症和贪食症患者肯定是不爱自己的，那些物质成瘾、恶性熬夜的人肯定是不爱自己的。把自己的身体当成一个物体般任意虐待，长此以往，身体已垮，爱将焉附？

当然严格遵照食谱不偏不倚、清规戒律，也不是爱自己所为，这倒像是个苦行僧，严苛地剥削自己。偶尔奉上美食犒劳自己，懂得"喂养"自己。爱自己，就从爱自己的胃开始。胃是情绪之源，胃是能量之基，对胃的照顾，会让我们怀抱美好的情绪，也让我们拥有积极的力量。

爱自己不仅表现在"外在美"，外在只是内在的表现形式和表达方式。爱自己就从爱自己的身体开始，接下来再爱自己的心灵，性格、气质、能力、思想、情绪……而这些内在的品质反过来也会滋养我们的精气神。内心有一个深深的"值得被爱"的信念，才会由内而外的对自己好，让自己美起来！

成长规划篇

　　自我成长不是一蹴而就的事情，我们要学会应对学习、生活、发展的压力，既要积极进取，也要戒"焦"戒躁，为自己设立合适的目标，合理规划、稳步前行。

管不住的"手"

"我知道玩手机不好，可忍不住就是要玩，而且我现在还要考证，时间紧迫，但手机一在身边就会拿起来玩两下，这一玩时间就过去了，然后又很自责。现在我叫了一个同学和我一起去学习，让同学监督我，我才好一点。我看小说一口气可以看一整天，怎么一看书就想玩手机呢？"

该个案是一个普遍的情况，反映出自律方面的问题。

很多人都像来访者一样控制不住自己玩手机，虽然很想控制却被自己的欲望打败。这反映出来访者内心还不和谐，主要表现在自律这方面做得还不好，还停留在他律阶段，希望有他人的监督，延续从小到大一直是父母监督的状态。人性是有弱点的，越接近小孩子，动物性的一面越多，弱点也越大。也就是说这个时候本我占上风，追求及时满足，手机就是及时满足的对象。自律的发展是在幼儿较晚期出现，是超我的一部分，可以压抑欲求、延迟满足。自律因事而异，对于自己喜欢的事务不需要叮嘱自己去专心去用心，自然而然就可以专注和坚持。可以说，此时的自律是假自律，因为自己喜欢的事情其实就是自己的满足对象，是不需要自我约束的。而对于自己不想学的东西才需要强大的意志力，以及他人的和制度的监督。一个不够自律的人，单靠自己的力量无法控制，就需要借助外力。

毕达哥拉斯说：不能约束自己的人不能称他为自由的人。我们要自律并不是要用一大堆规则来层层地束缚自己，而是创造一种井然有序的环境来为我们的学习生活争取更大的自由。如此说来，不自律的人看上去很潇洒任性，其实是深受束缚，当事人就是被自己管不住的"双手"而苦苦折磨着，被手机掌控着。当事人会自责，说明他对自己有基本的要求和基本的自律心，甚至有多次自律的表现。只是内在小孩的"心瘾"始终在那，经常处在"玩"与"不玩"的冲突中，稍不留神就被本我拉走。

所以首先要解决自责的这部分，认识到自己就是玩心较重、自控较差的那一类，接纳自己的这一面，而不是求全责备。追求完美的反面很有可能就是破罐子破摔，只因一次松懈就干脆认定自己就是个无药可救之人，否认之前的所有努力和成绩，放弃后续的自控与进步。所以，接纳自己的本性是首要的一步。知己知彼，焦虑减轻！

接下来，解决自律问题最理想的方法当然是变排斥物为兴趣点，当然这点特别的难，要把不喜欢的东西变成喜欢的东西谈何容易？可一旦成功，自律的源泉就会长久滋润，因为你所做的就是你想得到的。乐此不疲，及时满足！

第二点难实现，就需要用第三点，找自律的方法了。这需要不定期地更换自控方法，因为一种方法用久了容易失效，失效了又会陷入到自责的境地，加重不好的自我概念（请参考第一步）。自律不够的人，借助旁人的监督是会有效用的，远离强化物（手机）也是有作用的，适当地惩罚（每次玩手机，就用皮筋弹自己）也是可行的。具体方法因人而异，因时而异。虽然治标不治本，但应付当前的难题，是差不多了。并且这个过程，也是自我磨炼的过程，待回眸，其实自律也不是那么难。寻求方法，自我成长！

做一个自律的人，开始自爱的第一步！

史上最争强好胜之人

"我是史上最争强好胜之人，不管做什么都想赢别人，尤其
是学习，我不能容忍别人比自己优秀，我会勤奋刻苦去战胜别
人，拿到第一。可是，为什么我就这么焦虑，一刻都不敢放松？
生活中我有什么事情都是比较能忍的，不会做什么超越道德之
事，对别人语气不太友好都会自责好久。"

精神分析讲，人类最基本的本能有两类：一类是生的本能，另一类是
死亡本能（或攻击本能）。生的本能包括性欲本能与个体生存本能，死亡
本能派生出攻击、被坏、战争等一切毁灭行为。当它转向个体内部时，导
致自责，甚至自伤自杀，当它转向个体外部时，则会导致对他人的攻击、
仇恨、伤害等。

曾奇峰指出："性的需要是追求快乐和繁殖，攻击的需要是证明比别
人优秀。"

攻击本能可以通过很多形式展示出来，最典型的是打架斗殴，大发
雷霆，这些都很容易被看出来。但其实，并不是所有的攻击性都这么明
显，很多攻击性都是变了样后潜藏在生活中的方方面面，比如学习中的攻
击性。

来访者是一个"本我"和"超我"都较强的一个人，攻击性体现出

"本我"，道德感彰显出"超我"，比别人优秀，这是来访者攻击本能的体现；内心有强烈的战胜别人的需要，说明来访者攻击性还挺强。但是他身上似乎却看不出这种攻击性，生活中的他与人为善、忍让友好，这说明攻击性被压抑了，压抑后去了哪里？

学习！

努力学习，本质上是个人辛勤的劳动，没有任何对他人不良善的行为。所以，通过学习赢别人，既表达个人攻击欲，又不伤害任何人，既满足"本我"，又在"超我"允许范围内！这算是他找到的最好的平衡本我与超我冲突的方式。

并且，每次受到他人不太友好的对待，他都会选择隐忍，告诉自己要体面、要体谅，从而将愤怒与攻击压抑下去，转而又暗暗发誓要在学习上超越对方。就这样陷入因果循环，每受到刺激一分，就给学业增加压力一分。有学者已经发现：愤怒情绪具有较强的自信度且指向外部，一旦爆发出来，可以促进个体在所进行的任务中表现良好。

但是又出现了另一个让他痛恨的问题，平时的他成绩都拔尖，一到大考（比如中考、高考、考研）却失误，这似乎和他强大的攻击性不符了，重大考试不是给对方致命一击的绝佳时刻吗？为何又会把握不住呢？

在大考中"打败"对方会引起个体巨大的胜利喜悦，这份狂喜太大了，以至于隐藏在内心的"攻击性"终于凸显出来，让他无法忽视；为了避免这种"由于强烈的攻击本能带来的恐慌"，他考试失利了，用自我挫败的方式将攻击性转向自己。

所以看似风平浪静的学习隐藏着极大的凶险，如果我们在学业竞争中输了，又不能很好的处理攻击性的话，很有可能发生惨痛的事件，即在无法通过学习战胜对手的情况下启动了最高级别的人际攻击模式，而类似这样的新闻也越来越多，也越来越需要引起我们的重视。

我们再来看另一个案例，也许可以更好的理解学习中的攻击性对人际冲突的潜在影响。

这位来访者苦恼于和同学关系不好，大家课后小组组队都不愿和他一起，却并不是因为他学习差拖后腿，反而是因为学习好，不愿意拉他入队。他很郁闷，觉得大家都不喜欢他。

在高中时候有一帮子兄弟一起玩，最终人家玩也玩了，还考了名校，他却只能去一个普通二本。来访者认为不公平，凭什么同样是玩，结果却千差万别？

其实来访者刚进大学时也是和同学一起玩，可没想到自己却从凤尾翻身到了鸡头的地位，一个学期后，他的学习展露优势，到大二了，他已经遥遥领先。可也是在这时，他的人际却开始变差，以致现在越来越糟。学习与人际似乎不得两全，为啥学习好了人际却不给力呢？

人际好坏与学习好坏相关？说不太通。

其实他与前面的来访者一样，内心的超我和本我都较强。按照我们上文的分析，本我的表现是要超越和战胜他人，超我就是"他比别人优秀"的内疚感。

都是一起玩，凭什么人家就能拿奖学金？

来访者在高中时代被他人的"优秀"伤害到，以致出现愤怒和不爽。这种不公平感，到大学后顺理成章地投射到他的同学那里，认为这些同学都对自己有意见。因为有这样的投射，他会认为是别人讨厌他和排斥他，猜疑一旦开始，疏远也必然开始。也许其他同学根本就没有或者少有这样的想法。

学习好坏不是表面的成绩单，而是一个人攻击另一个人的隐蔽表现，这种人与人之间的攻击必然会影响到人际关系，甚至引发巨大的人际冲突。既然攻击性是人性，那么是很难克制和消除的，得想办法为己所用，才是破解之道。

第一步：大方地承认攻击性，它并不会因为压抑而凭空消失。如果来访者能认识到那些敌意不一定是来自于周围同学，而很可能是自身的，是自己的投射，他就会懂得其实周围人并不排斥和嫌弃自己，是可以放开胆去交往和交流的。

第二步：勇敢地接受攻击性，接受自己的优异和荣誉，优秀和友好是可以并行的。只是我们焦虑的现代人和应试的大环境让大众都有一种感觉，优秀和友好水火不容。就像现在的暖男，就是削掉自身的攻击性，让自己看起来温和而友善，才好亲近。

第三步：合理地应用攻击性，它并没有那么可怕，善于运用，不仅不会伤害到其他人，也会给自己带来益处，比如学业有成、功成名就；同时这份攻击性不能仅仅在学习中体现，如果持续把宝押在学习上，层层的压力很可能会反噬自己，对自身或他人造成无法想象的伤害。

让这种本能与天性在日常生活中得到恰当的释放，如从事其他需要攻击性的体育运动和竞技项目；并在人际中受到他人不良对待时，勇敢适度地表达自己的愤怒与不满，将攻击性升华为社会许可内的建设性作为！

怎么突然什么都不行了呢？

"我一开始上大学的时候还挺好的，慢慢的就觉得不行了。我是全班第一名的高考成绩进到大学的，班主任看我成绩好还推选我做了学习委员。可读了这个专业才发现，大学和中学有很大不同，很多课程学起来都很吃力，但是我的同学都觉得我是学霸，不用看书学习就懂，不存在任何学习困难。可我真不懂，和他们解释也没人理解。我现在什么都不好，学习也不好，人际也不行。"

来访者起始的一手好牌似乎被打烂了，怎么会这样呢？

来访者继续表达："我也不知道为什么会这样，像高数真的好难，我真不懂，为了搞懂就经常去图书馆自习。我的同学就阴阳怪气地说我，什么'你这么厉害了还学习，让我们怎么办'？我就和他们解释，他们还是这样说我，还说得很难听，不管是女生还是男生都一副很不屑的样子，好像我看书我学习就是不应该的一样。我真不懂，他们自己不努力就算了，为什么还看不得别人努力？高中时候就没见这样的，大家都很努力，都互相鼓励，到了大学努力怎么反而是错呢？"

"因为别人不努力，自己也不努力了吗？"我不禁发出了质疑，质疑的背后是为她担忧、替她不值。

"我其实是很想为自己努力一把的，不想因为害怕别人的言论而影响自己，以致遗憾收场。我很烦，我很想做点自己想做的事情，好好学习，甚至出国留学，可是我又不敢努力，怕人家说。"

有些人是怕不努力、怕颓废、怕虚度光阴，来访者是怕努力、怕冒尖、怕与众不同！那些成天追剧、游戏、玩乐的同学乐得自在，而努力的她则成了异类！这是个什么样的世界？这个现象还真是有意思！如果我们能"走自己的路，让别人说去吧"固然好，偏偏来访者在乎同伴、介意评价，以至于难以置身事外，最终把自己搞崩了，无论是心态还是成绩都全线溃败。

"对你来说，害怕评价比学习成绩好更重要吗？"

她没有回话，但我已经知道了答案。

其实来访者是有学习能力的，虽然高数对她来说是一个挑战，但凭借她的积极努力和适应可以攻克。问题是来访者不懂得竞争，因害怕冒尖而把自己的实力给斩断，就像折断翅膀的小鸟，不让自己飞翔。

来访者既重关系又重成绩，两种需要都是她所需要的，她很想兼顾，如果大家都像高中一样，同一节奏、统一步调、其乐融融、齐头并进，那是最完美的。可是如今，周围人都不够努力，还把努力的她当做异类，用各种尖酸刻薄的话来打压她。于是她没法兼顾二者，在她眼里选择了一种就要牺牲另一种，是不能调和的，牺牲任何一种她都不愿意，于是她陷入纠结与矛盾中无法自拔。可是被排斥的感觉太难受，于是在很多时候关系的重要性占了上风。为了避免被排斥，她宁可放弃努力也要和同学保持一致，她要证明自己——请大家相信我，我说的都是真的，我和你们一样，我确实学不懂，我学习水平也一般，我也需要帮助。于是把自己的成绩越搞越差，以此证明自己真的很普通。

她害怕自己和别人不一样，不敢接纳自己的独特和优秀。

"那有没有人能够真正欣赏你的努力并为你的成绩叫好呢？"

来访者说："班主任一直待我很好，她很欣赏我，经常鼓励我，评奖评优也都是会推选我，但我也不敢和她走近，我都好久没有和她联系过了。我也不知道自己为什么会这样？"

班主任的事情也再次佐证了来访者的自我设限，阻止自我成功。她遇到了一位良师益友，给她了很多肯定和机遇，如果是旁人肯定趋之若鹜，但都被她拒之门外。她不接触班主任，从某种程度上说也是害怕闲言碎语，怕别人觉得自己功利、攀关系、走捷径。她害怕哪怕一点点的道德瑕疵，于是她放弃了与班主任的交往，放弃了自己的特殊权益——再次摘除了自己的与众不同！来访者的超我太强大了，无论是学习上还是生活上都自我挫败，只为维持内心至高的道德标准，她被道德绑架。学习怎么与道德有关呢？学习优异会把他人比下去，这是对他人的一种伤害，于是挫伤自己的能力。

但这样的做法她真的甘心吗？违背自己的心意真的甘愿吗？她对卓越有些原发的追求，不得做自己是一件异常痛苦之事，由于害怕他人的评价而自我妨碍更容易生发出怨恨的情绪，把自己置于一个受害者的位置上。既然在乎，就要解放自己的心灵，大方追求、勇敢奋斗！

我告诉来访者，成就和归属这两种需要是可以共存的，不是非此即彼的关系，可以在追求成就的同时保持和谐的人际关系。找到自己的定位，找到对自己最重要的东西，承认其对自己的重要性，并堂堂正正地为之努力，从而赢得周围人的尊重。

当然，如果一定要牺牲一方，也需要尊重自我的心意，而不是受限于非理性的严苛超我和他人不友善的非议，保持精神独立。找准自我的定位，而不是以他人的衡量标准行事，那些拉低自我层次的人际关系，不要也罢！接受自我的原貌，欣赏自我的鹤立鸡群，屏蔽外界异样的眼光，在自我缔造的精神世界中制造快乐与成就！

人生不止一个法宝

"一直以来我只知道读书，家里人也只看重学习，我在初中前一直都是佼佼者，中考出现了重大失利，本来可以进重点高中的，我只进了一个普通高中。自那以后我的学习就怎么也上不去，我的人生断崖式下降，我的理想什么都破灭了。如今我就只能读一个普通的大学，我这辈子没有什么希望了，我除了读书啥都不会，我现在连读书都不会了。"

相对于差生，其实优生出现心理困扰的更多。都说"优秀是一种习惯"，可这里面有隐患。优秀的人自我感觉良好，赚人眼球也多。可试想，假如一旦不优秀了呢？或者万一失败了呢？他能够承受失去优势、失去优越感、失去他人赞赏的后果吗？所以，这也是咨询室里经常发生的故事。

很多向来成绩好的同学突然遭遇中考或高考的失利，整个人就像发生了180度的转变，完全陷入到一种痛苦与无望当中，而没有之前的光芒万丈与春风得意。或者一些优秀的孩子，选择考研时害怕报考名校甚至放弃考研，这其实都是在回避失败。成就动机有两种，一种是追求成功的动机，这种大家都能理解，难的是后一种，回避失败的动机，因为失败会给自己带来灭顶之灾，会损害自尊，会损失自我一贯的优秀形象，甚至让已有的成就都化为乌有。所以，很多优秀的人不是选择挑战自己而获得更优秀，而是选择了明哲保身，保存自己仅有的优秀即好。

优秀的学生有一个重要的法宝，就是他的学业成绩。作为学习的佼佼者，这个法宝可以让自己赢得周围人喜爱。而越是存在感和价值感不足的人，如小时候获得更多的"有条件的爱"的孩子——父母或明言或暗示"你只有好好学习，我才爱你，你才值得爱"——就越发渴望用自己的学习成绩来赢得别人的喜欢。而因为学习好而受到周围人的关注与赞誉时，更加强化了自己的学习动机。而一旦学习优势不再，就相当于自身优势不再，自我的价值也不复存在。他们把所有的宝都押在学习上，一旦学习不良，这个宝就没了，也找不到其他的宝了。正如武志红所说：我们都在寻求价值感，如果童年时，某一种方式令我们找到了价值感，此后我们便会执着在这个方式上。并且，这世界上的大多数人一般只找到了一套寻求价值感的方式，越困难的时候，我们会越执着于这一套方式，认为这是唯一的。

很多孩子需要用学习或其他外在的东西来建立和彰显自己的价值，证明自己的存在有意义而不是累赘或负担。有的人靠成绩，有的人靠乖巧，有的人靠奉献，有的人靠要宝，只要能赢得他人认可与欢心的所有形式都可以加以利用。而一个有价值感的人，不会去追求外在的东西给自己赋予价值，比如一些捣蛋的孩子（不是所有），他们不需要用成绩来证明自己，他们知道不管自己学习好与不好，自己都是有价值的，生命本身就是有价值的，都是会受到家人呵护和爱护的。他们的法宝很多，可以说全身都是宝，因为有生命这个最大的宝贝。

而我们很多人没有那么幸运，一出生就是"宝玉"，极尽人间之喜爱。那么我们就一步步来，先挖掘一个法宝，再慢慢积累其他法宝。人生不能只有一个法宝，一个法宝太冒险、太脆弱，而当我们有很多的法宝时，我们就不会执着于学习或某一样技能。当我们学业不良时，我们还可以有一门技艺；当我们技不如人时，我们还可以有一生挚爱；当挚爱离去时，我们还拥有一帮好友；当朋友离去时，我们还有一些家人；当家人离去时，我们还可以有心灵家园；等等。而当我们转了一圈回来时，发现学业经过调整又回归优势了。所以当我们拥有足够多的法宝，我们的人生不会垮，心态不会垮。一个法宝没了，不是天灾人祸，不是一无所有，我们还有很多、很多。

怎么就不管用了呢？

┃ 咨询室里的声音 ▶

"我现在感觉学习好难，英语四级很早就过了，可是六级考了三次都没有过，还有专业课也是，感觉特别难学，竟然还挂科了。这在以前可是从来没有过的事，我中小学学习成绩很好的。我可是花了很多时间啊，真不知道怎么回事！"

大三了，来访者的学习面临困境，英语六级、专业课都让他头疼，以前的老办法完全派不上用场，完全不知道怎么办。

"你以前是怎么学习的呢？"

"就是看书做题啊，比如英语就是背单词啊，背范文啊。我记性好，背书背单词是我的强项。专业课也主要是靠背，然后做课后习题，习题都能做对，考试就是不行。"

来访者的学习方法仍然停留在中小学时代的那种方式，认真细致、勤奋刻苦，主要靠记忆，这种方法只适用于较为基础的学习，大学专业课难度程度相对高，光是靠记忆是很难攻克的，哪怕是很强大的记忆力。四级相对六级会简单一些，加上之前有一定的学习基础在，所以来访者很容易通过了。但是六级就需要更高的能力水平，光靠记忆是不够的，还要有扎实的语言综合运用能力。

高中以前的学习成绩好，让他固着于以前的学习方法，尤其是过去的方式给他带来的成绩越大，他越会坚持那一套。当一种方法不适用的时候，人不会当机立断及时进行调整和改变，而是会继续固执地沿用老一套办法，而且用得更起劲。"怎么就不管用了呢？我就不信了，看来是还没有全力以赴，我要加倍努力才行，我的方法一定没问题的！"这是他们的内心戏，于是把自己压榨得更厉害，很有和自己较劲的感觉。这其实就是对事实的无视和否认，以此证明自己没有错，自己的能力没有问题。同时还会有愤怒，怎么会这样？那些没有自己努力的人都能轻轻松松考出好成绩，自己这么努力怎么就不行呢？太不公平了！

往错误的方向努力就是南辕北辙、不进则退，白白浪费了许多力气，却没有多大效果，徒增悲伤。

继续老方法存在风险，就像我前一篇提出的观点：人生不止一个法宝。当我们依靠一种强有力的方法赢得成绩的时候，一旦它不再成为优势，那么整个人就会陷入困境和瓶颈。但今天我要表达是更进一步，人生的这一个法宝，有时候还不一定是法宝，以前是，不代表以后是，过时了就不是了；在这里是，不代表在那里是，换地了就不是了。一旦时移境迁，就可能丧失法力。所以要因时制宜、因地制宜。

在来访者这里，超强的记忆力就是他的法宝，用到极致，也会出现瓶颈，无法再有突破。特别是当这个法宝已经不适用，仍继续使用的话，不仅不会给我们带来好处，反倒会坑害自己。耽误了改进时机，影响了水平发挥。有些法宝不管曾经发挥了多少作用，当改朝换代，该舍弃的就得舍了。我们要明白：那些曾经成就你的法宝，一旦不适用了，也可能会成为颠覆你的障碍。显然，博闻强识已经不适用于来访者了，如果说高中阶段还能勉强用之（其实已经是强弩之末），到了大学阶段尤其是大学高年级阶段，就要果断改之。

没有方法不行，乱用方法依然是盲目。人生更重要的不是努力，而是方向，还有与此相对应的方法！改变过去的思维模式、应对方式和成就图示，重塑全新的方法，为自己开拓新天地。

还有的时候我们也能意识到不对劲,但更多是缺乏一个具体的方法指导,于是只能按照老套路。只因老的最轻车熟路,最不费劲。所以哪怕错了,也能自欺欺人地标榜自己在努力。

所以,我们要及时接受现实、承认事实,虽然现实并不让人愉快,也要勇于面对。接受我们原有的方法不再是神鞭,及时掌握新的技术,才是最大的法宝。那些过时的方法革新了,不代表我们的无能,也不是否定自己的过去。那些成绩依然值得肯定,只是在当下我们稍作调整,做加法而非做减法。博闻强记仍然重要,勤奋刻苦的劲头仍不可少,那是立足之基,根据学科实际和考查要求来启用更为科学的学习方法才是我们的屹立之道。比如英语的学习,在记忆的基础上需要全方位培养语感,夯实综合应用能力。

让自己更变通更灵活,不仅是在学习上,也是在人格层面上。学习风格也与人格特质是相对应的,无论我们从哪个方面开始改变,都在促进另一个方面的成长。有一颗圆融通达的心,哪怕以后遇到的不是学习问题而是其他生活与工作上的难题,都能迎刃而解!

我从来不敢玩

"我感觉自己现在特别的颓废，每天就只知道玩，都不想学习。我以前不是这样的，我都不知道自己怎么了，怎么变成这样？我很讨厌这样的自己，我希望自己赶紧积极起来。"

如此求全责备，经验告诉我，这又会是一个有非理性观念的来访者，于是我问她："你所谓的'只知道玩'具体是指什么？"

"就是我以前是很努力的，每天都在学习，不浪费一分一秒，现在经常地刷手机、看杂志，而且我现在注意力也很难集中，很容易发呆，一整天的时间我都白白浪费掉了！我怎么这么不懂事？我怎么可以这样呢？"来访者还是自责不已。

"那好，请你算一下，你一天当中刷手机、看杂志、发呆等所有浪费的时间加在一起花去了多少时间？"

"大概个把小时吧。"来访者思考了一下说。

"你看，一天24小时，除去吃饭休息，你只是有1个小时在浪费而已，其他的时间都用在刀刃上了。怎么叫浪费了一整天的时间？"

来访者语塞，她也意识到自己的思维有一点不合理。她的非理性思维源自于对自我的"绝对化要求"：我绝不可以浪费一分一秒的时间；如果我浪费了时间，我这个人就完蛋了；如果我不珍惜时光，我就不是个好学生……仔细一了解就知道，其实她那哪叫玩？她比很多学生都要积极和努力，她只是不允许自己玩，希望自己每天 24 小时里废寝忘食地学习。有那么一时半会儿的放松就会责备自己，认为那是在玩！

她要处理的是这种过度焦虑和恐慌的情绪，让自己安心踏实地玩，而不是强迫自己无眠无休地学！大脑是需要劳逸结合的，如果把大脑逼到顶点，它就会罢工，就会出故障，如电脑崩溃一般无法正常运转，那么继续学习也是没有效果的。这不是真正的努力，这只是看上去很努力！人在教室书在手，心在何处不知道！来访者发呆、注意力不集中就已经是一个重要的信号，提醒自己大脑的运转吃力起来了，需要宕机片刻了。

来访者怎么就会形成如此严格的自我标准呢？

原来她有一个严苛的父亲。父亲事事要求来访者按照自己的意思来做，可以说她是棍棒出来的"孝子"，一旦做得不好就会遭致严厉的批评甚至打骂。来访者十分害怕他，却内化了他的教化，给自己植入了一个严苛的超我，她像父亲一样对自己，不允许自己放松、不允许自己任性，时刻严格要求自己，一旦做不到就会自我批评。来访者早年受到父亲的严酷对待，离开了父亲又受到自己的严格折磨。

这样的来访者内心住着一个未被疼爱的畏缩的小孩，她一直饱受委屈，从未自由地做过自己，从来不知道任性是什么、天性是什么。为此，我把她带到沙盘面前，让她去自由拨弄沙子。当她的手触摸到沙子的那一刻，她的神色瞬间就平静下来，但她玩了一会儿就不再动了。问她原因，她说太幼稚了。她还是不敢做自己！

"你还记得上一次玩沙子是什么时候吗？"我边向她提问，边引导她继续摆弄沙子。她说那是很小的时候，已经不大记得了。可是随着她继续玩耍，她进入了状态，仿佛穿越了一般，露出了稚气而无邪的笑，那个笑容就是她被压抑的天性，就是她尘封的记忆。那一刻在沙盘中，她的天性得到了释放。

来访者总责备自己幼稚不懂事，其实她比同龄人都懂事，承受很多。

但是她的心理发展确实有不均衡之处，她有很积极懂事的一面，也有很淘气纯真的一面。她一直只发展懂事的那一面，任性的那一面则遭到严重的压抑。那个懂事只是一个满足他人欲望的虚假自体，并非她心甘情愿的真我。她一直用理智去生活，告诉自己要做这个，不要做那个，却从未用心灵去生活，所以她所做的都是自认应该做的却不一定是她所喜欢做的。所有她自发做的事情却被认为是浪费时间和精力，更何况是刷手机这样的事情？浪费时间就是一个孩子的天性，在最该自由玩耍、任性嬉闹的时候却被迫高度自律，她的童年被剥夺了。

这逝去的童年如何寻回？我们可以学着做自己的父母，用一个20岁的成年的自我去对待内心那个憋屈的孩子，重新快乐成长一遍，包容自己、宽许自己、偏爱自己，允许自己做不好、接纳她的所作所为。既然父亲对自己不好，为何还要用父亲那一套继续自我对待呢？为何不能重新选择一种更有建设性和积极性的模式呢？用自己理想中父母的样子去对待自己，用自己希望被对待的方式去对待自己，允许自己偷懒、犯错、任性，在自己迷茫的时候指导、鼓励、支持而非责备自己。假设现在她就是自己理想中的父母，当她看到自己的女儿因学不下去而焦虑，她会说什么？那肯定是安慰与拥抱，告诉孩子不用这么辛苦，可以歇歇脚再赶路。

我们完全不用为来访者偶尔的贪玩而担心，她根本不可能是一个只知道玩的学生。我只是希望她知道一个道理，偶尔的偷懒不会更改她严格要求的本性，必要的休息也变动不了她勤奋好学的自我概念。让内在的孩子得到很好的养育，当她长到与自己的生理年龄持平之际，她会实现真正的自律与懂事！

我没大家想的那么好

"我一直都是学校的佼佼者，我为学校赢得了一个又一个的重要奖项，他们都特别相信我、欣赏我。可是这次我代表学校去参加全省的演讲比赛却没有得奖，我让所有人失望了。其实上次市赛我就没有表现好，但学校还是把这个机会给了我，可我却搞砸了。大家都看错我了，这才是我真实的水平，我就这样。"

听下去存在"非此即彼"的非理性想法，只因没有得奖就否定自己及自己之前曾经所有的成绩。经过深入探讨便发现，她不是失败后的陷入极端、自我贬低，其实她对自己的评价一直较为平稳。"我就是个普通的学生，还算可以吧，但我真做不了那事。我都和老师们说了，我能力有限，我不想参加，我比不了，可他们还是让我去。"这个结果其实是她预料之中的，她失败后没有崩溃，反而很平静，有一种尘埃落定的踏实感。

"其实那根本不是你想要的，而是别人想要的！"我犀利地指出。

"对对对！"她大为赞同。她也不知道为什么大家都觉得她行，可能因为她形象气质好，加上成绩优异、口才尚好，大家都把溢美之词输送到她身上。平时生活中，她收到了太多的恭维和赞美，个个把她夸上了天，一提到她就赞不绝口，给予高度评价。其实她不想参加那些比赛，但是大家都相信她，推荐她，全力支持她，仿佛非她不可。她就一次一次地接下任务、扛住使命，代表学校出征，为比赛全力以赴。也许是靠实力、运气和努力获得了几个重要奖项，她的名声大噪，大家对她越是赞赏，其实她深知自己的真实水平，她的确是优秀的，但绝不是人家口中的那种神一般的存在。

大家看不到一个真实的她，他们也不想看到。大家在她身上投射了一个理想自我的形象，这个理想的她是无所不能、无坚不摧、无可匹敌的，他们接受不了一个平凡的她。她不能失误，不能出差错，错了大家也会选择忽视，就像她第一次已经在市内比赛中失利。大家拒绝相信是她的能力所致，而坚信是运气问题，从而继续维持她在大家心中万能的形象。

来访者一开始也并不排斥比赛，她希望用比赛来证明自己，于是主动迎合了大家的期待，吸收和认同了周围人的投射，按照大家的意愿奔波于各大赛事。每次凯旋，铺天盖地的荣誉和好评涌过来，她也很享受，很陶醉，很荣耀，曾一度她也会这么想，认为她就是那么完美那么厉害，但这不是真实的她，那只是她自我膨胀后的"夸大自体"。

可是当她成为"全民偶像"后，她也被这个头衔给捆绑住了。大家对她的期待越来越高，完全脱离了自我的真实层次。人最深的恐惧就是害怕别人发现自己并不是那么好，于是她带上了人格面具，活出了一个"假自体"。看起来言行、功能与正常人无异，但却感觉不到自我真实的存在，就像是一个"借来的人格"，它的存在只是为了讨别人欢心、被社会认可，但其实腹内空空，内心没有愉悦、没有激情、找不到意义与方向。所以越到后面她越是经常性情绪失控，大家都在紧张备赛，她却紧张崩溃，她看不下书、做不出题、说不出话，于是陷入抓狂状态，抓头发、撕纸、大哭，她不知道自己为什么要参加这些比赛，她早已厌倦和排斥。她的心理也早已出现了问题，可是却不敢说，因为在他人的概念里，她怎么可以崩溃？怎么可以受不了？只有她自己知道，她真的演不下去了。

"那只是大家想要的你，不是真实的你。"我再次点破。

是的，这个"虚假的自我"很脆弱，就像虚假的泡沫，一击即破。她好累，她早就不想再戴着这项面具了。她根本就不想参加什么比赛，她也不想获什么奖，不想努力、不想拼搏、不想拼尽全力。她扛不起这么多的投射，满足不了这么多人的欲望。在这个过程中，她不断地去面对真实的自我，那个并不完美也绝非万能的自我，这个现实让她自我瓦解，但这是一个好事，瓦解的只是假性自体，而真实的自体也在逐渐觉醒。于是在一次惨败后，她反倒解脱了。

这何尝不是一个极好的办法，无比心虚的她再也不想做那个大家心中的"理想自我"，干脆让大家对自己彻底失望，也就不会再对她抱以期待与要求。也只有从此时开始，她重新回归真实的自己，大家也开始触摸到真实的她。不再被指望，何尝不是一种解放？

她是优秀的，可是优秀也是需要放置在合适的位置。校内，她完全够格；校外，逼自己一把也可以。可是继续往上，当我们的能力基石不足以支撑的时候，再怎么逼迫自己也不可能在短时间内崛起，而反倒把自己逼入失败的困境。

好在那个她一直都是一个很有自知的她，只是曾经一度迷失自己，很快又找回了自我定位。亲爱的来访者，你无需满足任何人的期待，无需做任何人欲望的棋子，解放自己，给自己应有的抚慰、关爱与理解，接纳和承认自己的"有所能"、"有所不能"。当我们不再认同他人的投射，他人也就会收回投注，尊重你的意愿，看见你的真实。真切地感受自己的本心，并如其所是地展示与表达那个本来就有的样子！你本来的样子，就足够美好！

我没法适应新宿舍

"我大二刚换了宿舍，非常不适应，我们原来的宿舍因为分专业全部调整出去了，大家都分散了，我和原来的舍友关系很好，也有很好的朋友，但是现在都没有了。我好不容易适应了以前的室友，现在又要和全新的舍友住，我好担心自己适应不了啊！"

来访者一边去诉说，一边哭泣。看来她对新环境确实是充满抗拒和担忧。

来访者提到一个概念，"适应能力"，她一直强调自己适应能力差，于是我把咨询目标定在提高她的适应能力。适应能力是个体随着外界的改变而相应地改变自己的行为方式、心理状态、思维方式等以适应变化与外界相和谐的能力。它是一个人的综合素质反映，也是心理健康的重要衡量标准。有良好适应能力的个体能与周围环境保持良好的接触，能从容地应对生活中出现的各种新情况，能积极热情地投入到生产创造中。而适应不良则会给自己带来各种心理和行为问题，痛苦、压抑、焦虑、失眠、退缩、自伤等等。

来访者自感心理脆弱，自知适应力差，还没有开始适应，就已经开始对新环境充满忐忑。她对熟悉的事物紧抓不放，对未知的境况踟蹰不前。

仅仅是学校的宿舍适应就已经让她如此痛苦，那么走上社会和职场很可能遭遇更大的挫折。

于是我们在咨询室里一同探讨了提高适应力的主要方法。

首先是平常心对待，到一个新的环境中，不适应是很正常的，没有人天生就会。每个人都是第一次面对全新的组合，都带着兴奋与忐忑，谁也不比谁更高明，一同来面对，一起去磨合；其次是将担忧限定在一定范围内，对于可能出现的难题不掉以轻心也别过高估计。那一天还没有到呢，就自己吓自己，用各种脑补的恐怖画面阻碍自己正常的融入与交往。再次是做好准备工作。既然对自己的适应力没有信心，那么就要提前做足功课。那一天还没有到来，那我们就充分利用这一段缓冲的时间为自己打气充电。可以事先了解即将成为新室友的那几个同学，她们的喜好、习惯、风格等等。"知己知彼，百战不殆"，了解她人不是为取悦她人，而是为了更好地相处与相容。我们的恐惧很多时候来自于不确定的未知，因不了解而慌乱，因了解而淡定。了解越透彻，信息越清晰，心态越稳定。

那么来访者适应能力不足有何原因呢？从她裹足不前和紧张不安中我们可以看到她强烈的不安全感，那么这种不安全感是怎么来的呢？还有其他的情况吗？如果不去探讨适应能力背后的原因，那么来访者的深层问题还是没有完全缓解。

来访者表示："我讨厌适应，我从小学就开始住宿了，我爸妈在外做生意就把我早早地放到贵族学校读书，一个学期才能回家看父母一次。那时候真是很灰暗很孤独，没有任何人可以帮我，都不知道自己是怎么过来的。我经常一个人默默地哭泣，给我爸妈打电话，他们也很忙说不上几句，后来也慢慢不打了。我受不了去融入新的集体，感觉自己就是个局外人。"

看来她的适应问题源于分离问题。她有较重的分离焦虑，幼时这段昏暗的寄宿经历让她异常的孤独与痛苦，内心害怕分离、渴望稳定。并非眼前的经历太可怕，而是那些过往的经历太残酷，让她不愿也不敢面对。那些本不属于 6 岁的小女孩该面对的事情，都让她提前面对了。每到一个新环境，她那些痛苦的感受便翻涌出来，让她如身处当年无助与不安的状态中，无力承受，不愿再经历一次。现在痛哭的来访者并非这个 19 岁的她，而是那个 6 岁的小女孩，她在为自己悲惨的经历而悲伤，她在为内在的小女孩而心酸。假设她在当年可以像其他孩子那样想回家就回家，想看父母就看父母，她便不会像现在这般害怕与痛苦。所以，充足的安全感是孩子探索世界的源泉，如果安全感不够，人格只是被迫的独立而非真正的强大，他们是没办法勇往直前的，很容易被成长的坎坷所吓倒，再次缩回到曾经熟悉的壳里。

来访者要让内心的女孩慢慢长大，认识到自己已经长大成年，那些过去的场景不会再出现了，而她也有了更多的力量去应对新的挑战。事实上来访者也确有一定的适应能力，虽然她自己说没有，但从上一段宿舍适应的情况来看她的表现还是不错的。

自我的成长需要时间，不可能一蹴而就，但是环境的适应却不必等到完全成长好才进行，这个世界也不会给你机会等。边适应边成长，适应的同时也会带来新的经验和感悟，从而获得新的成长。所以，带着目前已有的资源尽管大胆去尝试吧，把每一次的挑战当成一次全新的体验。放下自己的预设，回归婴儿般的好奇，来看看这个全新的世界，它是什么样子的呢？它会发生什么呢？我又将经历什么呢？一切都是那么的新鲜，一切都是那么的新奇，仿佛又找回了那个对生命充满热忱的自己！

保持对经验的开放和对自我的解放，不执着于既有的熟稔环境，也不害怕熟悉后的新一轮分离，just do it! 当有那么一天，我们能够自由来去、欣喜接纳，我们内心的缺憾与创伤也得以修复，也就能坦然地开启一段新的旅程、走入一段新的关系。

我总是担心考试

　　"我很担心自己考不好，怕考砸，有时害怕到突然从梦中惊醒。考完后，我又会担心是不是老师没有收我的试卷，或者我的姓名有没有填，会不会因为这个没有成绩，总是很担心和焦虑。"

　　考试焦虑是学生中常见的现象，很多大学生经历中小学的成百上千次考试都不怕，到了大学反倒因为考试而出现各种心理问题甚至是危机。这和大学考试的性质及要求有关，尤其是大一学生，从未经历过大学考试，缺乏经验的同时加之对补考重修无法毕业等的恐惧，于是出现考试焦虑，这是共性。那么这个来访者的特性是什么呢？

　　原来与一次考试失利有关。来访者以前未曾害怕过考试，是大一考《军事理论》留下了阴影。那是开卷考试，他很努力地答题，积极地翻答案，大家草草就写完了，他还在那认真地写。最后那些胡乱写的人都过了，来访者却不及格，要重考！当时他都崩溃了，严重怀疑自己的学习能力，那以后他就怕了考试。

　　我免不了对来访者充满了同情，甚至为他抱怨世道不公天道无情，但来访者却归因于自己，因此怀疑自己的能力，这是何故？

　　你平时的成绩如何？我不禁问。

　　我高考是超常发挥的，按照我平时的成绩，我就只能考个三本，或者三本都考不上，我一下考上了一本。上大学后我就开始担心考试，那次考试后我就出现了严重的担心。

高考超常发挥，这是一个很好的事情，也是个很好的经验啊，怎么还会怕了考试呢？应该是喜欢考试才对啊？又不是高考失利，因而一蹶不振、产生后怕。

经过进一步的探讨，我了解到：原来是他对自己的学习能力不够自信，各门功课都很一般，有些科目比如英语还挺差的，高考超常发挥，这在他看来全凭运气，觉得名不副实。其实他并没有那么好的成绩，而且那些薄弱的科目在大学仍需面对，因而内心恐慌，害怕自己偶然的幸运终究会应付不了大学的学习压力。

人都有成功的需要，个体倾向于从事对其有重要意义的且具有挑战性的活动，希望在活动中超过别人并取得优异成绩，这就是成就动机。它一般分为两种：追求成功的动机和回避失败的动机。如果趋向成功的动机－避免失败的动机＞0，那么他就敢于去冒险敢于去尝试，并追求成功。相反，为了避免让自己陷入失败的深渊，个体会规避可能导致失败的场景。来访者就是如此，他骨子里的焦虑就是害怕自己考试失败——失败就是自己无能的证明。

来访者本来就觉得自己技不如人，那次《军事理论》考试彻底把他打入自我否定的深渊，这么简单且开卷的考试他竟然却挂了，比其他人差了那么一大截！自己果然就是这个水平！这个惨痛结果所暴露出来的残酷真相对自己简直是致命的打击，以至于未来的每次考试对他来说都是一次折磨和一场恐惧。他希望自己永远不用考试，也就永远不用面对能力平平甚至差劲的自己！

怎么办呢？我也替来访者着急。但是着急只会陷入来访者同款情绪，徒增他的焦虑——连咨询师都焦虑了，看来我是没救了。所以，我及时调整了自己的状态，引导他平和看待自己。

首先来讲，来访者能够在高考超水平发挥，也许从某种程度上，他还是具备一定的实力和基础的。他所谓的"成绩差，三本都考不上"也许是他非理性状态下夸张的说法，而并非事实。事实上，除了他不在行的英语，其他科目也是可以达到中等水平的。他需要更为客观公正地看待自己，给自己的成绩应有的承认。

其次，《军事理论》挂科只是一个特殊事件，是他在大学刚出现考试焦虑状态下考砸的。越是焦虑，他越是认真；越是认真，一旦考差他就越是怀疑自己的水平。而题目简单的开卷考试不是一个衡量个人能力的好标准，很难区分出好坏，也就很容易掩盖个体差异和真实水平。考试只是来访者自我崩溃的一个导火索，一个自证预言的结果，根源还是对自我学习能力的不信任。

再次，来访者的心理素质对他的成绩会产生影响。高考时他的心理状态极佳，也就发挥出色；大学后他的心态没那么好，也就发挥失常。心理素质也是个人能力的重要方面，所以，当来访者找到好的心态，也许就能找回自信、考出好成绩！

那么如何调整好心态呢？一个简单又合适的办法是积极想象法：通过想象与自己有关的快乐活动，从而唤起愉快的、满意的情绪，助力自己的发挥！运用在考试中，就是回想自己曾经状态最佳发挥最好的一次场景，对于来访者来说就是高考那次，让自己沉浸在那个美好的画面，越清晰越好，想想当时"下笔如有神"的情态，感受当时"春风得意马蹄疾"的心情，带着这样的成功体验，下笔！

最后，实力才是立足之本，我们归根结底还是要夯实自己的能力。所谓"艺高人胆大"，练好硬本领，考遍天下都不怕！

我就是不想还队服

"我本来在学校组建的一个学科竞赛队伍里当骨干，当时老师给每位队员定制了队服，后来因为一些原因我退出了，老师就让我把队服还回去。我拖了一个月了还没还，我要还回去吗？"

来访者从骨干到退出，这里面到底发生了什么呢？还有队服是怎么回事？不就是一个队服吗？老师为何揪住不放？而来访者为何又迟迟不还？于是，我向来访者获取了更多的信息，事情的全貌是这样的：

来访者学习优异被选入校队，准备参加全国学科竞赛。为这场比赛已经准备了近半年，本来指导老师是推举她为带队，但是由于有一次学校预赛的时候她表现不好，老师就把她换下来了，不再是主力，而只是个普通的队员。这严重地影响了来访者的心情，她就干脆退出团队了。为此，指导老师让她把所有的竞赛资料都还回去，她还了。老师还让她把队服也还回去，她没有还。老师就经常叫学长打电话给她，催她还队服，说要把队服给候补者穿。她每次答应说会还的，但却始终没有还上。

来访者言："我也不知道为什么就是不想还，现在每次电话铃声响起，我都很害怕，都不敢接了。其实好像也有好些天没打电话来了，但是我还是紧张，怕再来问我还衣服。"

一件队服变成了催债，的确让人大跌眼镜。指导老师的行为我无法认

312

同，来访者的行为我也无从理解。于是我单刀直入："讲真，你想还吗？"

来访者沉默了一会儿说："我不想还。"

"你那些珍贵的资料都还回去了，为什么就是这套队服不愿还呢？"

"我也不知道。"来访者停顿片刻，突然问道："老师，你是不是觉得我很自私？是不是很贪小便宜？"

她这么问其实是想让我告诉她，她不是。可我不想轻易保证，那并不会给她什么帮助。我需要更慎重地与之剖析自我，于是我问："你觉得你是吗？"

"我不是的，我家里虽然不富裕，但那点买衣服的钱也不算什么。"

"那为何不干脆还了？这样多省事，就再不用担心有人来叨扰你了！"

"还了，就什么都没有了。"

来访者这句话点明了真相——她虽然离开了校队，但内心其实并不想分离。她无比珍视这次比赛，为此做了很久的准备。她很想带队出征，为自己和学校取得好成绩，只是预赛的时候自己欠佳的表现让其羞愧，而老师撤换主将的做法更让她寒心，所以满含遗憾的离开了那个让她心心念念的团队。离开后，她该还的都还了，就只剩下这套队服了。队服是一个标志，具有代表性和纪念意义。她只想抓住这最后一点痕迹，作为自己曾经在校队待过的证明。她并非贪小便宜，想要据为己有，如果能留下，哪怕用金钱来买都愿意。

听到我这么说，来访者无比认同也无比释怀，她仿佛看到了自我需要，并不再自我责备，不用再怀疑自己道德有问题。

那一刻，我的眼前呈现一个孩子的画面，她到人家家里看上了一个玩具，玩得不亦乐乎。离开的时候，妈妈让她留下玩具，可是她却紧紧抓住不放。你越让她放下，她抓得越紧，甚至哇哇大哭，怎么都不撒手。但是我们就会用各种难听的话语对她进行道德绑架，说她怎么这么霸道，这么以自我中心，这么不懂事！事实上，她只是太喜欢，她只是不知道如何放手。不舍得玩具之外，还有对那次愉快玩耍的不舍！放下，也许就意味永远的结束！

来访者的心态不就像那个孩子的表现吗？在这里，我们看到了满满的委屈和分离的痛苦。她已经在这个事件中受到了些许不公平待遇，否认了她在团队中的功劳，然而连最后一点体面都要剥脱，叫她如何不伤心失望？她只想通过这唯有的一套服装弱弱地补偿一下自己受伤的心灵。

我们很多时候，不要急于去给一个人做道德判断，我们并不知道事情的真相是怎样的，不能随意去给人下定论，这很可能会伤害到别人的感情。就像这位来访者的行为其实与德行无关，看到她行为背后的需要，就能更好地处理掉这个小麻烦。

最后，在我们的工作后，她鼓起勇气和指导老师表达了心愿——希望留下自己的队服。没想到，老师很欣然地答应了，也感谢她曾经在团队中所作出的贡献。

其实只要我们不回避问题，而是勇敢地面对、坦诚地沟通，很多看上去的难题就并非真的无解。正如她原以为的老师的"迫害"也并不是真相，老师只是就事论事，确实少了点人情味儿，但并不是刻意针对自己。

最后两个人"讨债避债"的拉扯其实也反映出双方对彼此的情绪。她气老师的替换，老师气她的退出，于是一个追一个逃，你想要，我偏不还，都有些孩子气。其实老师又何尝会介意一套队服，老师也是不舍来访者的退出，于是借此表达一下遗憾与不满。待那一刻情绪一过，这个事情也很快翻篇。

当我们真诚沟通、勇敢表达，一套队服引发的冲突就能迎刃而解。当来访者的付出和成绩得到承认，她也就释怀了。

我怎样都学不下去

"我现在很厌学，不想读书，不想学习，甚至什么都不想做。可以前我不是这样的，无论做什么都充满干劲，学习起来更是动力十足。可在这段时间，也不知道怎么回事，怎么也学不进去，怎么都努力不起来，再这样下去我就废了！"

从来访者的描述中我就已经感觉到他的烦躁与焦虑，学习状态不佳让自己特别的担忧和自责。突然从干劲十足到毫无动力，从乐学好学走向厌学懒学，是怎么回事呢？是对自己要求太高了吗？还是遭遇了什么挫折？

来访者想不到有什么挫折，沉思片刻提到也许和那次没有拿到一等奖学金有关。只因一分之差没有拿到理想的奖学金，这让他突然就对学习丧失了兴趣。

"你很爱学习的吧？"我不禁问道。

"还行吧，学习可以让我拿到我想要的东西。"

来访者一路刻苦学习，其实对学习没有真正的喜欢，他只是希望通过好成绩拿到好的荣誉、找到好的工作。学习只是一个跳板，一个达到目的的手段。由此可见，来访者的学习动机是存在一定问题的。动机是推动人从事某种活动，并朝一个方向前进的动力，有内部动机和外部动机之分。

内部动机是指任务本身的兴趣或愉悦带来的动机——我爱学，所以我学，学习本身给我无穷乐趣、无限满足。而外部动机指的是为取得某种外在利益而从事某个活动——我学习，是为了学习之外的附加好处，如好成绩所带来的荣誉、奖励、地位等等。就像这位来访者，他对学习本身的兴趣是有限的，他学习主要是为了这些外在的收获。

建立在外部动机上的学习不是长久之计，一旦外界的这些价值贬值了或者不复存在了，个体的动力就会大打折扣。比如我本来是为了找一个好工作而学习，而现在你告诉我如今就业不高、工作难找，学得好也不一定找的好，那么我就会怀疑我这么努力学习是为了什么？学习突然就变得一文不值，从而也就失去了动力。

来访者看似偶尔的事件深藏必然的结局，哪怕这次没有出现打击，迟早都会有这么一"劫"。这不是特例，而是很多大学生的现状。也许来访者一开始是有内在动机的，是一个爱学习的祖国花朵。孩子天生有无穷的好奇心和求知欲，可是在书山题海的长期摧残下，这份自发的动力逐渐演变成了外部的激励，学习的原动力越来越不足。此外，长年累月的寒窗苦读，让我们前面发力过猛、用力过久、耗力过度，很容易后劲不足。本来就已经是强弩之末，一旦遭遇打击，哪怕是很小的打击，都会让自己陷入厌倦的深渊，再也提不起劲。最后，本已动力不足，继续逼迫自己也是无益，徒增对学习的憎恨和厌恶。

我们总希望自己是一个永动机，不允许自己有一丝丝的懈怠，一旦停滞不前，就会自责不已。这是一个理想的状态，充分喜爱、充分自律、不知疲倦、不厌其烦。如此这般也只有机器能做到了，可我们不是机器，我们有七情六欲，有人性弱点，有心态变化，不可能永远保持在一个完美运行的状态。如果我们一直忽视内在的声音而不停地压榨自己，再也动不了就是必然的结局。这也许是一个很好的契机，动不了了就是机体内在智慧在提醒自己身体需要待机甚至充电了，学不下去了正好是我们休息和休整了。人不能一直埋头赶路，还应该停下来看看风景，思考我们到底是为何而学。我们要变外部动机为内部动机，找回对学习最原初的爱。而要找回初心就是要给身心放个假，不用再勉强自己，也就是不再与学习拉仇恨。远隔一段时间，让距离产生美，并回想当初自己乐学好学的样子，让那个美好而纯净的画面再次浮出脑海，挖掘自己的内生动力，这样才可能找回最初的梦想和热爱。

那么不怕一旦停止运行，就再也站不起来了吗？无需过于担心，偶尔的学不下去不是真厌学，偶尔的状态不佳不会一直持续。更何况，如果你本就是个积极的人，偶尔不积极不主动也不会改变你的风格和属性，一个积极的人哪怕休停一段时间也不会变成一个颓废之人。我毫不担心来访者会废掉，他就是那个积极努力的人，瞧他焦虑的样子，想让他变成一个没心没肺自暴自弃的人都不太可能呢。

莫强迫自己一直努力，一直在状态，与其做无用功，与学习建立糟糕的关系，一边学着，一边恨着，不如让自己歇一歇，允许自己可以颓废可以厌弃。这个歇不是疯狂娱乐、熬夜刷手机，这样不是歇，反倒会越歇越累；这个歇是放空、是清除、是简约，给自己有时间冥想、散心、休憩等等，为自己的疲惫心灵补充能量、充分滋养。至于休息多久，那就要看自己曾经耗竭了多少的力气，过去越是耗损严重，如今越需要充足的时间来休整调理。如果没有歇够，那少安毋躁，继续安心歇息，不管这个时间是一个月、半年，甚至更久。这也算是你过去这么多年积极努力的一点集中补偿吧！等歇够了，精力自然恢复，状态自然到位，到那时我们再上路！

我就是个花瓶

"我又崩溃了，这次考试没有拿到全班第一，我在宿舍大吼大叫，把杯子都砸掉一个。我同学吓坏了，报告了老师。我近一段时间压力都特别大，几次考试和比赛都不满意，已经连续崩溃几次了。我以为这次考试会翻盘，却仍然是这样的结果，我怎么这么差劲，我真的要疯了！"

来访者长相甜美、声音动听，同时还成绩优异、才情出众。她就是那种"明明可以靠长相，偏偏要靠才华"的人！估计她会让很多人羡慕不已，可偏偏她却抑郁自卑、妄自菲薄、自我不满意。这是怎么回事？

经过咨询，我们找到了问题的根源：来访者从小收到无数的赞美，说她"漂亮、好看"，却没人说她"优秀、有才"，人们仿佛看不到她美丽的皮囊下的点滴才华，人人只当她是个"花瓶"。于是她无比努力，刻苦学习、苦练技艺、全面发展。慢慢地，她的艺术才华凸显出来，学习成绩也名列前茅，各方面都小有成就。终于有人评价她为才女了，还有人赞叹之为"才貌双全"，这给了她短暂的骄傲和荣耀，却没有给她持久的踏实与满足，反倒让她岌岌可危。她担心自己配不上"才女"的名号，于是越发努力，希望自己一直都能保持优秀与优势，决不允许自己掉队；希望自己的能力与外貌能够相匹配，摆脱"花瓶"的标签。就像很多被冠以"花

318

瓶"的女演员一样，一辈子都在努力摆脱"花瓶"的人设，抖掉偶像包袱，苦练演技、提升自己。

来访者的经历相当励志，我情不自禁地为之鼓掌。可是"花瓶"也挺好的啊？长得好在某种程度上就是人生的通行证啊？为何还要自我增压，要求自己全面开花？还给不给普通人活路了？其实这和她家庭和学校教育也是有关系的，小时候她也有对美的自发喜欢和追求，每当她漂漂亮亮地出现在家长和老师面前，他们却总是对她说："小小年纪打扮那么漂亮做什么？漂亮有什么用？成绩才是最要紧的！你除了漂亮，还有什么？"

"除了漂亮，还有什么?!"这句话就这样深深地印在了她的脑海里。她这么多年的努力就是想证明自己："除了漂亮，我还有很多！还有很多可以拿得出手的东西！"但努力自证的背后却是对自我深深的怀疑，也许人家说得对，自己就是腹内空空，除了漂亮什么都没有！所以她紧盯着自己没有的部分，一旦哪次考试或比赛不如意，就把自己打入"什么都不行"的深渊。这次考试她没有考到第一就是如此，仿佛为她揭露了一个残酷的真相：她还是不行，还是个徒有其表的"花瓶"，终究不配"才貌双全"的称号。

"花瓶"成了她的魔咒，漂亮是爹妈给的，实力才是自己努力的结果。仅仅是漂亮不值得称赞，美丽与智慧并存才值得一提。如果没有智慧，那她就一文不值。来访者骨子里终究摆脱不了深深的自卑感和低价值感。当然，她可以自卑，就像她曾经依靠自卑与焦虑获得自我超越和自强不息一般。但如今她已经拥有了那么多，却还在自卑，那么这种自卑就已经不是补偿与超越了，而是生命中不能承受之负重与伤害。其结果就是抑郁，就是自己攻击自己，自己压垮自己。并没有其他人给她施压，她完全是在与自己较劲。

亲爱的姑娘，我想告诉你：你已经足够好，不需要如此拼命地证明自己。美丽没有错，追求美丽也没有错。美丽就值得称赞与肯定，美丽就给世界增添了靓丽的风景。美丽就足够你自信，何况你还有满腹才华！偶尔的一次失利不代表什么，很有可能是你的紧张与压力阻碍了你的发挥，并未完全发挥出实力。请客观地看待自己，虽然这几次比赛与考试不理想，但你仍然是足够好的，与"差劲"完全不沾边，这只是情绪崩溃下的非理性心态。假设真的到了能力的瓶颈，我们也需要有勇气去接纳真实的自己，允许自己没考好、做不到，再思调整与改进。

亲爱的女孩，你不需要如此完美，不完美的你，也依然是美丽的，值得被珍视与珍爱。请珍爱自己，请给自己应有的肯定和仁慈，你依然是那个"才貌双全"的励志女孩！

你知道我曾经有多优秀吗？

"你知道我曾经有多优秀吗？琴棋书画样样精通，成绩优异、获奖无数。从小到大我一直都是家长和老师的宠儿，到了大学也是学校的风云人物，可是现在呢？马上面临毕业了，研究生没考上，工作也没找到。去找了几家单位，进去的时候都很容易，但都待不下去。天哪，难道我这辈子就这样玩完了吗？我还能做什么？"

来访者不仅成绩优异还才华横溢，校园十大歌手、乐队主唱、轮滑冠军、灌篮高手，可以说十八般武艺样样精通，着实让人叹为观止。看到这样的来访者，咨询师都自惭形秽。可是这样优秀的人却面临毕业的困境，人生突然断崖式下降，着实令人唏嘘。

按照一般的套路，我先是安慰他："你这么优秀，一定会有美好的前程！"接着是劝解他："你不要这么悲观，你的才华一定会助你一臂之力的！"还有是开导他："一切只是暂时的，是金子一定会发光的！"然后对方就会不停地和我强调，他哪里哪里不可以，怎么怎么不可能。你有一百个说法劝说他，他就有一千种理由反驳你。他的核心疑问就是"他的才华有什么用"？而我就是不停地跟他保证"他的才华有用"，然后他再用强有力的证据告诉我"没有用"！突然我发现我灌的这些鸡汤和他身边的亲朋好友所做的工作有何不同？想必他已然听过太多这样的语言、见面太多这样的场面，个个苦口婆心，他却油盐不进。这样和他拉锯下去是没用的，那么，我的专业性在哪？如何打破常规帮助到他？

其实，我们无需敦促他看到个人的优点，他不是看不到自己的才华，他也一直在强调他的优秀，他只是看不到未来。他的自信心早已碎一地，身心全都被不甘与不满所占据，已经不能理性看待自己了。他的转折点是考研失败，也许是一直以来太顺了，这次考试失利给了他巨大的打击，于是乎一蹶不振。一般而言，那些过去越是精彩的人越是容易跌得惨。过去越优秀，越不能接受现在平凡的自己。他对社会充满怨愤，恨这个社会没有眼光，他觉得自己空有一身武艺却无用武之地。他甚至有些恨自己的这身才华，不仅没给帮助，反倒是阻力。那些才艺在找工作时根本用不上！成长培育了他的才华，却没有孕育出他情绪管理和问题应对的能力，特别是没有赐予他一颗踏实平和之心。他越是自恃才高，越是觉得自己是天选之子，非比寻常、与众不同，越不愿意放下姿态与普通人打交道、做普通工作、过普通人生。

把那些才华都丢了吧。我说。他无比震惊，还能把才华给丢了？

那些曾经的岁月再怎么风光，都已经是过去，不足以支撑你走向未来。既然这些才华都已经成为你的阻碍，那么我们为何不挪开这些障碍？既然这些才华已经不再能帮助自己，那么我们为何还要紧抓不放？我们为何还要躺在这些逝去的荣耀上，在自我沉溺中裹足不前？

我连串的质问让来访者陷入沉思，这一次沉默是有价值的。

艺术在云端，生活却需要接地气。我们不是要丢掉才华，而是要暂时把他们封存起来。心理危机干预中有个保险箱技术，在此技术中，可以将带给人负面情绪的物体或事件锁进一个保险箱，而钥匙交由个人自己保管，并且个体自己可以决定是否愿意以及何时想要打开保险箱的门，来重新触及那些带来负面情绪的压力以及探讨相关的事件。我灵机一动，便把这个技术引入到这次谈话中来。只是这里被封锁的不是负面情绪或负性事件，而是他引以为傲的才华。

我让来访者闭上眼睛，跟着我的引导语在想象中把自己的天分、才华、才艺统统都打包，并束之高阁，封存到一个自己够不到的地方，等到合适的时候再拆开。这个合适的时机就是心智足够成熟、可以重新自我展示需要发光发热的时候。只有把这些曾经的光芒暂时封锁，他才可能触摸现实。

其实，阻碍他的不是才华本身，而是他自比天高的心气！才华上附着的是心高与气傲，把才华敛起来，心气才能收起来。完成打包后，来访者的脸色发生了巨变，整个人突然亮堂起来。那种阴郁与黑沉的神色一扫而空，整个人好像卸下了一块大石头。当一个东西不再是门票而是包袱，那就是我们及时卸下的时候，不管那个东西是才华、成就还是辉煌。来访者悟性很高、转变很快，这次咨询后，他找到了一份普通的工作，一切重新开始。

再见他已是一年后，他已不再是那个锋芒毕露、怨声载道、学生气十足的小伙子，而是一个脚踏实地彬彬有礼的打工者。他说现在才发现做一个打工者挺好的，就像歌曲《平凡之路》唱的："我曾经失落失望失掉所有方向，直到看见平凡才是唯一的答案。"可不是么？当初让你所瞧不起的工作如今却成为了你的衣食父母，我们还要感谢它为我们提供的基本需要和立足之地呢！对工作心怀感恩，我们才能安心生活并积极发展。至于原来的才情，先有自己的职业平台，再寻思曲线救国吧。还是那句经典的鸡汤文：是金子总会发光的！果然，待他在平凡的岗位上站稳脚跟后，他的那些才华也逐步展示出来。他文艺方面的才华，为同事带来诸多欢乐的同时也给公司带来了创意和收益。大家都惊叹和夸赞他：原来你还是个宝藏男孩呢！

我不敢去找工作

"我已经大四了，正面临毕业。大家都在积极地找工作，可我却一点行动都没有。我不敢去找工作，不敢踏入社会，我很害怕，不知道怎么面对。"

来访者看上去呈现出一定的社会退缩性，大家都在憧憬着毕业后独立自主的美好生活，她怎么会裹足不前呢？于是我让她思考不敢出去找工作的原因是什么，她摆了一堆原因：能力不行，害怕被骗，不知道自己能做什么。

针对来访者这些情况，我让她就这三个问题做一个深入的思考，清楚她就业路上的拦路虎。首先，既然不知道自己能做什么，那么就想自己能做什么，分析自己的利弊；其次，害怕被骗，那么就想害怕哪些方面被骗，如何避免被骗；最后，担心能力不足，那么就想是哪些能力不足，如何提升就业力？与来访者一同开展头脑风暴，每个问题想3个答案以上。

经过一番探讨，我们找到了很多可行的答案和方案。来访者频频点头微笑，她仿佛看到了希望，对自己的未来之路有了更多的信心和力量，表示能够更勇敢地面对，准备积极地行动起来！

临了，我为这段谈话做总结陈词。我鼓励来访者承担自己的责任，这份责任是社会、家庭和个人的共同责任，国家培养了她、家庭养育了她，自己也长大了，需要去就业工作和承担责任，不能再逃避了。她表示同意。

可是此刻，我却突然发现了来访者的不对劲，任我的思想工作做得头头是道，她只是敷衍地点头，眼神却飘忽不定。于是，我停了下来，询问她发生了什么。她支支吾吾地问我："我可以回家务农吗？"

此话一出，我知道事情发生了反转，我们前面做的一堆都是隔靴搔痒，她真正的问题才刚刚浮出水面。如果不是我看到了她虚假的顺从，那么将无法解决她真正的问题。

当然可以回家务农。前提是她这是做好准备后的主动选择，而非被动地逃避行为。

原来来访者的家里有一个老父亲，妈妈在她很小的时候就离开这个家了，是爸爸拉扯她长大，爸爸没文化，只能靠做苦力供她读书，送她去大学。

她骨子里放不下爸爸，所以想毕业回家陪伴孤苦无依的老父亲。但是她知道，爸爸是不希望她回去的，爸爸希望她有出息，不希望她过那种"面朝黄土"的生活。爸爸是一个很固执的人，如果知道她读了那么多书还是回到黄土地上去，一定会火冒三丈。小时候她也总是看不惯顽固的爸爸，可是出来后又总是想念他、牵挂他。她想回家陪他，想与父亲一起务农，所以她只有阻断自己所有的路，所有的路都行不通、所有的工作都找不到，她才能名正言顺地回家，与父亲待在一起。可以说，我越是告诉她外面的世界很精彩、外面的世界不可怕，越是与她的想法南辕北辙，她的内心越是焦虑和内疚——回不去的焦虑和抛弃爸爸的内疚。

我问来访者："假设爸爸不同意你回去，你还回吗？"来访者斩钉截铁地回答："回！"

"假设周围人都指指点点说你的书都白读了，你还回吗？"来访者毫不犹豫地说："回！"

既然想清楚了，那还顾虑什么呢？来访者又说其实自己不甘心回。

看来她还是很纠结，这个决定不是那么好做的。那么到底是想回还是不想回？来访者可以接受自己回，但其实内心是不想回的。回去纯属是割舍不下父亲，是亲情的牵系而非真实的愿景。带着这样的不甘回去，久而之，她仍然会不开心的。她会委屈，以牺牲自己的大好前途甚至大好人生来回报亲情，当那份心甘情愿之心被辛苦的生活消磨得所剩无几，她甚至会怨恨父亲，而父亲也不得开心，互相折磨。

我继续和她探讨："你想回的原因是什么？"她认为是可以和爸爸互相有一个依靠。"那你觉得是你依靠爸爸，还是爸爸依靠你？是你放不下爸爸，还是爸爸放不下你？"来访者认为是自己放不下爸爸，他这么多年已经很独立和习惯了。他有能力照顾自己，他也有自己的方式调节孤寂和愁绪。

当然也不是说回家务农就低人一等，也不是说父亲可以独自安好就不管不顾。但如果她有条件发展得更好、生活得更好，也是父亲含辛茹苦多年的心愿，也能更好地对父亲尽一份孝心。

有没有什么方法可以"鱼和熊掌兼得"呢？既能发挥所学自我发展，又能方便探望和照顾父亲，这样的工作可以吗？最后，我们一同探讨了一个较为折衷的方案。毕业后可以去老家所在的城市或县城找一份与专业相关的工作，还可以去考公务员、中小学教师等等。就业之路很多，当然需要与自己的专业、兴趣和能力相符。这样我们又绕回到最初的就业问题，那些探讨没有白费，可以帮助她更好地决策，选择适合自己的就业之路。

被亲情牵绊的来访者视野受到限制，只能看到非此即彼的结果，不是远走高飞，就是回家务农，我们完全是可以二者兼顾的。当我们面对真实需求，打开就业思路，就能解决当下的困境。来访者笑了，这一次，她才是真正露出了欣慰的笑容。

我想要人格魅力

"有些人为什么那么有魅力啊？举手投足都让人称赞，走到哪里都让人跟随，能说会道、左右逢源，不像自己，平淡无奇、毫无魅力，真希望像他们一样啊！"

人格魅力是一个高大上的境界，它指的是一个人在性格、气质、能力、道德品质等方面具有的很能吸引人的力量。人格魅力是很多人争相追逐的品质，很多大学生都渴望拥有它，以利于个人的发展。但就像这位来访者一样，他们几乎将人格魅力等同于感染力了，能言善辩、妙语生花、神采飞扬，拥有一眼就看出的超强雄辩力和煽动性。

我觉得这是大众对人格魅力的一种误解，这个搭配有时候并不合理。有的人有人格，却未必有魅力，有的人有魅力，却没有人格，比如发动世界大战的希特勒，他是一个自律的典范，一丝不苟、振臂一呼、应者云集。他足够有魅力，哪怕在当今社会还有人崇拜他，可是他毫无人性，他的存在对于这个世界来说就是一场灾难。人性都没有了，何谈人格？

在这里要搞清楚什么是人格。人格指个体在遗传基础上，在其社会化过程中形成的具有一定倾向性的行为模式和心理特征。人格，就是具有人的品格和模式。有些人言行举止都不像个人，哪里有什么人格？即使口吐莲花、妙笔生花，即使魅力四射、光芒万丈，即使一呼百应、万众拥戴，也不能说明他们具有人的特质。既然没有人格，那么自然没有人格魅力，有的只是妖魔的化身、鲜艳的幌子。当然我说的"没人格"是一种讽刺的说法，准确的说法是"人格缺失"——你看到的人格魅力，很可能是人格缺陷。就像希特勒就是一个极端的偏执狂，属于偏执型人格障碍和反社会人格障碍。他的偏执曾一度为他赢得了战争的胜利，使人们错把偏执当作是魅力。能够一眼就看出来的魅力，的确是有种吸引人的魔力，却可能与人格无关。真正人格完整的人，可能是一个外表极其普通，丢在人海中，甚至完全被人群淹没，一个低调朴实、不显不露的形象，几乎不可能被拎出来顶礼膜拜。正因为如此，有些人过分地追求了魅力的彰显，而忽视了人格的修炼。

当然不是说，一个普普通通的人，就人格高尚了，那是平庸。一个真正人格高尚的人，是经历过"看山是山，看山不是山，看山还是山"的三重境界的。从碌碌无为到魅力无限再到平淡如菊，这样一种回归，实现了自我的和谐与人生的完满，到这个时候你可以说魅力有了，人格有了，但你已不再追求人格魅力了。

荣格提出"人格面具"这一概念，本义是指使演员能在一出剧中扮演某个特殊角色而戴的面具，是个体符合外界期望的部分，是个体用以适应世界的途径。荣格在《原始意向和集体无意识》一书中提道："人格面具对于人的生存来说是必需的，它保证了我们能够与人和睦相处，帮助我们实现自我目的和个人成就。但也要防止过分地热衷和沉湎于自己扮演的角色，如果个体把自己仅仅认同于所扮演的角色，人格的其他方面就会受到排斥。"

那些所有我们痛恨、并想隐藏起来的令人厌恶的特质就成了我们的"人格阴影"或"负面人格"——我们未充分发展的功能和个人潜意识的内容。通常是，一个人越有魅力，人格越有缺失，人格的阴影面也越大。他必然是压抑了一部分人格特质，而孤注一掷地高度发展了某一光明面，成就他的大众魅力，而没有被发展起来的那一面则成了人格阴影。

　　下次看到指点江山激扬文字的人就不用羡慕嫉妒了。"受人格面具支配的人，会逐渐与自己的天性相疏远而生活在一种紧张的状态中。"你并不知道一个真实的他，你看他充满魅力，也许他就是虚的，他也有自己的阴影面。而且他的这一面越耀眼，另一面也许越拙劣。那些弱点总是在那，当时移境迁，总可能会暴露出来。唯有当自我与阴影相互协调时，个体才会真正地充满生命活力。

　　这不是"吃不到葡萄就说葡萄酸"。有没有那种光彩夺目的人格魅力者呢？自然是有的。但就像我前面所言，真正有人格魅力的人哪怕他具备光芒四射的本事，他也不会工于表现，他不需要通过激情飞扬去展示魅力、刷存在感，而是可以收放自如，甚至是收敛光芒。他的光芒哪怕收敛了，也散发出宝光，但需要你细品、慢品，越品越香，到最后，人格魅力就品出来了——豁达、谦逊、平和，充满着治愈性，你和他在一起是和谐的、舒服的、喜悦的，而不是自惭形秽、自愧不如。

　　人格魅力是一种人品、能力、情感的综合体现，绝不仅仅是表达力、交际力、领导力等某方面的卓越。它需要修养、德性之养成，是"腹有诗书"、"心底无私"为基石的完满和谐状态。人格是土壤，魅力是果实，不用刻意追求光鲜亮丽，而是夯实自己的基本功，完善自我的人格，魅力自然由内而外散发。

后　记

　　书稿完成不易，横跨多年，撰写的过程就像一棵树的成长过程，从生根发芽到历经风吹雨打，有无数次被摧毁的可能，但都坚持挺了下来，逐渐长成了大树。待到根深蒂固、枝繁叶茂，就风雨压不垮了。所以，不要畏惧，尽管成长就好！能够在人民出版社出版我的第一本专著，是我的无尚荣幸，对我有非常大的意义。

　　本书是我个人心理咨询实践的成果，本书的完成，则进一步促进了咨询技术的发展。如今，在心理咨询工作中，我能更精确地抓住要点、更深切地理解个案和更有效地解决困扰，促进来访者的心理成长。这一切都离不开有意识地整理与反思——写作就是最好的方式！

　　写作是一个思维训练的过程，也是一个经验内化的过程，还是一个知识产出的过程。一开始写推文时只是一个一个单独的案例，然而写着写着，我的思路得以拓展、思维得以提炼。蓦然回首，我发现自己的思想逐步系统化、整合化，这一个个案例串起的是我整个思维框架和理论体系。我会就一个话题从各个角度充分探讨，表达我的理解、感悟与思考。我现在可以理解，当一个人独立完成了一本著作，那么，他的整个专业能力和思维水平都将得到质的飞跃。

　　这么多年，对于心理咨询和心理写作的热爱从未减弱，越是投入到助人的事业中，越是会有一种发自内心的幸福感和获得感。然而，作为一名高校心理工作者，面对当代社会心理问题高发的严峻形势，心理健康教育工作任重道远，我也将继续夯实基础、完善人格，不断提升助人能力。

最后，感谢人民出版社能够出版我的第一本专著；感谢学校给我提供的优质平台，让我没有后顾之忧地开展心理文章的创作；感谢陈增堂、杨新国两位老师在百忙之中为我做推荐序，给予我有力的支持；感谢家人对我事业的支持，无论是我先生，还是我父母，每写一篇文章都得到他们充分的支持，点赞、转发、赞赏，默默地在背后给予我最大的帮助；感谢每一位熟知的同行老师和不知名的读者对我文章的欣赏，是你们的鼓励让我一路前行，不负所望！

责任编辑：李之美

图书在版编目（CIP）数据

遇见自己：大学生心理健康咨询与疏导／谭咏梅 著 . —北京：人民出版社，
    2021.8

ISBN 978－7－01－023693－3

I. ①遇…　　II. ①谭…　　III. ①大学生－心理健康－健康教育　　IV. ① G444

中国版本图书馆 CIP 数据核字（2021）第 166690 号

遇见自己

YUJIAN ZIJI

——大学生心理健康咨询与疏导

谭咏梅　著

人民出版社 出版发行

（100706　北京市东城区隆福寺街 99 号）

北京汇林印务有限公司印刷　新华书店经销

2021 年 8 月第 1 版　2021 年 8 月北京第 1 次印刷
开本：710 毫米 ×1000 毫米 1/16　印张：22.25
字数：300 千字

ISBN 978－7－01－023693－3　定价：68.00 元

邮购地址 100706　北京市东城区隆福寺街 99 号
人民东方图书销售中心　电话（010）65250042　65289539